Rolf Clement
Paul Elmar Jöris

50 Jahre Bundeswehr

1955–2005

50 Jahre Bundeswehr
1955–2005

von

Rolf Clement
Paul Elmar Jöris

Seit 1789

Verlag E.S. Mittler & Sohn
Hamburg · Berlin · Bonn

**Bibliografische Information
Der Deutschen Bibliothek**

Die Deutsche Bibliothek verzeichnet diese
Publikation in der Deutschen Nationalbiblio-
grafie; detaillierte bibliografische Daten sind
im Internet über http://dnb.ddb.de abrufbar.

ISBN 3-8132-0839-7

IMPRESSUM

© 2005 by Verlag E.S. Mittler & Sohn GmbH,
    Hamburg · Berlin · Bonn

Produktion: Inge Mellenthin
Druck und Bindung: Kröger Druck, Wedel

Inhalt

Vorwort   8

**Die Sicherheitspolitik vom Ende des
Zweiten Weltkrieges bis heute**

1. Die ersten Nachkriegsjahre   10
2. Die Strategie der »Massiven Vergeltung«   15
   - *Die Formierung der Blöcke*   15
   - *Wiederbewaffnung unter dem nuklearen Schutzschild*   20
3. Die Strategie der »flexiblen Erwiderung«   25
4. Vom NATO-Doppelbeschluss bis zum Ende des »Kalten Krieges«   28
5. Auf der Suche nach einer neuen Sicherheitsarchitektur   34
   - *Das neue strategische Konzept der NATO*   34
   - *Kooperation und Öffnung der NATO*   40
   - *Das Verhältnis zwischen NATO und Russland*   42
6. Die neue europäische Sicherheits- und Verteidigungspolitik   45
7. Neue Risiken   49
   - *Die Kuwait-Krise*   50
   - *Die Balkan-Krise*   51
   - *Lektionen aus der Balkan-Krise*   53
   - *Internationaler Terrorismus*   55
   - *Die zweite Irak-Krise*   58

Gründung und Entwicklung der Bundeswehr

1. Die Anfänge der deutschen Streitkräfte nach dem
   Zweiten Weltkrieg   61
   - *Proteste gegen die Wiederbewaffnung*   66
   - *Die Bundeswehr im Grundgesetz*   70
   - *Aufnahme in die NATO*   75
2. Die innere Ordnung der Bundeswehr   78
   - *Befehl und Gehorsam*   78
   - *Die Entwicklung der Wehrpflicht*   83
   - *Die Innere Führung*   87
   - *Die Armee in der Demokratie*   91
3. Die Integration in das NATO-Bündnis   93
   - *Der schnelle Aufbau der Bundeswehr*   95
4. Einsatz im Inneren – Die Notstandsgesetze   100
5. Die Phase der Entspannungspolitik   105
6. Zwei Armeen am Ende der Blockkonfrontation   108
   - *Armee der Einheit*   108

7. Öffnung für neue Aufgaben 116
  ■ *Was erlaubt das Grundgesetz?* 116
8. Der Weg in die internationale Verantwortung 119
  ■ *Irak-Krieg 1990* 119
  ■ *Minenräumen im Persischen Golf* 120
  ■ *Kambodscha* 121
  ■ *Embargo-Überwachung in der Adria* 122
  ■ *Somalia* 123
  ■ *Irak* 124
  ■ *Krieg gegen Serbien* 124
  ■ *Einsatz im Kosovo* 125
  ■ *Afghanistan* 125
  ■ *Enduring Freedom* 126
9. Neuorientierung der Bundeswehr 128
  ■ *Verkleinerung der Bundeswehr* 128
  ■ *Die neuen Herausforderungen* 128
  ■ *Die neue Gliederung* 131
  ■ *Bundeswehr und Wirtschaft* 135
  ■ *Stationierungsplanung* 136
10. Frauen in den Streitkräften 137
11. Die Militärseelsorge 140
12. Tradition in der Bundeswehr 143
13. Katastrophenhilfe in Deutschland 148
14. Humanitäre Einsätze im Ausland 153
15. Einsätze und Familien 155
16. Affären in der Bundeswehr 158

Ausrüstung und Bewaffnung der Bundeswehr
1. Die Anfangsjahre 162
2. Neuorientierung der Ausrüstungsplanung 167
   für den weltweiten Einsatz

Die Teilstreitkräfte und Organisationsbereiche
1. Das Heer 179
2. Die Luftwaffe 188
3. Die Marine 192
4. Der Sanitätsdienst 198
5. Die Streitkräftebasis 205

Chronik
Bedeutende Daten für die Bundeswehr 207

Ausgewählte Dokumente

1. WEU-Vertrag — 231
2. Nordatlantikvertrag — 234
3. Vertrag über die Beziehungen zwischen der Bundesrepublik Deutschland und den Drei Mächten (Deutschlandvertrag) — 238
4. Himmeroder Denkschrift — 243
5. Erklärung des Nordatlantikrates (NATO-Rat) zu den Terroranschlägen in den USA am 11. September 2001 — 244
6. Resolution des Sicherheitsrats der Vereinten Nationen zur Verurteilung der terroristischen Anschläge in den USA (12. September 2001) — 245
7. Vertrag über die abschließende Regelung in Bezug auf Deutschland (Zwei-plus-Vier-Vertrag) — 246
8. Auszug aus der Erklärung der Außen- und Verteidigungsminister der Westeuropäischen Union (WEU) — 252
9. Ein sicheres Europa in einer besseren Welt Europäische Sicherheitsstrategie — 254
10. Verteidigungspolitische Richtlinien, 25. Mai 2003, von Bundesminister der Verteidigung, Peter Struck — 266

Die Bundesminister der Verteidigung — 272
Die Wehrbeauftragten des Deutschen Bundestages — 276
Die Generalinspekteure der Bundeswehr — 279

Bildnachweis — 283
Quellennachweis — 284
Autoren — 288

Vorwort

Eine Armee, die ihren 50. Geburtstag feiert, ist eine junge Armee. Die meisten Armeen unserer Nachbarländer können auf eine wesentlich längere Geschichte zurückblicken. Die Bundeswehr hat sich in ihrer 50-jährigen Geschichte nur einmal, 1999 im Kosovo-Krieg, an einer kriegerischen Auseinandersetzung beteiligen müssen. Ihren Auftrag, den Frieden zu sichern, hat sie in den ersten 35 Jahren in Mitteleuropa erfüllt. Nach dem Ende der Bedrohung durch den Warschauer Pakt beteiligte sie sich an der Friedenssicherung in vielen Teilen der Welt. Sie ist damit ihrem Grundauftrag immer erfolgreich treu geblieben. Ihre Bilanz ist nach 50 Jahren positiv.

Die Bundeswehr musste sich ihre Anerkennung schwer erarbeiten. Nach dem Zweiten Weltkrieg war die Bereitschaft der Deutschen in der Bundesrepublik, einer neuen Armee zuzustimmen, nur sehr gering. Das Klima in der Bundesrepublik war antimilitaristisch. Der Bruch, den das Ende des Zweiten Weltkriegs in der deutschen Geschichte darstellte, betraf besonders das Verhältnis der Bundesdeutschen zu Streitkräften. Dies unterscheidet die Bundeswehr von den Armeen der Nachbarstaaten. Dort ist das Verhältnis zwischen Staat und Gesellschaft ungebrochen. Sie sind dort ein Teil des Nationalbewusstseins, das diese Länder mit prägt.

Dass die Bundeswehr sich die Akzeptanz durch die Bevölkerung auch heute noch immer wieder neu erarbeiten muss, ist eine Herausforderung, der sich die Soldaten der Bundeswehr jeden Tag stellen – durch ihre Leistungen immer wieder mit Erfolg, wie Umfragen beweisen.

Daher ist die Bundeswehr immer in der öffentlichen Diskussion. Sie hat ihre innere Ordnung und ihre Auftragserfüllung so gestaltet, dass sie diesen Anforderungen gerecht wird. Sie ist entstanden in einer Zeit, in der sich trotz des gerade beendeten Zweiten Weltkriegs, den Deutschland verloren hatte, in Europa neue Spannungen aufbauten. Sie wurde damit eher ein Mittel zum Zweck, ein Mittel, um mehr Unabhängigkeit zu erreichen, als eine Institution, die die Bürger der Bundesrepublik gerne wollten, als sie ihren Staat aufbauten.

Während des Zusammenwachsens der Deutschen im vereinten Deutschland leistete die Bundeswehr einen positiven Beitrag: Die Soldaten mussten gleich eng zusammenarbeiten, die Wehrpflichtigen aus Ost und West, die gemeinsam ihren Dienst ausübten, ließen die Unterschiede schnell verwischen. Die »Armee der Einheit« wurde zum Beispiel für Integration.

Die Veränderungen der Sicherheitspolitik beanspruchen die Bundeswehr an ihrem 50. Geburtstag in besonderer Weise. Sie steht in einer Transformationsphase, die alle bisherigen Reformen an Ausmaß und Intensität übersteigt. Aber dieser Prozess ist Gegenwart und noch keine Geschichte.

Diese Geschichte der Bundeswehr soll die Rahmenbedingungen darstellen, unter denen die Bundeswehr gegründet und wie sie in ihr Umfeld integriert wurde. Zu diesem Umfeld gehört ebenso ihre innere Ordnung wie auch die Entwicklung in Europa, in Ost- und Westeuropa und in der Welt. Diese Bilanz zu ziehen, ist das Anliegen dieses Buches.

Wir haben in der Vorbereitung innerhalb und außerhalb der Bundeswehr viel Unterstützung erfahren, für die wir danken. Besonders danken wir unseren Ehefrauen und Kindern, die die Arbeit an dem Buch in unserer Freizeit hinnehmen mussten. Bei den Recherchen hat uns Tobias Hergarten im Rahmen seines Praktikums sehr geholfen.

Unser besonderer Dank gilt Henning Bartels und Rüdiger Jäschke, die mit ihrer Erfahrung als ehemalige Offiziere uns geschickt nach den Prinzipien der Inneren Führung um die organisatorischen Klippen, vor allem die Termine, geführt haben, und deren fachliche Kompetenz sowie ihr Gefühl für journalistisches Arbeiten uns auch inhaltlich sehr geholfen hat. Ohne die dezent spürbare Führung durch die beiden wäre dieses Buch nicht zeitgerecht und nicht so erschienen.

Mit der Übernahme der nach dem Ende der Blockkonfrontation entstandenen Aufgaben ist für die Bundeswehr der eigentlich groteske Zustand entstanden, dass sie nach dem Überwinden der bedrohlichen Konfrontation auf diesem Kontinent erst in wirkliche Einsätze gehen musste. Einsätze sind immer mit Opfern an Menschenleben verbunden. Das hat in den letzten Jahren auch die Bundeswehr schmerzlich erfahren müssen.

Unseren Respekt vor der Leistung und den Opfern der Soldaten in diesen Einsätzen wollen wir dadurch bekunden, dass wir das Buch den Soldaten widmen, die durch die Einwirkung einer der Konfliktparteien in einem Einsatzgebiet ums Leben gekommen sind. Am 8. Oktober 2001 wurde der Oberstabsarzt Dieter Eissing beim Abschuss eines Transporthubschraubers als erster Bundeswehrsoldat im Einsatz getötet. Er ist in Georgien bei der Sicherung des Friedens gestorben, als er auf dem Weg war anderen zu helfen.

Rolf Clement
Paul Elmar Jöris

1. Die ersten Nachkriegsjahre

Handschlag bei Torgau

Das Bild vom Handschlag US-amerikanischer und sowjetischer Soldaten am 25. April 1945 auf einer Brücke bei Torgau an der Elbe ging um die Welt. Gemeinsam hatten die Alliierten gesiegt, das Schicksal des Deutschen Reiches war besiegelt. Nachdem am 8. Mai 1945 die Wehrmacht bedingungslos kapituliert hatte, hörte das Deutsche Reich auch formal auf, als souveräner Staat zu bestehen. Die Besatzungsmächte USA, Großbritannien, Frankreich und UdSSR übernahmen die oberste Regierungsgewalt und teilten Deutschland in vier Besatzungszonen auf.

Im Frühjahr 1945 gab es in Europa und in den Vereinigten Staaten von Amerika die Vorstellung, dass es den Siegermächten möglich sein könne, gemeinsam eine neue, friedliche Weltordnung zu errichten. In der amerikanischen Truppenzeitung »Stars and Stripes« konnte man vom »guten Uncle Joe« lesen, wie der sowjetische Diktator Josef Stalin genannt wurde. Gemeinsam trugen die vier Hauptsiegermächte die Verantwortung für Deutschland als Ganzes. Die Militärbefehlshaber der vier Zonen bildeten zusammen den Alliierten Kontrollrat, der die »oberste Machtgewalt« in Deutschland übernahm. Seine Beschlüsse musste er einstimmig fassen. Berlin gehörte keiner Zone an, sondern wurde von den vier Mächten gemeinsam verwaltet: Jede von ihnen besetzte einen Sektor. Noch hatte das Bild vom Handschlag auf der Brücke von Torgau Bestand. Deutschland sollte während der Besatzungszeit als eine wirtschaftliche Einheit behandelt werden. Und die Deutschen sollten künftig auf einem Lebensstandard wie die anderen Europäer leben.

Bereits während des Krieges waren auf den Konferenzen von Teheran und Jalta die Grundlinien der gemeinsamen Nachkriegspolitik festgelegt worden. Die Potsdamer Konferenz vom 7. Juli bis zum 2. August 1945 diente lediglich der weiteren Präzisierung. Im Schlusskommuniqué hielten die Siegermächte fest:

Deutschland soll vollständig abgerüstet und entmilitarisiert werden. Der Nationalsozialismus soll vernichtet und die Kriegsindustrie abgebaut werden. Zudem sollen zwei Jahre lang Guthaben, Gold, Güter aus der lau-

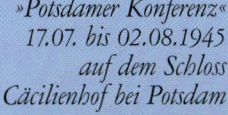

»Potsdamer Konferenz«
17.07. bis 02.08.1945
auf dem Schloss
Cäcilienhof bei Potsdam

fenden Produktion, Schiffe und demontierte Industrieanlagen als Reparationen aus den Besatzungszonen entnommen werden.

Frankreich hatte an der Konferenz nicht teilgenommen, billigte aber die Beschlüsse wenige Tage später. Entsprechend dieser Vereinbarung beutete die Sowjetunion die ihr zugesprochene Zone systematisch aus. Und zu Beginn lieferten die Westzonen zusätzlich ein Viertel ihrer Kriegsentschädigungen an die Sowjetunion. Frankreich betrachtete die ihr überlassene Besatzungszone als Faustpfand und bestand, zumindest in der Anfangszeit, auf den Reparationslieferungen.

Ein Friedensvertrag mit Deutschland wurde bis zur Bildung einer deutschen Zentralregierung zurückgestellt. In Potsdam wurden die territorialen Fragen nicht endgültig geregelt, sondern bis zu einem künftigen Friedensvertrag aufgeschoben. So wurden die Kriegsfolgen auch an anderen Stellen in Europa spürbar. Im Osten übernahm die Sowjetunion Königs-

Flüchtlinge in Angst und Verzweiflung

Nürnberger Kriegsverbrecherprozess

berg und das nördliche Ostpreußen. Polen konnte seine Gebietsansprüche wegen der Vereinbarungen von Potsdam nicht vertraglich absichern und sollte die Freie Stadt Danzig, das südliche Ostpreußen und die deutschen Gebiete östlich der Oder und der westlichen Neiße »vorbehaltlich der endgültigen Bestimmungen der territorialen Fragen bei der Friedensregelung« zunächst nur verwalten. Ohne Rücksicht auf diese Einschränkung bemühte sich die polnische Regierung darum, die Verhältnisse unumkehrbar zu machen. Fast 6,5 Millionen Deutsche wurden aus diesen Gebieten vertrieben. Genauso ging es der deutschen Bevölkerung in der Tschechoslowakei und Ungarn.

Auch Frankreich verfolgte zunächst den Kurs, die eigene Besatzungszone zu vereinnahmen. Das Saarland wurde aus dem Vier-Zonen-Deutschland ausgegliedert und später in wirtschaftliche und indirekt auch in politische Abhängigkeit zu Frankreich gebracht. Im Kontrollrat verhinderte Frankreich durch sein Veto die Bildung gesamtdeutscher Gremien. Dies nutzte die Sowjetunion und trieb die Sowjetisierung in ihrer Besatzungszone offen voran. Zuvor waren ihre Versuche, über den Kontrollrat Einfluss auf die Westzonen zu nehmen und damit in Gesamtdeutschland eine Schlüsselstellung zu gewinnen, am Widerstand der Westmächte gescheitert.

Für die Deutschen selbst waren die ersten Jahre nach dem Krieg geprägt von Ungewissheit, Hunger und Elend. Die katastrophale wirtschaftliche Situation wurde durch das Flüchtlingsproblem weiter verschärft. Es drohten Seuchen und Hungerunruhen. Die Industriearbeiter sahen ihre Existenz durch die andauernden Demontagen, beispielsweise im Ruhrgebiet, bedroht. Hinzu kam das ungeklärte Schicksal von mehr als drei Millionen deutschen Kriegsgefangenen, die noch im Gewahrsam der Siegermächte waren.

Die in Potsdam vereinbarte Entnazifizierung wurde in den vier Zonen unterschiedlich gehandhabt. Die UdSSR nutzte sie, um »Klassenfeinde« auszuschalten. Die Aburteilung der Hauptkriegsverbrecher vor dem Internationalen Militärtribunal in Nürnberg (1945 bis 1947) und das gemeinsame Militärgefängnis in Spandau blieben bald die einzigen Gemeinsamkeiten der vier Siegermächte.

Die USA und die UdSSR stiegen nach Ende des Zweiten Weltkrieges zu Weltmächten auf, denen die bisherigen europäischen Großmächte Frankreich und Großbritannien in ihrer Bedeutung nicht folgen konnten. Dabei trugen USA und UdSSR ihre gegensätzlichen politischen, ökonomischen und ideologischen Interessen vorwiegend in Europa aus. Die alsbald aufbrechenden Gegensätze überlagerten das Zweckbündnis der früheren »Anti-Hitler-Koalition«. Spätestens 1947 war hüben wie drüben der Wille zur Zusammenarbeit erschöpft. Der »Kalte Krieg« begann. Der britische Premierminister Winston Churchill prägte das Wort vom »Eisernen Vorhang«, der zwischen den ideologisch konträr ausgerichteten Blöcken niederging.

Lebensmittelkarten aus dem Jahre 1947 (britische Besatzungszone)

Tagesration: 4 Scheiben Brot,
2 Eßlöffel Nährmittel,
1 Stück Wurst,
10 g Fett, 1 Tasse Magermilch

2. Die Strategie der »Massiven Vergeltung«

Die Formierung der Blöcke

Die Sowjetunion hatte schon vorher im Kriegsverlauf begonnen, ihren Macht- und Herrschaftsbereich in Europa konsequent auszubauen. Bereits im Jahre 1944 hatte sie in Polen das kommunistisch unterwanderte »Lubliner Revolutionskomitee« als provisorische Regierung eingesetzt und trieb die Sowjetisierung der »Volksdemokratien« Rumänien, Bulgarien, Ungarn, Polen und Tschechoslowakei voran.

»Rosinenbomber« während der Berliner Luftbrücke

Lebensmittel für Berliner Familien

US-Präsident Truman versuchte diese Entwicklung einzudämmen (Politik des Containment), indem er vereinbarte Hilfslieferungen einstellte und der UdSSR schließlich ein Aufbaudarlehen verweigerte. Mit dem Marshall-Plan boten die USA den europäischen Staaten Hilfe zu ihrer Stabilisierung an. Er sollte Wirtschaftshilfe leisten, aber die Teilnehmerstaaten auch gegen den Kommunismus immun machen. Die Sowjetunion reagierte mit einer schroffen Ablehnung und verhinderte die Teilnahme der Staaten ihres Einflussbereichs. Somit wirkte der Marshall-Plan nur in Westeuropa, vor allem in der Bundesrepublik Deutschland, die am meisten von der Wirtschaftshilfe erhielt. In Frankreich und in Italien unterstützte er auf vielfältige Weise politische Gruppierungen, um den Einfluss der dortigen kommunistischen Parteien zurückzudrängen.

Angesichts der aggressiven Politik der UdSSR in Osteuropa, die dort einen monolithischen Block sowjetisch geprägter Volksdemokratien schuf, und angesichts ihrer existenziellen Probleme suchten die Staaten Westeuropas einen stärkeren Schulterschluss mit der westlichen Vormacht USA. Damit ebneten sie gleichzeitig den USA den Weg für ein auf Dauer angelegtes militärisches Engagement in Europa.

Am 17. März 1948 schlossen sich Großbritannien, Frankreich und die Benelux-Staaten im »Brüsseler Pakt« zusammen. Schon 1947 hatten Frankreich und Großbritannien in Dünkirchen ein bilaterales Abkommen geschlossen, in dem sie sich gegenseitig Beistand im Fall eines Angriffs versprachen. Mit Beginn des Kalten Krieges und der wachsenden Bedrohung aus dem Osten schlossen sich Belgien, die Niederlande und Luxemburg diesem Abkommen in Brüssel an. Gleichzeitig schufen sie feste Strukturen mit einem politischen und einem militärischen Ausschuss.

Dieser Vertragsschluss wurde durch die Unterzeichnung des Nordatlantikvertrages am 4. April 1949 überlagert. Damit war die NATO (North Atlantic Treaty Organisation – Nordatlantische Vertragsorganisation) unter Führung der Vereinigten Staaten geschaffen. Zum ersten Mal schlossen sich damit die USA in Friedenszeiten einem Bündnis der kollektiven Sicherheit an. Neben den USA und den Staaten des Brüsseler Paktes traten Norwegen, Dänemark, Island, Portugal, Italien und Kanada der Allianz bei, Island allerdings ohne eigene Truppen, da es über solche nicht verfügt.

Der Brüsseler Vertrag wie der NATO-Vertrag begründeten Beistandspflichten. Im Falle eines Angriffs auf ein Mitglied der Bündnisse sollten alle dies als Angriff auf sich selbst empfinden. Der Brüsseler Vertrag wurde 1954, nachdem der Plan einer Europäischen Verteidigungsgemeinschaft (EVG) am französischen Parlament gescheitert war, modifiziert. Die zentrale Formulierung der Beistandspflicht lautete:

Beistandspflicht im Brüsseler Vertrag von 1954

Artikel 4
Im Fall, wo eine der Hohen Vertragsparteien Ziel einer bewaffneten Aggression in Europa wird, bringen die anderen ihr gemäß den Vorkehrungen des Artikels 51 der Charta der Vereinten Nationen mit allen in ihrer Macht stehenden Mitteln – militärischen und anderen – Hilfe und Unterstützung.

Die Organisation nannte sich nun »Westeuropäische Union« (WEU). Der Text der Beistandspflicht im NATO-Vertrag war etwas lockerer formuliert. Hier blieb den NATO-Mitgliedern die Auswahl der Mittel, mit denen sie Hilfe leisten wollten.

Beistandspflicht im NATO-Vertrag

Artikel 5
Die Parteien vereinbaren, dass ein bewaffneter Angriff gegen eine oder mehrere von ihnen in Europa oder Nordamerika als ein Angriff gegen sie alle angesehen wird; sie vereinbaren daher, dass im Falle eines solchen bewaffneten

US-Außenminster Dean Acheson bei Unterzeichnung des NATO-Vertrages in Washington

Angriffs jede von ihnen in Ausübung des in Artikel 51 der Satzung der Vereinten Nationen anerkannten Rechts der individuellen oder kollektiven Selbstverteidigung der Partei oder den Parteien, die angegriffen werden, Beistand leistet, indem jede von ihnen unverzüglich, für sich und im Zusammenwirken mit den anderen Parteien, die Maßnahmen, einschließlich der Anwendung von Waffengewalt, trifft, die sie für erforderlich erachtet, um die Sicherheit des nordatlantischen Gebiets wiederherzustellen und zu erhalten. Von jedem bewaffneten Angriff und allen daraufhin getroffenen Gegenmaßnahmen ist unverzüglich dem Sicherheitsrat Mitteilung zu machen. Die Maßnahmen sind einzustellen, sobald der Sicherheitsrat diejenigen Schritte unternommen hat, die notwendig sind, um den internationalen Frieden und die internationale Sicherheit wiederherzustellen und zu erhalten.

Allerdings baute die NATO, anders als die WEU, ein System integrierter Truppen und Stäbe auf, wodurch die Integration wesentlich intensiver wurde. Damit wurde die Beistandspflicht so verdichtet, dass sie de facto auch auf eine militärische Hilfe hinauslief.

Das Scheitern einer gemeinsamen Deutschlandpolitik der früheren Anti-Hitler-Koalition wurde auf der Moskauer Außenministerkonferenz im März und April 1947 offenkundig. Die Lösung der »deutschen Frage« wurde immer mehr zum Spielball der sich formierenden Blöcke.

Bereits wenige Monate zuvor, am 5. September 1946, hatte der US-amerikanische Außenminister Byrnes die Absicht seiner Regierung bekundet, ein föderatives Deutschland aufzubauen. Auch wenn anfänglich die Verschmelzung der amerikanischen und der britischen Besatzungszone zur »Bizone« hauptsächlich wirtschaftlichen Zwängen folgte, wurde damit die Keimzelle der späteren Bundesrepublik Deutschland geschaffen.

Mit der Gründung des Frankfurter Wirtschaftsrates für das »Vereinigte Wirtschaftsgebiet«, dem Einbeziehen der Westzonen in den Marshallplan sowie der Währungsreform in den Westzonen am 20.06.1948 wurde der Weg zur Bildung einer westdeutschen Demokratie konsequent beschritten. Folgerichtig nahm am 1. September 1948 in Bonn der »Parlamentarische Rat« seine Arbeit an einer Verfassung für Westdeutschland auf. Nach zähen Verhandlungen mit den Westmächten wurde am 8. Mai 1949 das Grundgesetz der Bun-

Prof. Dr. Carlo Schmid (SPD) unterzeichnet das Grundgesetz.

desrepublik Deutschland verabschiedet und vier Tage später von den Militärgouverneuren genehmigt.

Gleich nach Übernahme der Herrschaftsgewalt in Ostdeutschland durch Moskau begann die Sowjetisierung dieses Teils Deutschlands. Durch eine Boden-, Schul- und Justizreform, den Aufbau einer neuen Verwaltung, durch Enteignung und Verstaatlichung großer Teile der Industrie sowie die Bildung einer Zentralverwaltungswirtschaft wurden gleich zu Beginn die Weichen in eine zentralistisch geprägte Gesellschaftsform gestellt. Auch das Parteien- und Verbändesystem wurde in Etappen umgestaltet. Der entscheidende Schritt wurde bereits 1946 mit der Zwangsvereinigung von KPD und SPD zur SED getan. Die bürgerlichen Parteien CDU und LDPD (Liberal-Demokratische Partei Deutschlands) wurden zunächst auf SED-Kurs gebracht und 1948 zusammen mit der NDPD (Nationaldemokratischen Partei Deutschlands) und der DBD (Demokratische Bauernpartei Deutschlands) zu Satellitenparteien der SED. Bei den späteren Volkskammerwahlen kandidierten sie auf der Einheitsliste der Nationalen Front. Am 7. Oktober 1949 konstituierte sich der Deutsche Volksrat in Berlin und nahm als »Provisorische Volkskammer« die bereits vorher ausgearbeitete Verfassung an.

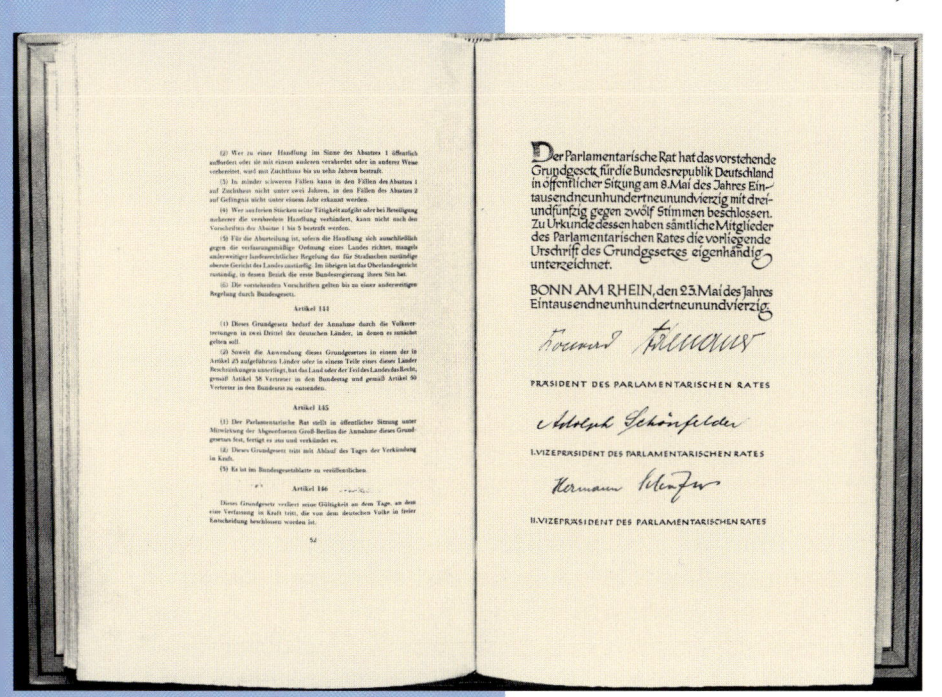

Grundgesetz der Bundesrepublik Deutschland

Das Grundgesetz für die Bundesrepublik deckte sich im Wesentlichen mit den Vorstellungen der überwiegenden Mehrheit der Westdeutschen. Und es führte erstaunlich schnell dazu, dass die westdeutsche und die alliierte, insbesondere die amerikanische Politik in Übereinstimmung kamen.

Die ersten Wahlen in Ostdeutschland, bei denen die Einheitsliste auf eine Zustimmung von 99,72 Prozent bei einer Wahlbeteiligung von 98 Prozent kam, suggerierten ein Bild höchster Eintracht. Die gleichzeitig anschwellenden Flüchtlingszahlen aus Ostdeutschland in den Westen korrigierten diesen Eindruck.

Die Gründung der Bundesrepublik hatte eine Funktion in der Strategie des Westens gegenüber der Sowjetunion. Deswegen konnte der Versuch des KPdSU-Generalsekretärs, Josef Stalin, aus dem Jahr 1952 nicht mehr verfangen. Der sowjetische Diktator schlug eine Wiedervereinigung Deutschlands unter der Bedingung des Abzugs aller Besatzungstruppen und der Garantie demokratischer Freiheiten bei gleichzeitigem Verbot aller »antidemokratischen und fremdenfeindlichen Organisationen« vor. De facto

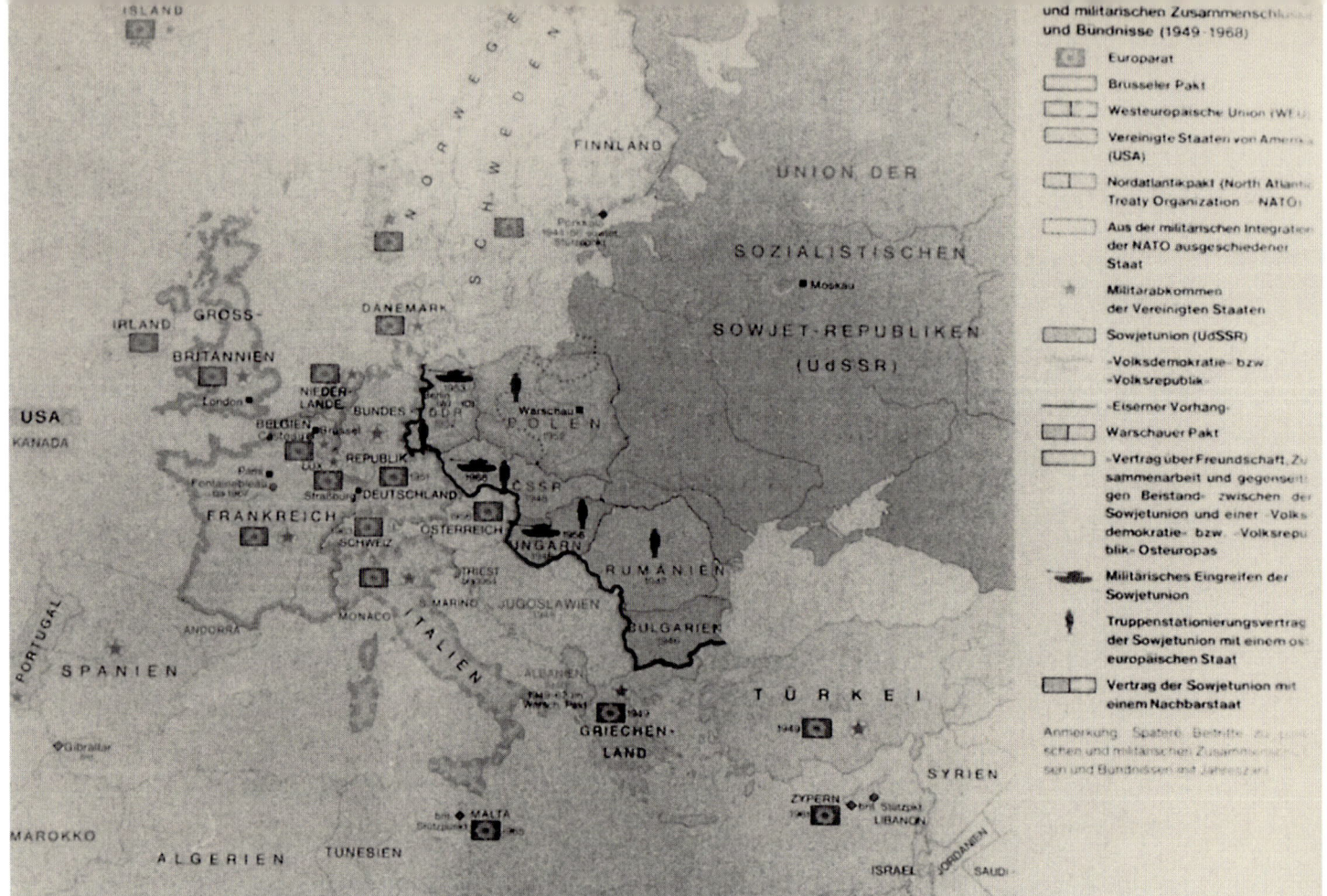

und militärischen Zusammenschlüsse
und Bündnisse (1949-1968)

Europarat

Brüsseler Pakt

Westeuropäische Union (WEU)

Vereinigte Staaten von Amerika
(USA)

Nordatlantikpakt (North Atlantic
Treaty Organization – NATO)

Aus der militärischen Integration
der NATO ausgeschiedener
Staat

Militärabkommen
der Vereinigten Staaten

Sowjetunion (UdSSR)

-Volksdemokratie- bzw.
-Volksrepublik-

-Eiserner Vorhang-

Warschauer Pakt

-Vertrag über Freundschaft, Zusammenarbeit und gegenseitigen Beistand- zwischen der
Sowjetunion und einer -Volks-
demokratie- bzw. -Volksrepu-
blik- Osteuropas

Militärisches Eingreifen der
Sowjetunion

Truppenstationierungsvertrag
der Sowjetunion mit einem osteuropäischen Staat

Vertrag der Sowjetunion mit
einem Nachbarstaat

Anmerkung: Spätere Beitritte zu politischen und militärischen Zusammenschlüs-
sen und Bündnissen mit Jahreszahl.

*Der Nordatlantik-Pakt,
Grenze zum Ostblock*

wollte er damit ein neutrales Deutschland in geographischer Nähe der
Sowjetunion schaffen. Die als »Stalin-Note« bekannt gewordene Initiative
wurde von den Westmächten, aber auch von der Bundesregierung abgelehnt. Faktisch gab es für Bundeskanzler Konrad Adenauer keine Alter-
native zur Westbindung. Denn in Osteuropa errichtete die UdSSR ein
weitgehend unverhülltes totalitäres System. Dabei wurden die von ihr
beherrschten Staaten gleichzeitig wirtschaftlich ausgebeutet. Mit der »Gegen-
staatsbildung« der DDR war Deutschland geteilt. Die innerdeutsche Grenze wurde zur Grenze zwischen den Blöcken.

Wiederbewaffnung unter dem nuklearen Schutzschild

Am Tag der Kapitulation Deutschlands hatten die Kriegsalliierten insgesamt rund fünf Millionen Soldaten in Europa stationiert. Innerhalb des
ersten Jahres sank diese Zahl auf rund 880.000 Mann. Während die Vereinigten Staaten und ihre westlichen Verbündeten abrüsteten und zügig
Soldaten nach Hause holten, hielt die Sowjetunion ihre Streitkräfte auf
Kriegsstärke. Auch die sowjetische Rüstungsindustrie lief weiterhin auf
vollen Touren.

Da die Anti-Hitler-Koalition sehr schnell auseinander gebrochen war, entwickelten sich in Ost- und Westeuropa gegensätzliche Staatenverbünde. Im Osten Europas schmiedete die Sowjetunion einen von ihr geführten Staatenbund zusammen. Im Westen erkannten die USA, dass sie zur Stabilisierung des Westens zumindest für längere Zeit präsent bleiben mussten. Während die Staaten in Osteuropa in Warschau ein Militärbündnis, den Warschauer Pakt (WP), gründeten, schlossen sich westeuropäische Staaten mit den USA und Kanada zur Nordatlantischen Allianz, der NATO, zusammen.

Als dann im Juni 1950 der Koreakrieg ausbrach, gaben die Westalliierten ihre bisherige Politik der Entwaffnung und Entmilitarisierung der Bundesrepublik auf. Sie hielten eine Verstärkung der konventionellen NATO-Streitkräfte in Mitteleuropa für notwendig, denn mit diesem Krieg verschärfte sich auch die Blockkonfrontation in Europa. Hinzu kam, dass die USA neben ihrem europäischen Engagement auch in anderen Teilen der Welt Aufgaben übernehmen mussten.

Im September hatte der NATO-Rat die Strategie der »Vorneverteidigung« beschlossen: Jedem Angriff sollte so weit östlich wie möglich entgegengetreten werden, um so die Verteidigung aller europäischen Mitgliedstaaten zu gewährleisten. Ohne dass die Bundesrepublik Mitglied der Allianz war, sollte das NATO-Gebiet auf ihrem Boden verteidigt werden. Ein Weg, um die konventionelle Verteidigung zu verstärken, war es nun, von der jungen Bundesrepublik einen Verteidigungsbeitrag zu fordern.

Unter dem Einfluss der USA stimmten die anderen NATO-Staaten mit Ausnahme Frankreichs grundsätzlich einer Rekrutierung westdeutscher Soldaten zu. Frankreich wollte dagegen lediglich eine supranationale Lösung in Betracht ziehen. Angesichts der US-amerikanischen Entschlossenheit, das deutsche Potenzial zu nutzen, schlug der französische Ministerpräsident Pleven am 24. Oktober 1950 die Aufstellung einer integrierten europäischen Armee mit deutschem Kontingent unter einem europäischen Verteidigungsminister vor. Dieser Plan wurde im Dezember 1950 als einer der möglichen Wege zur Wiederbewaffnung der Bundesrepublik von der NATO akzeptiert. Vom 15. Februar 1951 an wurde darüber verhandelt. Nach langem Ringen wurde schließlich am 27. Mai 1952 in Paris der Vertrag über die »Europäische Verteidigungsgemeinschaft« unterzeichnet (siehe: Gründung und Entwicklung der Bundeswehr).

In Frankreich wuchsen allerdings die Widerstände gegen diesen Vertrag. Das Land war durch den Indochinakrieg stark belastet. Großbritannien weigerte sich starr und beharrlich, die eigene Souveränität durch eine unter europäischem Befehl stehende Armee einschränken zu müssen. Andererseits war für Frankreich eine unter deutschem Kommando stehende deutsche Armee noch nicht denkbar. Am 30. August 1954 setzte die Nationalversammlung nach tumultartigen Auseinandersetzungen den EVG-Vertrag von der Tagesordnung ab, obwohl die deutschen Truppen unter einem

Koreakrieg

europäischen Kommando gestanden hätten. Die Mischung aus französichen und neuen deutschen Soldaten – wenn auch unter einem internationalen Kommando – und Abgabe eigener Souveränitätsrechte waren nicht akzeptabel. Damit war der Vertrag gescheitert.

Die Suche nach neuen Lösungen begann: Auf einer Konferenz in London schlug Großbritannien vor, den Brüsseler Pakt – die WEU – neu zu beleben und durch den Beitritt der bisherigen Feindstaaten Bundesrepublik Deutschland und Italien zu erweitern. Damit die so geschaffene »Westeuropäische Union« in den Nordatlantikpakt (NATO) eingeordnet werden konnte, wurden die Außenminister der USA und Kanadas hinzugezogen. Kernpunkt der Beratungen war die Frage, wie die Bundesrepublik sicherheitspolitisch in den Westen eingegliedert werden könne.

Die in London gefassten Grundsatzbeschlüsse führten schließlich zu den Pariser Verträgen. In diesem umfangreichen Vertragswerk beendeten die USA, Großbritannien und Frankreich ihr Besatzungsregime in der Bundesrepublik: Der westdeutsche Staat wurde in die Westeuropäische Union (WEU) und die NATO aufgenommen sowie verabredet, dass deutsche Streitkräfte dem integrierten NATO-Oberkommando assigniert werden sollten. Schließlich konnte der deutsch-französische Streit um das Saarland durch Volksabstimmung beendet werden. Frankreich stimmte den Verträgen am 30. Dezember 1954 zu, der Deutsche Bundestag nahm sie am 27. Februar 1955 mit überzeugender Mehrheit an.

Die westliche Militärstrategie beruhte in dieser Zeit auf dem »Schild und Schwert-Konzept«: Lokale Einbrüche sollten mit konventionellen »Schildkräften« abgeriegelt werden, damit der Angriff dann mit dem nuklearen »Schwert« zurückgeschlagen werden könne. Diese Strategie setzte voraus, dass die USA über ein Monopol bei den Atomwaffen und vor allen Dingen bei den Trägersystemen verfügten. Zudem mussten die konventionellen »Schildkräfte« stark genug sein, um Angriffe auch wirklich aufhalten zu können. Doch bis zum Ende des »Kalten Krieges« vermochte es die NATO nie, ihre zahlenmäßige Unterlegenheit bei schweren konventionellen Waffen aufzuholen. Immer verfügten die Truppen des Warschauer Paktes über mehr Divisionen, mehr Panzer und Geschütze.

1953 gelang den US-Amerikanern eine Miniaturisierung der Atomwaffen. Um die konventionelle Unterlegenheit auszugleichen, beschloss die NATO im Dezember 1956 die Lagerung von taktischen Kernwaffen in Westeuropa. Die westlichen Verbündeten wurden mit Trägersystemen ausgestattet, während die Atomsprengköpfe unter Kontrolle der USA blieben.

Bei Abschluss des WEU-Vertrages 1954 hatte die Bundesrepublik auf den Besitz von ABC-Waffen verzichtet, doch mit der Entscheidung für Trägersysteme und der Stationierung von US-Kernwaffen auf deutschem Territorium beanspruchte sie ein Mitwirkungsrecht. Um diesem Verlangen nachzukommen, wurde die Aufstellung einer nuklearen Streitmacht (MLF – »Multilateral Force«) geplant. Da einerseits die anderen NATO-Partner

Unterzeichnung der Pariser Verträge

wenig Interesse an einem solchen gemeinsamen Verband zeigten und andererseits seine Aufstellung dem Abschluss eines Vertrages mit der Sowjetunion über die Nichtverbreitung von Kernwaffen im Wege stand, wurde das ganze Vorhaben 1965 fallen gelassen.

Um dem deutschen Begehren doch noch Rechnung zu tragen, räumten die Vereinigten Staaten eine Mitbestimmungsregelung ein. Im Dezember 1965 wurde auf der Ebene der Verteidigungsminister die »Nukleare Planungsgruppe« (NPG) der NATO geschaffen. Sie diente in den folgenden Jahren nicht nur der Information über die Atombewaffnung, sondern beschloss auch allgemeine Richtlinien für den Einsatz der Nuklearwaffen. Aus Sicht der Bundesrepublik erwies sich diese Lösung als zufriedenstellend.

3. Die Strategie der »flexiblen Erwiderung«

Kuba-Krise 1962
Ein Aufklärungsflugzeug der US-Marine fliegt
vor der Küste Costa Ricas über das US-Kriegs-
schiff USS-BARRY (vorn) und den sowjetischen
Frachter ANOSOW.

Im Oktober 1957 sorgten ein paar »Pieptöne« aus dem Weltall für Aufsehen. Gesendet wurden sie von dem künstlichen Trabanten »Sputnik«, den die Sowjetunion in eine Erdumlaufbahn geschossen hatte. Damit ließ sich absehen, wann sie in der Lage sein würde, Interkontinentalraketen zu bauen. Dass sie über Nuklearwaffen verfügte, war bekannt: 1949 hatte die

Sowjetunion eine Atombombe gezündet und vier Jahre später hatte sie den Besitz von Wasserstoffbomben eingeräumt. Der »Sputnik« machte den sowjetischen Vorsprung in der Raketentechnologie hörbar. Moskau würde nun einen nuklearen Vergeltungsschlag Washingtons mit seinen Raketen atomar beantworten können. Damit verlor die Strategie der »massiven Vergeltung« an Glaubwürdigkeit. Die sowjetischen Militärs konnten sich ausrechnen, dass kein US-Präsident wirklich »Chicago für Hamburg« riskieren würde.

Nach dem »Sputnik-Schock« demonstrierte die Sowjetunion mit dem Berlin-Ultimatum vom 27. November 1958 gegenüber den Westmächten ihre neu gewonnene Stärke. Kremlchef Nikita Chruschtschow drohte, das Viermächteabkommen über Deutschland aufzukündigen und einen separaten Friedensvertrag mit der DDR zu schließen.

Die westlichen Verbündeten, insbesondere die USA, blieben standhaft. Der Ost-West-Gegensatz verschärfte sich in den 60er Jahren zunächst: Am 13. August 1961 sperrte die DDR die Sektorengrenzen in Berlin und begann unter dem Schutz sowjetischer Panzer mit dem Bau der Mauer rund um West-Berlin.

Im Oktober 1962 versuchte die Sowjetunion, Raketen auf Kuba zu stationieren und damit das internationale Gleichgewicht zu ihren Gunsten zu verändern. Die US-Regierung unter Präsident John F. Kennedy verhängte eine Seeblockade über die Insel und brachte die Sowjetunion zum Einlenken. Als ein wesentliches Ergebnis dieser beiden Krisen reifte in Moskau wie in Washington die Erkenntnis, dass beide Supermächte auf der Grundlage des Status quo teilweise sicherheitspolitisch zusammenarbeiten müssten, um einen Weltbrand zu verhindern.

Ausfluss dieser Entwicklung war auf Seiten der Allianz der im November 1967 verabschiedete »Harmel-Bericht«. In diesem, nach dem damaligen belgischen Außenminister Pierre Harmel bezeichneten, Konzept wurden militärische Sicherheit und die Politik der Entspannung miteinander verbunden. Auf sowjetischer Seite wurden die These von der Vermeidbarkeit von Kriegen und die politische Strategie der »friedlichen Koexistenz« propagiert. Auch dort hatte sich die Erkenntnis durchgesetzt, dass die Sprachlosigkeit und das ständige Ringen um die Vormacht in Europa nicht mehr sachgerecht waren.

Wenige Monate zuvor, im Mai 1967, hatte die NATO das neue strategische Konzept der flexiblen Erwiderung (flexible response) verabschiedet. Die Verteidigung stützte sich auf konventionelle Streitkräfte, die nuklearen Kurz- und Mittelstreckenwaffen sowie auf die strategischen Atomwaffensysteme. Dieser Mix von konventionellen und nuklearen Waffensystemen ermöglichte es der NATO, je nach Lage stufenlos zu eskalieren. Ein möglicher Angreifer konnte nicht abschätzen, wann und mit welchen Mitteln die Allianz reagieren würde. Das Verhalten des Bündnisses sollte nicht vorhersehbar, das Risiko für einen Angreifer unkalkulierbar sein.

Die Strategie der flexiblen Erwiderung sah drei Reaktionsarten auf einen möglichen Angriff vor:

Einem Angreifer sollte auf der Eskalationsstufe begegnet werden, die er selbst gewählt hatte (Direktverteidigung). Gelänge es damit nicht, den Angriff zu stoppen und eventuelle Geländeverluste rückgängig zu machen, sollte durch die Androhung oder die Anwendung einer Eskalation militärischer Mittel der Angriff gestoppt werden. So sollte der Konflikt beendet werden. Die Entscheidung über diese höhere Eskalationsstufe ist eine politische Entscheidung (vorbedachte Eskalation).

Wenn auch das nicht ausreichen sollte oder der Gegner mit dem Einsatz nuklearer Waffen drohte, könne die NATO auch ihre Nuklearwaffen einsetzen. Dieses Nuklearpotenzial der NATO richtete sich gegen das Nuklearpotenzial des Gegners, in der Regel also des Warschauer Paktes. Der Einsatz von Nuklearwaffen sollte das letzte Mittel sein (allgemeine nukleare Reaktion).

Voraussetzung dieser Strategie war die Glaubwürdigkeit des Verbundes zwischen den Eskalationsstufen. Es musste die Möglichkeit erhalten bleiben, auf das US-amerikanische nukleare Abschreckungspotenzial zurückzugreifen. Ein Abzug oder eine spürbare Verringerung der US-Streitkräfte in der Bundesrepublik Deutschland verbot sich aus Sicht der Bundesregierung. Da den konventionellen Streitkräften der Allianz größere Bedeutung zukam, war eine Stärkung und Modernisierung der NATO-Streitkräfte dringend erforderlich. Die Zusammenarbeit zwischen den Bündnispartnern wurde enger, die Verteidigungsplanung aufeinander abgestimmt.

Entwicklung einer strategischen Konzeption:
Die Vorneverteidigung

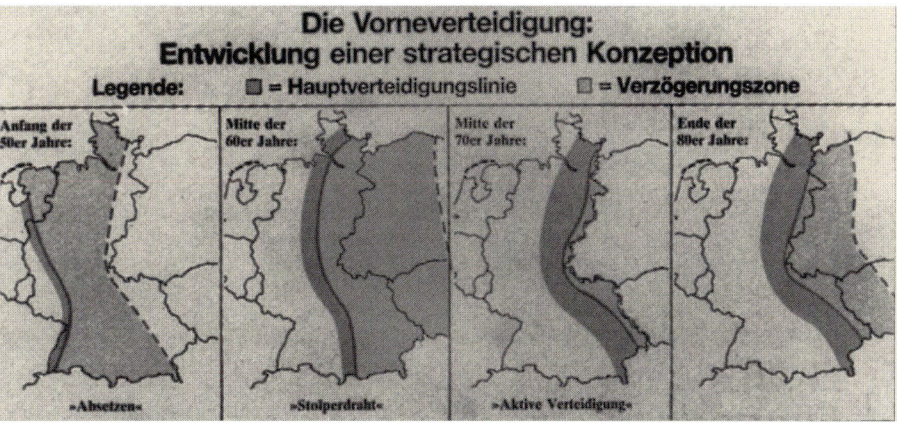

4. Vom NATO-Doppelbeschluss bis zum Ende des »Kalten Krieges«

US-Präsident Richard Nixon und der Generalsekretär der KPdSU, Leonid Breschnew, tauschen die Urkunden zum SALT-I-Abkommen aus.

In den 60er Jahren kam der Dialog zwischen Ost und West allmählich in Gang. Auf westdeutscher Seite begannen diese Bemühungen mit der von Bundeskanzler Ludwig Erhard eingeleiteten »neuen Ostpolitik« und führten unter der sozialliberalen Koalition unter Bundeskanzler Willy Brandt zum Abschluss der Ost-Verträge.

Die beiden Großmächte begannen, über Rüstungskontrolle zu verhandeln. Im Mai 1972 unterschrieben der US-amerikanische Präsident Richard Nixon und der Generalsekretär der KPdSU, Leonid Breschnew, in Moskau den SALT-I-Vertrag, durch den die Zahl der strategischen Waffensysteme

zunächst einmal begrenzt wurde (Strategic Arms Limitation Talks – Verhandlungen zur Begrenzung strategischer Waffen). In weiteren Verhandlungen sollte eine umfassende Regelung gefunden werden. Im ABM-Vertrag – zwei Jahre später – wurde die Entwicklung von Anti-Raketen-Raketen auf je zwei Systeme begrenzt. Jede Seite durfte ein Hauptstadtsystem und eines zum Schutz von Raketenstellungen errichten. Im Juni 1973 wurde in Washington das Abkommen zur Verhinderung eines Atomkrieges unterzeichnet. Die Vereinigten Staaten und die UdSSR verpflichteten sich, alles zu vermeiden, was zum Ausbruch eines nuklearen Konfliktes führen könnte.

Wie abgemacht, wurden die SALT-Verhandlungen fortgeführt, allerdings verschlechterten sich die Rahmenbedingungen. Im Juni 1979 unterschrieben US-Präsident Gerald Ford und der Generalsekretär der KPdSU, Leonid Breschnew, zwar noch in Wien den SALT-II-Vertrag. Durch ihn wurde die Zahl der Abschussrampen, der schweren Bomber, der Atomraketen, die auf Unterseebooten stationiert waren, sowie die Zahl der Gefechtsköpfe pro Rakete begrenzt. Allerdings fielen nur wenige Monate später – Weihnachten 1979 – sowjetische Truppen in Afghanistan ein. Dies verschlechterte das Verhältnis zwischen den beiden Großmächten schlagartig und schürte Misstrauen.

Im US-amerikanischen Senat scheiterte schließlich die Ratifizierung des SALT-II-Vertrages. Die Senatoren bezweifelten, dass die ausgehandelten Überprüfungsverfahren ausreichten. Erst in den 80er Jahren konnte mit den START-Verhandlungen ein neuer Anlauf genommen werden. Dabei ging es nicht mehr nur um Begrenzung (Limitation), sondern schon ehrgeiziger um Reduzierung (Reduction) strategischer Waffen. Beide Seiten verhandelten also über eine Verminderung ihrer strategischen Nuklearwaffen. Zudem wurden in den START-I- und START-II-Verträgen weitreichende Vereinbarungen getroffen, wie das Einhalten der Abkommen gegenseitig überprüft werden solle. Diese Verifikationsregeln sollten später für andere Abrüstungsverhandlungen ein Maßstab sein.

In Wien wurde ab Ende Dezember 1973 über einen ausgewogenen Abbau der konventionellen Truppen in Mitteleuropa verhandelt. Zwar wurden die Gespräche im Februar 1989 nach 46 zähen Verhandlungsrunden zunächst einmal ergebnislos beendet, doch schon ein Jahr später wurde in Paris am Rande eines KSZE-Gipfels der Vertrag über konventionelle Streitkräfte in Europa (KSE-Vertrag) unterzeichnet. Darin vereinbarten die Staaten Obergrenzen für die konventionelle Bewaffnung. Detailliert wurde festgelegt, wie viele Soldaten, Panzer, Geschütze, Hubschrauber und andere Waffensysteme jede Seite und jeder Staat haben durfte.

Das SALT-Abkommen

(Stand der strategischen Rüstung 1.7.1972 ☐ und nach Ausschöpfung des Abkommens 1.1.1977 ◼)

	USA	UdSSR
Inter-Kontinental-Raketen (ICBM) *)	1054 / 1000	1618 / 1408
Atom-Uboote mit Inter-Kontinental-Raketen	41–656 / 44–710	40 + 311 konventionelle Raketen – 740 / 62 – 950
Raketenabwehrsysteme (ABM)	keine / 200	200 / 200
Strategische Bomber	460 / nicht begrenzt	140 / nicht begrenzt
	ca. 5700	ca. 2500

* Die amerikanischen Raketen sind zum großen Teil mit Mehrfachsprengköpfen ausgerüstet (bis zu 10), die Sowjets verfügten nur über Raketen mit bis zu 3 Mehrfachsprengköpfen.
Gegenwärtiger Stand: USA 5700 Atomsprengköpfe
UdSSR 2500 Atomsprengköpfe.

Als wichtigstes Forum, um die Entspannungspolitik immer wieder voranzubringen, erwies sich die »Konferenz für Sicherheit und Zusammenarbeit in Europa« (KSZE). In den 60er Jahren hatte der Warschauer Pakt eine solche europäische Sicherheitskonferenz vorgeschlagen. Im Juli 1973 begann in Helsinki die erste Verhandlungsrunde. Nach zwei Jahren konnten die 35 Staats- und Regierungschefs aus Europa, den USA und Kanada, die KSZE-Schlussakte unterzeichnen. Sie bildete die Grundlage für den weiteren Entspannungsprozess.

Die Oppositionsgruppen in den Ostblockstaaten knüpften – wie auch viele Politiker im Westen – an diesen Vertrag die Hoffnung auf mehr Freiheit und Demokratie. Doch diese Hoffnung wurde immer wieder enttäuscht. Die dort anhaltenden Verletzungen von Menschenrechten schürten bei den westlichen Vertragspartnern immer wieder das Misstrauen. Zudem wurden die politischen Entspannungsbemühungen von einer anhaltenden militärischen Konfrontation begleitet.

*Bundeskanzler Helmut Schmidt
und DDR-Staatsratsvorsitzender Erich Honecker
bei der KSZE-Abschlusskonferenz.*

Trotz der politischen Gespräche begann die UdSSR in den siebziger Jahren damit, neue Mittelstreckenraketen vom Typ SS-20 aufzustellen, die über eine größere Reichweite verfügten. Für die europäischen NATO-Staaten entstand dadurch eine ganz neue atomare Bedrohung. Bundeskanzler Helmut Schmidt entwickelte bei einer Rede vor dem Internationalen Institut für Strategische Fragen (IISS) in London die Idee, dieser neuen Bedrohung durch ein Konzept zu begegnen, das die Drohung mit einem Nachziehen in der Rüstung mit einem Verhandlungsansatz verband. Dies griff die NATO auf. So reagierte sie – nicht zuletzt auf Drängen der Bundesregierung – darauf mit ihrem »Doppelbeschluss« vom Dezember 1979. Ganz im Sinne ihrer politischen Strategie des »Harmel-Berichtes« kündigte sie an, ihre eigenen nuklearen Mittelstreckenwaffen durch neue zu ersetzen, sofern die Sowjetunion nicht bereit sei, über Rüstungsbeschränkungen zu verhandeln. Diese Verbindung von Verhandlungsbereitschaft und Verteidigungswillen entsprach der Sicherheitspolitik der Bundesregierung, die sich deshalb für diesen Doppelbeschluss stark gemacht hatte. Der Beschluss war auch wichtig, um die nukleare Triade der NATO zu erhalten. Die bisher stationierten Mittelstreckenraketen drohten unbrauchbar zu werden. Damit wären die Eskalationsstufen, die für die Glaubwürdigkeit der NATO-Strategie entscheidend waren, nicht mehr voll verfügbar gewesen. Von daher hatte die NATO ein Interesse an der Aufstellung neuer Mittelsteckenraketen.

Innenpolitisch entfachte dieser Beschluss vor allen Dingen in Westdeutschland eine heftige Protestwelle. Trotzdem hielt die neue Bundesregierung unter Helmut Kohl an beiden Teilen des Doppelbeschlusses fest und setzte von 1983 an die Stationierung von »Pershing-II-Raketen« durch, da es eine Verhandlungslösung nicht gegeben hatte.

Die Idee, die dem NATO-Doppelbeschluss zugrunde lag, erwies sich als richtig. Nach einer Verhandlungspause wurden die Gespräche zwischen den USA und der Sowjetunion wieder aufgenommen. Sie gestalteten sich sehr zäh. Aber schließlich unterzeichneten KPdSU-Generalsekretär Michail Gorbatschow und US-Präsident Ronald Reagan am 8. Dezember 1987 in Washington den Mittelstreckenwaffen-Vertrag (INF-Vertrag: Intermediate Range Nuclear Forces). Darin kamen beide Seiten überein, alle Mittelstreckenraketen bzw. Marschflugkörper mit einer Reichweite zwischen 500 und 5.000 km innerhalb von drei Jahren aus Europa abzuziehen. Dieser Abbau konnte durch gegenseitige Inspektionen kontrolliert werden. Es dauerte noch bis zum 17. Oktober 1991, bis die NATO-Verteidigungsminister auch die Abschaffung aller nuklearen Gefechtsfeldwaffen beschlossen.

Als richtig erwies sich aber auch die Überlegung, die vor allen Dingen die US-amerikanische Regierung angestellt hatte, dass durch eine zeitweilige Beschleunigung des Wettrüstens die Staaten des Warschauer Vertrages an die Grenze ihrer wirtschaftlichen Leistungsfähigkeit geführt würden. Die ökonomische Erschöpfung trug dann zum Ende des Ostblocks bei.

NATO-Gipfel 1990 in Ottawa

Nachdem Anfang März 1985 Michail Gorbatschow zum Generalsekretär der KPdSU gewählt worden war, leitete er einen tiefgreifenden Reformprozess der Sowjetunion ein. Unter dem Stichwort »Glasnost« (Transparenz) machte er mit der sozialistischen Geheimniskrämerei Schluss und trat für eine offenere Gesellschaft ein. Die Demokratisierung ging mit wirtschaftlichen Reformen einher. Unter dem Stichwort »Perestrojka« (Umbau) versuchte Gorbatschow eine größere wirtschaftliche Effizienz durch eine regulierte Marktwirtschaft zu erreichen.

Medienwirksam erzeugte er eine wahre Aufbruchstimmung in der Sowjetunion. Innerhalb nur weniger Jahre gelang ihm ein Wandel der Verhältnisse, den westliche Politiker bis dahin nicht für möglich gehalten hatten. In der Konsequenz führte dies aber zum Zerfall der Sowjetunion.

Auch in der Außen- und Sicherheitspolitik hatte Gorbatschow einen anderen Kurs eingeschlagen. Die beiden Gipfeltreffen zwischen ihm und dem US-amerikanischen Präsidenten George Bush sen. im Dezember 1989 vor Malta und ein halbes Jahr später in Washington führten zu verbesserten Beziehungen zwischen Ost und West. Der Führung der SED entglitt mehr und mehr die Kontrolle in der DDR. Gorbatschow ließ diese Entwicklung zu, was sie de facto noch verstärkte. Während des Besuchs von Bundeskanzler Helmut Kohl in Moskau und im Kaukasus im Juli 1990 handelte er schließlich die militärischen Bedingungen für eine Wiedervereinigung

Deutschlands aus. Danach verpflichtete sich die Sowjetunion, bis 1994 ihre Streitkräfte vollständig aus Deutschland abzuziehen. Das wieder vereinte Deutschland könne weiterhin Mitglied der NATO sein. Damit war im Rahmen der Verhandlungen zwischen den vier Hauptsiegermächten des Zweiten Weltkrieges und den beiden Staaten in Deutschland (den Zwei-plus-Vier-Verhandlungen) der Weg zur Wiedervereinigung frei.

Mit der deutschen Wiedervereinigung endete der Kalte Krieg, und die politische Landkarte in Europa konnte neu gezeichnet werden. Im Februar 1991 beschlossen die Staaten des Warschauer Paktes in Budapest, ihre militärische Zusammenarbeit einzustellen.

Im August 1991 versuchten konservative Militärs in Moskau zu putschen. Nach drei Tagen scheiterte der Umsturzversuch am Widerstand der russischen Regierung und des russischen Obersten Sowjets unter der Führung von Boris Jelzin. Im Dezember trat Gorbatschow als sowjetischer Staatspräsident zurück und übergab die Macht an Boris Jelzin. Das Land drohte im Chaos zu versinken. Die Kassen der Regierung waren leer, die Gehälter der Beamten und Soldaten konnten nicht mehr bezahlt werden. Den Menschen drohte, wie bereits ein Jahr zuvor, ein Hungerwinter. Neue Putschgerüchte tauchten auf. Es drohten Bürgerkrieg und Hungeraufstände. Nach westdeutschen Schätzungen wollten rund fünf Millionen ehemalige Wolga-Deutsche in die Bundesrepublik übersiedeln. Nach einem Referendum erklärte die Ukraine am 1. Dezember 1991 ihre Unabhängigkeit. Nur wenige Tage später, am 21. Dezember, gründeten die elf Präsidenten ehemaliger Sowjetrepubliken in Alma-Ata die »Gemeinschaft Unabhängiger Staaten« und erklärten den Präsidenten der UdSSR für abgesetzt. Die rote Flagge, die seit der Oktoberrevolution auf dem Kreml in Moskau geweht hatte, wurde eingezogen. Den kommunistisch beherrschten Ostblock gab es nicht mehr. Der Ost-West-Gegensatz war überwunden.

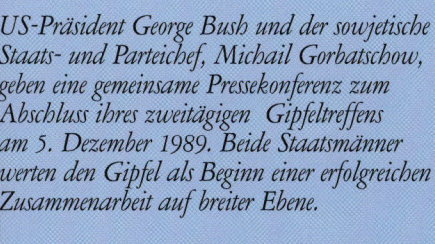

US-Präsident George Bush und der sowjetische Staats- und Parteichef, Michail Gorbatschow, geben eine gemeinsame Pressekonferenz zum Abschluss ihres zweitägigen Gipfeltreffens am 5. Dezember 1989. Beide Staatsmänner werten den Gipfel als Beginn einer erfolgreichen Zusammenarbeit auf breiter Ebene.

5. Auf der Suche nach einer neuen Sicherheitsarchitektur

Das neue strategische Konzept der NATO

Auf dem NATO-Gipfel in London 1990 orientierte sich das Bündnis neu. Die Allianz suchte die Kooperation mit der Sowjetunion und den Staaten in Mittelost- und Osteuropa. Im November desselben Jahres wurde die Gegnerschaft durch die Verabschiedung der »Charta von Paris für ein

neues Europa« durch die KSZE auch formell beendet. Die NATO richtete ein Jahr später den »Nordatlantischen Kooperationsrat« (NAKR) ein, dem die NATO-Staaten, die Staaten des bisherigen Warschauer Paktes und die aus der Sowjetunion hervorgegangenen Staaten angehörten. Die Beziehungen wurden so institutionalisiert.

Mit dem Ende des Kalten Krieges musste eine neue Sicherheitsarchitektur für Europa gefunden werden. Der Warschauer Pakt hatte sich aufgelöst. Damit hatte sich der ursprüngliche Zweck der NATO, die Verteidigung des Bündnisgebietes gegen die Bedrohung aus Osteuropa, weitestgehend erledigt. Doch neue Risiken wie ethnische Konflikte, Verletzungen der Menschenrechte, politische Instabilität, wirtschaftliche Schwierigkeiten, die Verbreitung nuklearer, biologischer und chemischer Waffen und später der internationale Terrorismus konnten die Sicherheit im euroatlantischen Raum bedrohen.

Als sich die Staats- und Regierungschefs der NATO-Staaten 1999 in Washington zum Jubiläumsgipfel (50 Jahre NATO) versammelten, war die Allianz bereits in eine neue Rolle hineingewachsen. Sie hatte sich zu einer Mehrzweckorganisation entwickelt, die mit einem breit angelegten Sicherheitsbegriff Stabilität produzieren und transferieren wollte. Sie organisierte den sicherheitspolitischen Dialog mit vielen Partnern, sorgte für gegenseitige Transparenz bei Rüstungsfragen und für Zusammenarbeit beim Krisenmanagement.

Diese Politik musste auf der Gipfelkonferenz in der US-Hauptstadt auf die Grundlage eines neuen strategischen Konzepts gestellt werden. Die gemeinsamen Werte Demokratie, Menschenrechte und Rechtsstaatlichkeit bildeten ein festes Fundament. Das Bündnis verkörperte die enge transatlantische Bindung. Als Aufgabe setzte sich die NATO, Krisen und Konflikte im euro-atlantischen Raum zu verhüten oder durch Krisenreaktions-Unternehmen zu bewältigen.

Die Beratungen in Washington standen unter dem Eindruck des Kosovokrieges. Die Festlegungen des Strategischen Konzeptes mussten sich erst noch bewähren. Die Diskussionen im Vorfeld des Kosovokrieges spiegelten sich in den Formulierungen wider – beispielsweise in der Frage, inwieweit für einen Einsatz ein UN-Mandat erforderlich ist. Vage wurde festgelegt, dass die Allianz die »Beilegung von Streitigkeiten in Übereinstimmung mit der Charta der Vereinten Nationen« anstrebe. Bundeskanzler Gerhard Schröder interpretierte das mit den Worten, dass man in der Regel auf der Grundlage eines UN-Mandats eingreifen wolle. Einseitige Aktionen wie die Luftschläge gegen Jugoslawien sollten die Ausnahme sein. Auch die geographische Ausdehnung blieb mit dem Hinweis auf den »euro-atlantischen Raum« weitgehend unbestimmt.

NATO-Jubiläums-Gipfel 1999

Das Strategische Konzept der NATO

(Auszüge)

6. *Der wesentliche und fortdauernde Zweck der NATO, der im Vertrag von Washington niedergelegt ist, besteht darin, die Freiheit und Sicherheit aller ihrer Mitglieder mit politischen und militärischen Mitteln zu gewährleisten. Auf der Grundlage der gemeinsamen Werte Demokratie, Menschenrechte und Rechtsstaatlichkeit strebt das Bündnis seit seiner Gründung eine gerechte und dauerhafte Friedensordnung in Europa an. Dies wird es auch weiterhin tun. Die Verwirklichung dieses Ziels kann durch Krisen und Konflikte, die die Sicherheit des euro-atlantischen Raums berühren, gefährdet werden. Das Bündnis gewährleistet daher nicht nur die Verteidigung seiner Mitglieder, sondern trägt auch zu Frieden und Stabilität in dieser Region bei.*

7. *Das Bündnis verkörpert die transatlantische Bindung, die die Sicherheit Nordamerikas und die Sicherheit Europas auf Dauer verknüpft. Es ist der konkrete Ausdruck wirksamen kollektiven Bemühens seiner Mitglieder um Förderung ihrer gemeinsamen Interessen.*

8. *Grundlegendes Leitprinzip, nach dem das Bündnis arbeitet, sind gemeinsames Eintreten und allseitige Zusammenarbeit unter souveränen Staaten zur Festigung der Unteilbarkeit der Sicherheit aller seiner Mitglieder. Solidarität und Zusammenhalt im Bündnis durch die tägliche Zusammenarbeit im politischen wie im militärischen Bereich bieten die Gewähr, dass kein einziger Verbündeter darauf angewiesen ist, sich bei der Bewältigung elementarer sicherheitspolitischer Herausforderungen allein auf seine eigenen nationalen Anstrengungen zu verlassen. Ohne den Mitgliedstaaten ihr Recht und ihre Pflicht abzusprechen, ihre souveräne Verantwortung im Verteidigungsbereich wahrzunehmen, ermöglicht ihnen das Bündnis durch kollektives Bemühen, ihre entscheidenden nationalen sicherheitspolitischen Ziele zu verwirklichen.*

9. *Daraus erwächst, ungeachtet jeweils unterschiedlicher Gegebenheiten und nationaler militärischer Fähigkeiten, ein Gefühl gleicher Sicherheit der Bündnismitglieder. Dieses Gefühl trägt zur Stabilität im euro-atlantischen Raum bei. Das Bündnis strebt diese Vorteile nicht alleine für seine Mitglieder an, sondern es bekennt sich zur Schaffung von Bedingungen, die einem Ausbau von Partnerschaft, Zusammenarbeit und Dialog mit anderen, die seine breiten politischen Ziele teilen, förderlich sind.*

10. *Um sein wesentliches Ziel zu erreichen, nimmt das Bündnis als eine Allianz von Nationen, die dem Washingtoner Vertrag und der Charta der Vereinten Nationen verpflichtet ist, die folgenden grundlegenden Sicherheitsaufgaben wahr:*

    Sicherheit: *Es bietet eines der unverzichtbaren Fundamente für ein stabiles euro-atlantisches Sicherheitsumfeld, gegründet auf dem Wachsen demokratischer Einrichtungen und auf dem Bekenntnis zur friedlichen Beilegung von Streitigkeiten, in dem kein Staat in der Lage ist, einen anderen Staat durch die Androhung oder Anwendung von Gewalt einzuschüchtern oder einem Zwang auszusetzen.*

    Konsultation: *Es dient gemäß Artikel 4 des Washingtoner Vertrags als ein wesentliches transatlantisches Forum für Konsultationen unter den Verbündeten über alle Fragen, die ihre vitalen Interessen einschließlich möglicher Entwicklungen berühren, die Risiken für die Sicherheit der Bündnismitglieder mit sich bringen, und als Forum für sachgerechte Koordinierung ihrer Bemühungen in Bereichen, die sie gemeinsam angehen.*

Abschreckung und Verteidigung: Es schreckt von jeder Aggressionsdrohung und wehrt jeden Angriff gegen einen NATO-Mitgliedstaat ab, wie es in den Artikeln 5 und 6 des Washingtoner Vertrags vorgesehen ist. Und es stärkt Sicherheit und Stabilität des euro-atlantischen Raums durch:

Krisenbewältigung: Es steht bereit, von Fall zu Fall und im Konsens, im Einklang mit Artikel 7 des Washingtoner Vertrags zu wirksamer Konfliktverhütung beizutragen und sich bei der Krisenbewältigung aktiv einzusetzen, einschließlich durch Krisenreaktionseinsätze.

Partnerschaft: Es fördert eine breit angelegte Partnerschaft, Zusammenarbeit und Dialog mit anderen Staaten im euro-atlantischen Raum mit dem Ziel, Transparenz, gegenseitiges Vertrauen und die Fähigkeit zu gemeinsamem Handeln mit dem Bündnis zu erhöhen.

11. *Das Bündnis wird bei der Erfüllung seines Ziels und seiner grundlegenden Sicherheitsaufgaben auch weiterhin die legitimen Sicherheitsinteressen anderer Staaten achten und die friedliche Beilegung von Streitigkeiten in Übereinstimmung mit der Charta der Vereinten Nationen anstreben. Das Bündnis wird friedliche und freundschaftliche internationale Beziehungen fördern und demokratische Institutionen unterstützen. Das Bündnis betrachtet sich nicht als Gegner irgendeines anderen Staates.*

Die Europäer wollten sich in der neuen NATO nicht von den Amerikanern bevormunden lassen. Der »europäische Pfeiler« der Allianz sollte gestärkt werden, um damit die Zusammenarbeit mit der Europäischen Union und der WEU zu verbessern. Der deutsche Verteidigungsminister Rudolf Scharping wies darauf hin, dass es in der NATO nicht »zu viel Amerika« gebe, sondern »zu wenig Europa«.

Die Bekenntnisse zum »europäischen Pfeiler« und zur »Europäischen Verteidigungsinitiative« klangen eindrucksvoll. Gleichzeitig war während des Kosovo-Luftkrieges die unzureichende Ausrüstung und Bewaffnung der europäischen NATO-Partner offen zu Tage getreten. Sie verfügten über keine Abstandswaffen, ihre Kommunikations- und Führungssysteme waren veraltet und erlaubten beispielsweise keine verschlüsselte Kommunikation der Piloten untereinander. Den europäischen Streitkräften mangelte es an Durchhaltefähigkeit, es fehlten Tankflugzeuge, sodass, ohne die Lufttransportkapazitäten der Amerikaner, der Nachschub gelegentlich ausgeblieben wäre. Noch während des Luftkrieges verabschiedeten die Staats- und Regierungschefs der Allianz auf dem Washingtoner Jubiläumsgipfel im April 1999 ein Programm, um die militärischen Fähigkeiten der europäischen Partner zu verbessern. In der »NATO-Defense Capabilities Initiative« (DCI) wurden 59 konkrete Maßnahmen verabredet. Die Europäer sagten zu, ihre Fähigkeiten zur strategischen Aufklärung, zum strategischen Luft- und Seetransport, zur Führung und Kommunikation und ihre Durchhaltefähigkeit zu verbessern. Als drei Jahre später auf dem NATO-Gipfel in Prag dieses Programm überprüft wurde, konnten die Staaten in der Mehrzahl der verabredeten Maßnahmen Vollzug melden. Das betraf jedoch nur kleinere Projekte. All jene Maßnahmen, die

NATO-Gipfel 2002 in Prag

Geld kosten, waren im Wesentlichen nicht in Angriff genommen worden. Das in der tschechischen Hauptstadt verabschiedete »Prague Capabilities Commitment« war zwar dann in seinen Zielen bescheidener, aber deshalb auch realistischer.

In Prag wurde zudem beschlossen, eine NATO-Eingreiftruppe (NATO Response Force, NRF) zu schaffen. Die Idee war im Vorfeld des Gipfels in den NATO-Gremien grundsätzlich sondiert worden. Nach Auffassung vor allem der US-Amerikaner fehlte dem Bündnis ein Mittel, um schnell militärisch reagieren zu können. Die Franzosen hatten allerdings die Sorge, dass die NRF eine Konkurrentin für die bereits beschlossenen Eingreiftruppen der EU werden könnte. Die wesentlichen Unterschiede bestehen in der Schnelligkeit, mit der die Truppen an Ort und Stelle eingesetzt werden können und in ihrer Durchhaltefähigkeit. Die NRF sollte schneller eingesetzt werden können als die EU-Verbände, aber weniger durchhaltefähig sein.

Die NRF sollte jeweils von einem der neuen NATO-Hauptquartiere geführt werden. Diese können Einheiten von Heer, Luftwaffe und Marine aus verschiedenen Nationen führen (Combined Joint Task Force, CJTF). Bei Drucklegung dieses Buches hatte das NATO-Hauptquartier in Neapel das Kommando über die NRF; der Korpsstab des Deutsch-Niederländischen Korps in Münster führte den Anteil der Landstreitkräfte. Die einsatzbereiten Truppenteile stellten mehrere NATO-Partner. Diese Zuordnung wechselt halbjährlich. Da die Einheiten und das jeweilige Hauptquartier regelmäßig miteinander üben und für das halbe Jahr ihrer Zuordnung zur NRF einen sehr hohen Bereitschaftsstatus haben, sollen sie innerhalb einer Woche überall in der Welt in den Einsatz gehen können.

»Gipfelerklärung zur NATO Response Force«, Prag 2002

»Wir haben entschieden, eine NATO Response Force zu schaffen, die aus einer technologisch hochentwickelten, verlegefähigen, zur Interoperabilität fähigen und durchhaltefähigen Truppe besteht und Land-, See- und Luftelemente umfasst, die schnell entsprechend einem Beschluss des NATO-Rates dorthin bewegt werden können, wo es nötig ist. Die NRF wird auch ein Katalysator sein, auf den sich die Verbesserungen in den militärischen Fähigkeiten der Allianz fokussieren und der diese vorantreibt. Wir haben die Richtung bestimmt, in die ein umfassendes Konzept für eine solche Truppe entwickelt werden soll, die ihre ersten operativen Fähigkeiten so schnell wie möglich – aber nicht später als im Oktober 2004 – und ihre vollständige Einsatzfähigkeit nicht später als Oktober 2006 erreichen soll. (…) Die NRF und die ähnliche Arbeit für die »headline goals« der EU sollen sich gegenseitig unter Beachtung der Selbständigkeit der beiden Organisationen verstärken.«

General James Jones,
Supreme Allied Commander Europe,
bei der feierlichen Aufstellung der NRF

Die NRF hatte eine weitere politische Voraussetzung. Über viele Jahre hinweg diskutierten die NATO-Staaten, ob nach dem Vertrag der Allianz ein Einsatz außerhalb des Vertragsgebiets (out of area) zulässig war. In Deutschland wurde dies besonders heftig diskutiert. Der Einsatz in Bosnien-Herzegowina und im Kosovo wurde noch akzeptiert, weil das ehemalige Jugoslawien in direkter Nachbarschaft zur Allianz liegt. Über die Adria und über den Landweg waren NATO-Staaten direkt betroffen. Diese Begründung griff beim ISAF-Einsatz in Afghanistan, an dem sich die NATO damals noch nicht selbst beteiligte, aber doch zahlreiche NATO-Staaten, nicht mehr. Der Generalsekretär der NATO, Lord George Robertson, argumentierte immer mit dem Satz, die NATO müsse dorthin gehen, wo Risiken entstünden, damit diese nicht ins NATO-Gebiet kämen. Erst 2002 einigten sich die Außenminister der NATO auf ihrer Ratstagung in Reykjavic/Island auf eine Formulierung, die dann im November auch in den Erklärungen des Prager NATO-Gipfels enthalten war:

Kooperation und Öffnung der NATO

NATO-Generalsekretär Manfred Wörner und Verteidigungsminister Volker Rühe drängten nach dem Zusammenbruch der Blockkonfrontation darauf, mittelost- und osteuropäischen Staaten eine Mitgliedschaft in der NATO anzubieten. Frankreich und Großbritannien erhoben Widerspruch. Als Kompromiss und um dieser Bewegung den Schwung zu nehmen, schlugen die USA auf dem informellen Verteidigungsministertreffen in Travemünde im Oktober 1993 das Programm »Partnerschaft für den Frieden« (PfP, Partnership for Peace) vor. Interessierte Staaten wurden zur verteidigungspolitischen Zusammenarbeit eingeladen. Mit jedem Teilnehmerstaat wurde ein konkretes Programm vereinbart. Die Allianz half den Staaten in Mittel- und Osteuropa, ihre Streitkräfte neu zu organisieren. Sie unterstützte sie mit Rat und Tat, um eine demokratische Kontrolle über die Streitkräfte in den neuen Republiken zu gewährleisten. Es gab gemeinsame Übungen im Bereich des Such- und Rettungswesens, der humanitären Hilfe sowie für gemeinsame friedenserhaltende Einsätze. Dadurch konnten die Staaten konkrete Erfahrungen für gemeinsame Einsätze mit der NATO sammeln.

Um das volle Spektrum ihrer Aufgaben wahrnehmen zu können, muss die NATO über Streitkräfte verfügen, die schnell überall dorthin verlegt werden können, wo sie gebraucht werden, Operationen über größere Entfernungen und längere Zeiträume durchführen sowie die vorgegebenen Ziele erreichen können.

NATO-Außenminister, Reykjavic, Mai 2002

Die NATO-Verteidigungsminister treffen sich am 20.10.1993 zu ihrem ersten informellen Treffen in Travemünde. Dort wurde das Konzept »Partnerschaft für den Frieden« aus der Taufe gehoben.

»Einladung zur Partnerschaft für den Frieden«, Brüssel 1994

(Auszüge)

Wir haben heute ein praktisches Sofortprogramm auf den Weg gebracht, das die Beziehungen zwischen der NATO und Teilnehmerstaaten verändern wird. Dieses neue Programm geht über Dialog und Kooperation hinaus und begründet eine wirkliche Partnerschaft – eine Partnerschaft für den Frieden. Wir laden daher die anderen im Nordatlantischen Kooperationsrat (NAKR) beteiligten Staaten und andere KSZE-Länder ein, die in der Lage und willens sind, zu diesem Programm beizutragen, sich uns in dieser Partnerschaft anzuschließen. Aktive Beteiligung an der Partnerschaft für den Frieden wird eine wichtige Rolle im evolutionären Prozess der NATO-Erweiterung spielen. Die operativ unter der Autorität des Nordatlantikrats stehende Partnerschaft für den Frieden wird neue Sicherheitsbeziehungen zwischen der Nordatlantischen Allianz und ihren Partnern für den Frieden knüpfen. Partnerstaaten werden vom Nordatlantikrat eingeladen, sich an politischen und militärischen Gremien im NATO-Hauptquartier zu beteiligen, soweit sie sich mit Partnerschaftsaktivitäten befassen. Die Partnerschaft wird die politische und militärische Zusammenarbeit in ganz Europa erweitern und intensivieren, Stabilität festigen, Bedrohungen des Friedens verringern und gestärkte Beziehungen aufbauen durch die Förderung des Gedankens der praktischen Kooperation und das Eintreten für demokratische Grundsätze, die unser Bündnis bestimmen.

Die NATO wird mit jedem aktiven Teilnehmer an der Partnerschaft in Konsultationen eintreten, wenn dieser Partner eine direkte Bedrohung seiner territorialen Integrität, politischen Unabhängigkeit oder Sicherheit sieht. In einem durch Fähigkeit und Wunsch der einzelnen Teilnehmerstaaten bestimmten Zeitmaß und Umfang werden wir konkret hinarbeiten auf Transparenz der Verteidigungshaushalte, die Förderung demokratischer Kontrolle der Verteidigungsministerien, gemeinsame Planung, gemeinsame militärische Übungen und den Aufbau einer Fähigkeit, mit NATO-Streitkräften zusammenzuwirken, in Bereichen wie Friedenswahrung, Such- und Rettungsdienst sowie humanitären und anderen eventuell zu vereinbarenden Operationen.

Zur Förderung engerer militärischer Zusammenarbeit und Interoperabilität werden wir im Rahmen der Partnerschaft Übungen zur Friedenswahrung ab 1994 vorschlagen. Um gemeinsame militärische Aktivitäten als Teil der Partnerschaft zu koordinieren, werden wir an der Partnerschaft beteiligte Staaten einladen, ständige Verbindungsoffiziere zum NATO-Hauptquartier und zu einer separaten Partnerschaftskoordinierungszelle in Mons (Belgien) zu entsenden, die unter der Autorität des Nordatlantikrats die militärische Planungsarbeit wahrnehmen würde, die erforderlich ist, um die Partnerschaftsprogramme umzusetzen. Seit seiner Gründung vor zwei Jahren hat der Nordatlantische Kooperationsrat (NAKR) Intensität und Umfang seiner Aktivitäten stark erweitert. Wir werden mit allen unseren NAKR-Partnern weiter zusammenarbeiten, um kooperative Beziehungen im gesamten Spektrum der Allianzaktivitäten aufzubauen.
Mit der Erweiterung von NAKR-Aktivitäten und der Schaffung der Partnerschaft für den Frieden haben wir beschlossen, ständige Einrichtungen im NATO-Hauptquartier für Personal aus NAKR-Ländern und anderen Teilnehmerstaaten an der Partnerschaft für den Frieden anzubieten, um unsere Arbeitsbeziehungen zu verbessern und engere Zusammenarbeit zu erleichtern.

Erst langsam setzte sich die Öffnungspolitik durch, die Wörner und Rühe betrieben. Einige Staaten, wie Polen oder die Tschechische Republik, nutzten dann das PfP-Programm, um sich auf eine spätere NATO-Mitgliedschaft vorzubereiten. Die Verbindungsoffiziere der PfP-Staaten wurden in der Baracke des militärischen Hauptquartiers der Allianz im belgischen Mons untergebracht, in der während des Kalten Krieges die Verteidigung West-Berlins geplant worden war. Davor stand als Denkmal ein Stück der Berliner Mauer.

Bereits ein Jahr später hatten die Vereinigten Staaten ihre anfängliche Zurückhaltung hinsichtlich der Aufnahme neuer Mitglieder überwunden. Auf dem Brüsseler NATO-Gipfel erklärten die Staats- und Regierungschefs ihre grundsätzliche Bereitschaft, die Allianz zu erweitern. Die genauen Bedingungen, die jeder Beitrittskandidat zu erfüllen hatte, wurden in einer Studie dargelegt. Nach intensiven Einzelgesprächen wurden im Juli 1997 auf dem Gipfel in Madrid die Tschechische Republik, Ungarn und Polen zu Beitrittsverhandlungen eingeladen. Der Beitritt wurde zwei Jahre später, im Frühjahr 1999, vollzogen, unmittelbar bevor die NATO erstmals einen Krieg – den Kosovokrieg – führte. An dem Jubiläumsgipfel in Washington nahmen die Staats- und Regierungschefs der drei Staaten bereits als neue Mitglieder teil. In Madrid hatten die Staats- und Regierungschefs unterstrichen, dass mit der Aufnahme der drei der Erweiterungsprozess nicht abgeschlossen sei.

Der offizielle Startschuss zur zweiten Erweiterungsrunde wurde dann 2002 auf dem Prager NATO-Gipfel gegeben. Dort wurden Bulgarien, Estland, Lettland, Litauen, Rumänien, die Slowakei und Slowenien zu Beitrittsgesprächen eingeladen. Diese Beitritte wurden im Frühjahr 2004 vollzogen. Russland hatte gegen die erste Erweiterungsrunde heftig protestiert, doch die Öffnung letztlich nicht zu verhindern versucht. Das Vertrauen zwischen der NATO und Russland konnte im Laufe der Jahre, trotz einiger Rückschläge, so weit ausgebaut werden, dass der Protest gegen die zweite Runde bereits deutlich leiser war. Dabei wurden in Prag mit den baltischen Republiken Staaten in die NATO eingeladen, die zehn Jahre zuvor noch Teil der Sowjetunion gewesen waren.

Das Verhältnis zwischen NATO und Russland

Das Verhältnis zwischen der NATO und Russland spielte und spielt bis heute eine entscheidende Rolle. Je besser und vertrauensvoller die Zusammenarbeit, desto stabiler die Sicherheit im euro-atlantischen Raum. Dabei war der Prozess der Annäherung schwierig und nicht frei von vorübergehenden Eintrübungen während des Kosovokrieges. Erst nach langwierigen Verhandlungen trat Russland 1994 dem Programm »Partnerschaft für Frieden« bei. Lange Zeit wollte Moskau nicht einsehen, dass die größte europäische Landmacht grundsätzlich nicht anders behandelt werden sollte als einer der weitaus kleineren Staaten in Europa. Die Zusammen-

Der NATO-Russland-Rat ist beschlossen.

arbeit vertiefte sich durch die Beteiligung Russlands an dem Friedenseinsatz in Bosnien-Herzegowina. Auch auf anderen Gebieten, wie der zivilen Notfallplanung und Katastrophenhilfe, kam man gut voran.

1997 konnte dann die »Grundakte über gegenseitige Beziehungen,
Zusammenarbeit und Sicherheit« in Paris buchstäblich am Vorabend des
Madrider NATO-Gipfels, der die ersten drei Staaten zu Beitrittsverhandlungen einlud, unterzeichnet werden. Damit wurde als Konsultationsgremium zwischen der NATO und Russland der »NATO-Russland-Rat«
gegründet, in dem Themen von beiderseitigem Interesse besprochen und
auch entschieden werden konnten.

»Grundakte über die gegenseitigen Beziehungen, Zusammenarbeit und Sicherheit zwischen der NATO und der Russischen Föderation«, Paris 1997

(Auszüge)
*Die NATO und Russland betrachten einander nicht als Gegner. Sie verfolgen gemeinsam das Ziel,
die Spuren der früheren Konfrontation und Konkurrenz zu beseitigen und das gegenseitige Vertrauen und die Zusammenarbeit zu stärken. Diese Akte bekräftigt die Entschlossenheit der NATO
und Russlands, ihrer gemeinsamen Verpflichtung zum Bau eines stabilen, friedlichen und unge-*

teilten, geeinten und freien Europas zum Nutzen aller seiner Völker konkreten Ausdruck zu verleihen. Die Übernahme dieser Verpflichtung auf höchster politischer Ebene stellt den Beginn grundlegend neuer Beziehungen zwischen der NATO und Russland dar. Beide Seiten beabsichtigen, auf der Grundlage gemeinsamen Interesses, der Gegenseitigkeit und der Transparenz eine starke, stabile und dauerhafte Partnerschaft zu entwickeln.

Diese Akte legt die Ziele und den Mechanismus für Konsultation, Zusammenarbeit, gemeinsame Entscheidungsfindung und gemeinsames Handeln fest, die den Kern der Beziehungen zwischen der NATO und Russland bilden werden.

Die NATO hat eine historische Umwandlung in Gang gesetzt – ein Prozess, der fortgesetzt wird. 1991 änderte das Bündnis seine strategische Doktrin, um dem neuen Sicherheitsumfeld in Europa Rechnung zu tragen. Im Einklang damit hat die NATO ihre konventionellen und nuklearen Streitkräfte drastisch reduziert und setzt deren Anpassung fort. Während die NATO sich die Fähigkeit erhalten hat, ihren Verpflichtungen aus dem Washingtoner Vertrag nachzukommen, hat sie ihre politischen Funktionen erweitert und wird dies auch künftig tun, und sie hat neue Aufgaben der Friedenserhaltung und Krisenbewältigung zur Unterstützung der Vereinten Nationen (VN) und der Organisation für Sicherheit und Zusammenarbeit in Europa (OSZE), beispielsweise in Bosnien und Herzegowina, übernommen, um neuen sicherheitspolitischen Herausforderungen in enger Abstimmung mit anderen Ländern und internationalen Organisationen zu begegnen. (…)

Russland setzt den Aufbau einer demokratischen Gesellschaft und die politische und wirtschaftliche Transformation fort. Es entwickelt das Konzept seiner nationalen Sicherheit und überprüft seine Militärdoktrin in einer Weise, die gewährleisten soll, dass diese mit den neuen sicherheitspolitischen Realitäten voll im Einklang stehen. Russland hat tiefe Einschnitte in seine Streitkräfte vorgenommen, in beispielloser Weise Truppen aus den Ländern Mittel- und Osteuropas sowie den baltischen Staaten abgezogen und alle seine Nuklearwaffen in sein eigenes Hoheitsgebiet zurückgeführt. Russland ist entschlossen, seine konventionellen und nuklearen Streitkräfte weiter zu reduzieren. Es nimmt aktiv an friedenserhaltenden Operationen zur Unterstützung der VN und der OSZE sowie an Krisenbewältigungseinsätzen in verschiedenen Regionen der Welt teil. Russland leistet einen Beitrag zu den multinationalen Streitkräften in Bosnien und Herzegowina.

Während des NATO-Luftkrieges gegen Jugoslawien setzte Russland seine Mitarbeit in den gemeinsamen Gremien aus, beließ aber seine Soldaten in Bosnien. Auf Grund einer gesonderten Vereinbarung beteiligte sich Moskau dann am Einsatz der NATO zum Wiederaufbau des Kosovo, an der »Kosovo-Force« (KFOR).

Schrittweise konnte die Zusammenarbeit wieder aufgenommen werden. Um auch gemeinsame Analysen, Entscheidungen und Aktionen zu ermöglichen, verständigten sich die NATO und Russland darauf, die Zusammenarbeit im »NATO-Russland-Rat« auf eine neue Grundlage zu stellen. Der italienische Ministerpräsident Silvio Berlusconi ließ 2002 auf einem Luftwaffenstützpunkt in der Nähe von Rom eine eindrucksvolle Filmkulisse errichten, um der Unterzeichnung des neuen Dokuments einen besonderen Rahmen zu geben.

6. Die neue europäische Sicherheits- und Verteidigungspolitik

Bis Mitte der 80er Jahre führte die Westeuropäische Union (WEU) ein Schattendasein. Die Europäische Wirtschaftsgemeinschaft (EWG) beschränkte sich auf die Wirtschafts- und Industriepolitik. Die Außen- und Sicherheitspolitik spielte noch keine Rolle. Der deutsche Außenminister, Hans-Dietrich Genscher, und sein italienischer Kollege, Emilio Colombo, regten im November 1981 an, auch in verteidigungspolitischen Fragen zusammenzuarbeiten. Im Oktober 1984 beschlossen die Außen- und Verteidigungsminister der WEU in Rom, die Verteidigungspolitik ihrer Länder zu harmonisieren. Fortan trafen sich die Außen- und Verteidigungsminister der WEU zwei Mal im Jahr. In einer Erklärung, die drei Jahre später von ihnen verabschiedet wurde, hieß es: »Wir sind davon überzeugt, dass der Aufbau eines integrierten Europas unvollkommen sein wird, solange er nicht Sicherheit und Verteidigung einschließt.«

Auch der »europäische Pfeiler« innerhalb der NATO sollte gestärkt werden. Nach weiteren vier Jahren wurde die Einrichtung eines Satellitenzentrums in der Nähe von Madrid beschlossen. Allerdings konnten die dort arbeitenden Auswertungsspezialisten nicht auf eigene Aufklärungssatelliten zurückgreifen.

Mit dem Vertrag von Maastricht vom Februar 1992 wandelte sich die Europäische Gemeinschaft zur Europäischen Union (EU). Die Außen- und Sicherheitspolitik sollte künftig Teil der gemeinsamen Politik werden. Als fünf Jahre später der Maastrichter Vertrag vom Amsterdamer Vertrag abgelöst wurde, gewann die gemeinsame Außen- und Sicherheitspolitik weiter an Form.

Nachdem in den folgenden Jahren die Arbeit der EWG – später der Europäischen Union, EU –, der WEU und der NATO immer stärker aufeinander abgestimmt worden war, verabschiedeten die Außen- und Verteidigungsminister der WEU im Juni 1992 auf dem Bonner Petersberg eine Erklärung. Darin wurden die Aufgaben definiert, die von der WEU über die Beistandspflicht hinaus durchgeführt werden sollten. Der Katalog neuer Aufgaben umfasste humanitäre Einsätze oder Evakuierungsoperationen, friedenserhaltende Missionen sowie Einsätze von Kampfeinheiten im Rahmen des Krisenmanagements, was auch friedensschaffende Einsätze einschließen sollte.

Im Anhang zum EU-Vertrag von Maastricht vom 07.02.1992 heißt es in einer Erklärung zur Westeuropäischen Union:

(Auszug)
»Die WEU-Mitgliedstaaten stimmen darin überein, dass es notwendig ist, eine echte europäische Sicherheits- und Verteidigungspolitik zu entwickeln und eine größere europäische Verantwortung in Verteidigungsfragen zu übernehmen. Diese Identität wird durch einen schrittweisen Prozess mit mehreren aufeinander folgenden Phasen angestrebt. Die WEU wird integraler Bestandteil des Prozesses der Entwicklung der Europäischen Union sein und einen größeren Beitrag zur Solidarität innerhalb der Atlantischen Allianz leisten. Die WEU-Mitgliedstaaten sind sich darin einig, die Rolle der WEU in der längerfristigen Perspektive einer mit der Politik der Atlantischen Allianz zu vereinbarenden gemeinsamen Verteidigungspolitik innerhalb der Europäischen Union, die zu gegebener Zeit zu einer gemeinsamen Verteidigung führen könnte, zu stärken. Die WEU wird als Verteidigungskomponente der Europäischen Union und als Mittel der Stärkung des europäischen Pfeilers der Atlantischen Allianz entwickelt.«

Javier Solana, bis 1999 NATO-Generalsekretär, danach Hoher Beauftragter der EU für Außen- und Sicherheitspolitik.

Ein Jahr später konnte die anfänglich ablehnende Haltung Großbritanniens überwunden werden. Auf einem französisch-britischen Gipfel in Saint Malo wurde der britische Premierminister Tony Blair für die gemeinsame Sicherheits- und Verteidigungspolitik gewonnen. Zudem setzte sich in den Mitgliedstaaten der EU insgesamt die Überzeugung durch, dass in Europa zu viele Institutionen für Sicherheits- und Verteidigungspolitik zuständig waren. Als während des Kosovokrieges die mangelhaften Fähigkeiten der Europäer offenbar wurden, einigte man sich darauf, die Kräfte zu bündeln, damit die Europäer eigenständig handeln könnten.

Sichtbares Zeichen der engeren Zusammenarbeit auf dem Gebiet der Außen- und Sicherheitspolitik war die Benennung des bisherigen NATO-Generalsekretärs Javier Solana zum »Hohen Beauftragten der EU für Außen- und Sicherheitspolitik« auf dem EU-Gipfel 1999 in Köln. Wenige Monate später übernahm er auch das Amt des WEU-Generalsekretärs. Damit verfügte er über einen eigenen Stab, um die Aufgabe als Beauftragter der EU erfüllen zu können. Ende 1999 stellten die Staats- und Regierungschefs die Weichen für die »Europäische Sicherheits- und Verteidigungspolitik« (ESVP). Die Mitgliedstaaten der EU sagten zu, bis 2003 militärische Verbände für gemeinsame EU-Operationen zu benennen.

Schlussfolgerungen des Europäischen Rates von Helsinki 1999:

(Auszug)

»Der Europäische Rat unterstreicht seine Entschlossenheit, die Union in die Lage zu versetzen, autonom Beschlüsse zu fassen und in den Fällen, in denen die NATO als Ganzes nicht einbezogen ist, als Reaktion auf internationale Krisen EU-geführte militärische Operationen einzuleiten und durchzuführen. Dabei ist unnötige Duplizierung zu vermeiden. Dieser Prozess impliziert nicht die Schaffung einer europäischen Armee …

Spätestens im Jahr 2003 müssen die Mitgliedstaaten im Rahmen der freiwilligen Zusammenarbeit bei EU-geführten Operationen in der Lage sein, innerhalb von 60 Tagen Streitkräfte im Umfang von 50.000 bis 60.000 Personen, die im Stande sind, den Petersberg-Aufgaben in ihrer ganzen Bandbreite gerecht zu werden, zu verlegen und dafür zu sorgen, dass diese Kräfte für mindestens ein Jahr im Einsatz gehalten werden können.

Innerhalb des Rates werden neue politische Gremien und Strukturen geschaffen, um die Union in die Lage zu versetzen, unter Wahrung des einheitlichen institutionellen Rahmens die notwendige politische und strategische Leitung dieser Operationen zu gewährleisten. Unter Berücksichtigung dieser Erfordernisse aller EU-Mitgliedstaaten werden Regelungen für eine umfassende Konsultation und Zusammenarbeit zwischen der EU und der NATO und für die Transparenz in deren gegenseitigen Beziehungen entwickelt. Es werden geeignete Vorkehrungen getroffen, die es nicht der EU angehörenden europäischen NATO-Mitgliedstaaten und anderen interessierten Ländern unter Wahrung der Beschlussfassungsautonomie der Union erlauben, zur militärischen Krisenbewältigung beizutragen.«

Die verabredete Abstimmung mit der NATO war schwieriger zu erreichen als in Helsinki gedacht. Lange Zeit wehrte sich die Türkei dagegen, dass Einrichtungen der Allianz für EU-Operationen genutzt werden konnten. Da die Türkei zwar NATO-Mitglied, aber kein EU-Mitglied ist, wollte das Land seinen Einfluss auf die Entscheidungen gewahrt sehen. Hintergrund war der noch immer schwelende Streit der Türkei mit Griechenland über Gebiete im Mittelmeer. EU und NATO wollten aber verhindern, dass ein eigenes militärisches Hauptquartier der Europäer aufgebaut werden musste. Aus politischen und ökonomischen Gründen wollten die Europäer die Planungskapazitäten der NATO nutzen. Es sollte keine Doppelstrukturen geben.

Nachdem die Einigung dann doch noch erreicht werden konnte, nutzte die EU für ihren ersten militärischen Einsatz im Jahr 2003, die Friedensmission Artemis, die Planungskapazitäten der Allianz nicht. Dieser Einsatz im Kongo wurde von den französischen Streitkräften geplant und geführt. Ziel der Operation war es, die humanitäre Situation in dem von

Das EU-Symbol

einem Bürgerkrieg zerrissenen Land zu verbessern, den Flughafen und die Flüchtlingslager im benachbarten Benin zu sichern und für die Sicherheit der Zivilbevölkerung sowie der humanitären Helfer in einem Teil des Kongos Sorge zu tragen. Die Bundeswehr war mit 350 Soldaten an dieser Mission beteiligt. Sie unterhielt einen logistischen Stützpunkt in Entebbe, sorgte für den Lufttransport zu dieser Basis und hielt ein fliegendes Krankenhaus (AirMedevac) in Bereitschaft. Anfang Dezember 2004 übernahm die EU die Friedensmission in Bosnien, die bisher die NATO geführt hatte.

Auf dem Europäischen Gipfel 2000 in Nizza wurden schließlich die Petersbergaufgaben der WEU von der EU übernommen, die damit erstmals auch operative Zuständigkeiten erhielt. Der WEU-Vertrag mit seiner Beistandspflicht blieb bestehen.

Im November 2004 vereinbarten die Verteidigungsminister der EU, 13 hochmobile militärische Verbände für Kriseneinsätze zu schaffen. Deutschland sagte zu, sich an vier dieser battle groups zu beteiligen. Jeder dieser Verbände soll über 1.500 Soldaten verfügen und innerhalb von zehn Tagen vor Ort im Einsatz sein können. Jede battle group soll ein Hauptquartier haben. Ihr strategischer Transport muss gesichert sein. Bis 2006 sollen alle Verbände eingeschränkt, ab 2007 voll einsatzbereit sein. Deutschland will sich bis 2017 an vier battle groups beteiligen.

7. Neue Risiken

Mit der Überwindung des Ost-West-Gegensatzes schien sich der Wunsch nach einer lang andauernden Friedensperiode zu erfüllen. Innenpolitisch herrschte in allen politischen Parteien der Wunsch vor, auch wirtschaftlich und sozial vom Ende des Kalten Krieges zu profitieren. Zudem musste die politisch erreichte Einheit jetzt auch wirtschaftlich und sozial verwirklicht werden.

Zerstörung von Waffensystemen in der Folge des KSE-Vertrages.

Eine russische Kaserne in Deutschland nach dem Abzug der Truppen.

Am 31. August 1994 verabschieden sich die russischen Soldaten der Westgruppe mit einer Parade in Berlin.

Im Bild:
Vorbeimarsch der russischen Truppen an Staatspräsident Boris Jelzin, Generaloberst Burlakow, Bundeskanzler Helmut Kohl und dem Generalinspekteur der Bundeswehr, General Naumann (v.r.n.l.).

Die Probleme, die sich bei der Angleichung der Lebensverhältnisse in Ost- und Westdeutschland ergaben, standen im Mittelpunkt des öffentlichen Interesses. Den neuen Risiken, auf die Fachleute bereits vehement hinwiesen, wurde häufig nicht rechtzeitig die notwendige Aufmerksamkeit geschenkt. Außenminister Joschka Fischer formulierte viele Jahre später im Rückblick, dass man damals die »Friedensdividende verfrühstückt« habe, statt sie zu investieren. Der Ost-West-Gegensatz hatte ungelöste Nationalkonflikte, religiöse oder ethnische Gegensätze überlagert, die jetzt wieder aufbrachen.

Das erste Problem tauchte Ende 1991 gleich nach der raschen Auflösung der Sowjetunion und der Gründung der »Gemeinschaft Unabhängiger Staaten« (GUS) auf: Was sollte mit den strategischen und taktischen Atomwaffen geschehen, die auf dem Boden der vier Nachfolgestaaten stationiert waren? Im Westen sorgte man sich, ob die einsatzbereiten Nuklearwaffen nach wie vor ausreichend geschützt und gewartet wurden. Zudem gab es in den GUS-Mitgliedern eine funktionierende Industrie, die neue Waffen produzieren konnte. Es bestand die Gefahr, dass deren Fachleute, die durch die neue Situation ihre Existenz verloren hatten, ihr Wissen weitergeben oder Komponenten für den Atomwaffenbau illegal verkaufen könnten. Im Wesentlichen konnte diese Gefahr durch das diskrete und gleichzeitig energische Vorgehen vor allen Dingen der Vereinigten Staaten gebannt werden.

Die Kuwait-Krise

Am 2. August 1991 überfiel der Irak das benachbarte Scheichtum Kuwait. Eine internationale Koalition unter Führung der USA vertrieb schließlich die Streitkräfte des irakischen Diktators Saddam Hussein. Die NATO war als Bündnis nicht an der Invasion der Koalitionstruppen beteiligt. Allerdings nutzten die Mitgliedstaaten die Allianz für politische Konsultationen, auch im Vorfeld des Feldzuges, um die Vereinten Nationen bei der Suche nach einer diplomatischen Lösung zu unterstützen. Als diese nicht erreicht werden konnte, leisteten die NATO-Staaten direkte Beiträge zu der Golfkriegsallianz. Die Staaten der Golfkriegskoalition nutzten ihre in der NATO-Kooperation erworbenen Erfahrungen, um gemeinsam zu operieren. Schließlich wurden im Rahmen der Bündnisverteidigung Einheiten in die Türkei verlegt und die ständige NATO-Marine-Präsenz im Mittelmeer verstärkt, um ein Übergreifen des Krieges von vornherein zu unterbinden.

Die Bundesrepublik konnte sich dem Drängen, sich an der Golfkriegkoalition zu beteiligen, entziehen. Doch unterstützte Deutschland die Golfkriegsallianz mit 17,2 Milliarden Mark (8,794 Milliarden Euro). Die Bundeswehr verlegte Luftabwehreinheiten in die Türkei, entsandte Boote und Schiffe ins östliche Mittelmeer und ließ ihre Soldaten an Bord der AWACS-Maschinen, die über der Türkei kreisten.

_Minensuchboote der deutschen Marine
auf dem Weg in den Einsatz._

_Folgen der ethnischen Vertreibungen,
Luftbild von zerstörten Häusern im Kosovo._

Die Balkan-Krise

Im Juni 1991 sagten sich Slowenien und Kroatien von der Republik Jugoslawien los. Kosovo, Bosnien-Herzegowina und Mazedonien folgten dem Beispiel und erklärten ihre Souveränität. Die serbisch dominierte jugoslawische Volksarmee ging zunächst gegen Slowenien vor. Durch das Eingreifen der Europäischen Gemeinschaft und der KSZE konnte hier eine weitere Eskalation des Konfliktes verhindert werden. Schon in Kroatien gelang dies sehr viel schwerer. Erst nachdem dort schwere militärische Auseinandersetzungen stattgefunden hatten, kam es zu einem Waffenstillstand.

Doch je mehr das ehemalige Jugoslawien zerfiel, desto heftiger entbrannte der Krieg zwischen den Volksgruppen. Lang aufgestauter Hass entlud sich. Die Europäische Gemeinschaft versuchte immer wieder zu vermitteln. Zahllose Initiativen und Aktionen wurden vorbereitet und medienwirksam gestartet, doch der Europäischen Gemeinschaft fehlten damals die Erfahrung und das notwendige Instrumentarium, um eine solche Krise zu meistern.

Auch die begrenzten Möglichkeiten der Vereinten Nationen wurden im Lauf der Balkankriege offensichtlich. Die UN-Blauhelme in Bosnien-Herzegowina (UNPROFOR) konnten die Feindseligkeiten nicht beenden. Das eingeschränkte Mandat und komplizierte Entscheidungsmechanismen reichten für einen wirkungsvollen Schutz der Zivilbevölkerung nicht aus. Trotz der Unterstützung durch NATO-Flugzeuge wurden die UN-Schutzzonen in Bosnien-Herzegowina von serbischen Verbänden überrannt. Erst als sich die USA entschlossen, eine aktivere Rolle zu spielen, kam es zu einer Wende in dem Krieg. Unter ihrer Führung zwangen die NATO-Luftstreitkräfte die verfeindeten Parteien an den Verhandlungstisch. Auf dem Luftwaffenstützpunkt in Dayton (Ohio) wurde ein Friedensabkommen ausgehandelt. Die NATO übernahm den Auftrag, die Einhaltung dieses Vertrages zu überwachen. Seitdem konnten zwar die Konfliktparteien auseinander gehalten werden, doch bislang gelang es nicht, ein friedliches Miteinander zu organisieren.

Das massive Engagement der Weltgemeinschaft in Bosnien und die demonstrierte Entschlossenheit der NATO, im Zweifelsfall Verhandlungen mit militärischer Gewalt zu erzwingen, konnten das Ausbrechen des Kosovokonfliktes nicht verhindern. In der seit Jahrhunderten als unruhig geltenden jugoslawischen Provinz begannen die Serben, die dortige albanische Bevölkerungsmehrheit zu vertreiben. Trotz zahlloser Vermittlungsbemühungen flammten die Auseinandersetzungen in der Provinz immer wieder auf. 1998 führte der offene Konflikt zwischen serbischen Militär- und Polizeieinheiten und den Freischärlern der Kosovo-Albaner zum Tod von mehr als 1.500 Albanern. Rund 400.000 Albaner wurden von den Serben aus dem Kosovo vertrieben.

Ein deutscher Soldat wacht über Prizren.

Erst durch Luftangriffe der NATO konnte der jugoslawische Präsident Slobodan Milosevic zum Einlenken gezwungen werden. Die NATO-geführte Kosovoschutztruppe KFOR sichert seitdem einen labilen Waffenstillstand. Politisch wurden seit dem Ende der Kampfhandlungen die wesentlichen Fragen nicht gelöst: Wie können Albaner und Serben dort friedlich zusammenleben, und soll das Kosovo die von den Albanern erstrebte Unabhängigkeit erhalten? Ohne die Soldaten der NATO und ihrer Verbündeten würden die Feindseligkeiten sofort wieder ausbrechen.

Lektionen aus der Balkan-Krise

Im Laufe der zahllosen Bemühungen, die Kriege im ehemaligen Jugoslawien zu verhindern bzw. einen Waffenstillstand zu erzwingen, veränderte sich das sicherheitspolitische System. Zu Beginn nahmen die Vereinigten Staaten, Russland, aber auch die Europäer den Konflikt unterschiedlich wahr. Es gab selbst innerhalb der Europäischen Gemeinschaft keine gemeinsame Interpretation der Ereignisse. Alte Koalitionen und alte Freundschaften aus der Zeit des Ersten und des Zweiten Weltkrieges wirkten nach. Entsprechend mühsam und langwierig war es, sich auf ein gemeinsames Vorgehen zu verständigen.

Als sich die NATO dazu durchgerungen hatte, die Vertreibungen aus dem Kosovo mit Luftangriffen zu stoppen, geschah das im Streit mit Russland. Der UN-Sicherheitsrat war aufgrund der unüberbrückbaren Meinungsverschiedenheiten am Schluss nicht mehr handlungsfähig. Deshalb gab es für den Kosovokrieg kein UN-Mandat.

Während des Luftkrieges war es im NATO-Rat hinter verschlossenen Türen teilweise zu heftigen Auseinandersetzungen gekommen. Vor allen Dingen US-Amerikaner und Franzosen hatten über einzelne Ziele, die bekämpft werden sollten, gestritten. Das Verfahren, in dem sich die Verbündeten über die Zielkataloge verständigten, war mühselig und kompliziert. Gegen Ende des Krieges gingen den Kampfflugzeugen langsam die sinnvollen Ziele aus. Den Einsatz von Bodentruppen hatten einige europäische Länder bereits öffentlich ausgeschlossen.

Viele Beobachter vermuten, dass unter anderem diese Erfahrungen die US-Amerikaner dazu veranlassten, bei weiteren Operationen auf »Koalitionen der Handlungsbereiten« zu setzen und nicht die NATO damit zu befassen.

Der Erfolg des »Partnerschaft für den Frieden«-Programms zeigte sich bei den Missionen in Bosnien (IFOR, SFOR und ALTHEA) sowie im Kosovo (KFOR). Die Partner, die nicht Mitglieder der NATO waren, aber in diesem Programm mitwirkten, konnten sich beteiligen, weil sie mit den Verfahren der Allianz vertraut waren. Über ihren Kreis hinaus waren diese Einsätze auch für die Streitkräfte anderer Nationen attraktiv. Sie konnten damit demonstrieren, dass sie mit der NATO zusammen eingesetzt werden konnten. Umgekehrt bewährte sich die Reform der NATO-Kommandostruktur in diesen Einsätzen.

Viele Jahre lang hatten die Vereinten Nationen mit ihren Blauhelmtruppen ein wirkungsvolles Instrument, um nach regionalen Konflikten die verfeindeten Parteien zu trennen. Während des Balkankonfliktes zeigte sich, dass dies nicht in jedem Fall ausreicht. Der Abschluss eines Waffenstillstandes musste erst mit militärischer Gewalt erzwungen werden. Auch erwies es sich als notwendig, die Mandate der entsandten Truppen immer robuster zu machen. Leicht bewaffnete Soldaten reichten nicht mehr aus, um Feindseligkeiten zu unterbinden.

Doch friedenschaffende Einsätze konnten die Vereinten Nationen nicht selbst durchführen. Für solche Kampfeinsätze reichten die Möglichkeiten der Organisation nicht aus. Dafür muss die UNO auf die Strukturen eines Bündnisses wie der NATO zurückgreifen.

Das internationale Völkerrecht erfuhr durch diesen und andere Konflikte einen Wandel. Bis in die 90er Jahre bestand ein weitgehender Konsens über das Prinzip der »Nichteinmischung in die inneren Angelegenheiten eines Staates«. Angesichts der massiven Menschenrechtsverletzungen und der grausamen Vertreibungen auf dem Balkan, aber auch angesichts des Völkermords in Ruanda, bei dem die UNO nicht eingegriffen hatte, und des immer häufiger auftretenden Problems von Staaten, die aufgrund innerer Auseinandersetzungen zerfallen waren (failed states), wurde dieses Prinzip nicht mehr uneingeschränkt anerkannt.

In Deutschland spaltete der Balkankonflikt die Friedensbewegung, die zuzeiten der Nachrüstung Hunderttausende auf die Straßen gebracht hatte. Auch während des Golfkrieges war in Deutschland, wie in vielen anderen Staaten auch, unter der Parole »Kein Krieg für Öl« demonstriert worden. Doch die Vertreibungen auf dem Balkan, die unter dem zynischen Begriff der »ethnischen Säuberungen« stattfanden, stürzten die deutsche Friedensbewegung in ein moralisches Dilemma. Bedeutete ein absolutes »Nein« zur Anwendung militärischer Gewalt nicht gleichzeitig, dass man die Grausamkeit und Gewalt, mit der unschuldige Menschen vertrieben wurden, einfach hinnahm? Moralische Schuld konnte man auch auf sich laden, indem man nichts tat.

Schließlich wurde durch den Balkankonflikt die Hoffnung auf eine lange Friedenszeit jäh zerstört. Für viele unvermittelt war der Krieg wieder nach Europa zurückgekommen.

Unmittelbar nach ihrer Regierungsübernahme 1998 musste die rot-grüne Koalition entscheiden, ob sich die Bundeswehr an einem möglichen Luftkrieg gegen Jugoslawien beteiligen sollte. Sie entschied sich dafür. Auch wenn die Hauptlast dieser Luftangriffe von den Verbündeten getragen wurde, leistete die Luftwaffe einen angemessenen Beitrag. Nicht zuletzt auf Grund dieser Beteiligung war der deutsche Einfluss bei der Formulierung der Waffenstillstandsbedingungen ungleich größer als früher.

Nach der Wiedervereinigung gab es keinen Grund mehr, beim militärischen Krisenmanagement abseits zu stehen. Die besondere Situation der deutschen Teilung war beseitigt. Deutschland hatte seine volle Souveränität erlangt. Die Gefahr, dass westdeutsche und ostdeutsche Soldaten sich auf der jeweils anderen Seite eines Konflikts gegenüberstanden, bestand nicht mehr. Damit akzeptierten die Partner auch eine besondere Rolle Deutschlands nicht mehr. Die Deutschen mussten lernen, dass die Sicherheit und die Freiheit ihres Landes nicht erst an den eigenen Landesgrenzen verteidigt werden kann.

Osama Binh Laden und sein Terrorauftrag – Anschlag auf das World Trade Center am 11.09.2001.

Internationaler Terrorismus

Am 11. September 2001 rasten innerhalb von 18 Minuten zwei voll besetzte Verkehrsflugzeuge in die Zwillingstürme des »World Trade Center« in New York. Nur wenig später stürzte sich eine dritte Maschine auf das Pentagon, das Verteidigungsministerium in Washington, eine vierte stürzte über Land ab. Terroristen hatten die Maschinen entführt und in die Ziele gesteuert. Der damalige SPD-Fraktionsvorsitzende Peter Struck drückte einen Tag später im Bundestag aus, was alle Menschen in Deutschland in dieser Zeit dachten: »Wir sind alle Amerikaner!« Was in den USA geschehen war, hätte auch in Berlin oder London passieren können.

Die Drahtzieher dieser Anschläge waren recht bald bekannt: Terroristen, die zu dem Netzwerk »El Kaida« gehörten. Bereits acht Jahre zuvor, am 26. Februar 1993, hatten andere Mitglieder dieser Organisation versucht, mit einer Autobombe das »World Trade Center« in die Luft zu sprengen. Massenvernichtungswaffen waren bis zu diesem Zeitpunkt nur im Besitz von Staaten gewesen. Nur sie konnten andere bedrohen, doch die Anschläge vom 11. September waren nicht das Werk einer feindlichen Armee. Durch die Entführung von Zivilflugzeugen hatte eine Gruppe von Terroristen diese zu tödlichen Waffen gemacht. Plötzlich hatte eine solche Gruppe sich in den Besitz von Massenvernichtungswaffen gebracht.

Sie hatte dafür keinen Staat erobert und ihn dann aufgerüstet, sondern sie hatte sich in das unzugängliche Bergland Afghanistans zurückgezogen. Dort waren die staatlichen Strukturen weitgehend zusammengebrochen. Nach einem langen, blutigen Bürgerkrieg herrschten dort die islamistischen Taliban, die den Terroristen des El Kaida-Netzwerkes Unterschlupf gewährt hatten.

Nur wenige Tage nach den Terroranschlägen von New York und Washington stellte die NATO den Bündnisfall fest. Das heißt, dass alle NATO-Mitglieder die Anschläge von New York und Washington als Angriff auf die USA und auf die eigene Sicherheit verstanden. Damit war ein NATO-Mitglied angegriffen worden und konnte den Beistand der Allianz erbitten. Der Generalsekretär der NATO, Lord George Robertson, erklärte, dass die Beteiligung des islamistischen Netzwerkes El Kaida an den Terroranschlägen festgestellt und damit die Voraussetzung für die Anwendung des NATO-Bündnisfalls nach Artikel 5 NATO-Vertrag erfüllt seien. Bis zum

NATO-AWACS-Flugzeug

Erscheinen dieser Chronik wurde diese Erklärung des Bündnisfalles nicht aufgehoben. Sie galt immer noch.

Da die NATO zum ersten Mal den Bündnisfall feststellte, war nicht klar, was dies konkret bedeuten sollte. Die konkrete Unterstützung der NATO für den angegriffenen Partner USA reichte kaum über symbolische Beiträge hinaus. Es wurden fünf AWACS-Maschinen zur Luftüberwachung nach Nordamerika verlegt, solange die USA ihre Überwachungsmaschinen über Afghanistan eingesetzt hatten; es wurden Überflugrechte eingeräumt und US-amerikanische Liegenschaften in Europa durch Soldaten der Partnerländer bewacht. Zudem wurde die Zusammenarbeit der Nachrichtendienste intensiviert. Naturgemäß erfuhr die Öffentlichkeit darüber wenig. Doch Fachleute bestätigen, dass seitdem der Austausch von Informationen besser funktioniere. Festnahmen von Terrorverdächtigen in verschiedenen Ländern führten immer wieder zu Ermittlungen und weiteren Festnahmen. In jedem Fall bedeutete die Feststellung des Bündnisfalls ein hohes Maß an politischer Unterstützung für die USA, die dies im Kampf gegen den internationalen Terrorismus immer wieder einforderten.

Dennoch: Als am 7. Oktober 2001 die Luftoperation gegen Afghanistan begann, griffen die USA dafür nicht auf die Hilfe der Allianz zurück, sondern stützten sich vor allen Dingen auf die Briten. Trotz des »Bündnisfalls« nutzten die US-Amerikaner die NATO lediglich wie ein Kaufhaus für militärische Dienstleistungen. Den politischen Beratungs- und Entscheidungsprozeduren der NATO wollten sie sich nicht unterwerfen. Innerhalb weniger Wochen gelang es Briten und Amerikanern, die Taliban durch Luftangriffe so entscheidend zu schwächen, dass die Bodentruppen der afghanischen Nordallianz vordringen und die Taliban im November aus der Hauptstadt Kabul und einen Monat später aus ihrer letzten Hochburg Kandahar vertreiben konnten.

Unter der Schirmherrschaft der Vereinten Nationen wurden vom 27. November bis 5. Dezember 2001 auf dem Bonner Petersberg die Weichen für die politische Zukunft Afghanistans gestellt. Die afghanischen Delegierten einigen sich auf ein Rahmenabkommen für den Wiederaufbau des Landes. Zudem baten sie den Sicherheitsrat der Vereinten Nationen um die rasche Entsendung einer Friedenstruppe.

Nachdem dieses Mandat erteilt worden war, billigte der Deutsche Bundestag am 22. Dezember eine deutsche Beteiligung an der Internationalen Sicherheitsunterstützungstruppe (International Security Assistance Force, ISAF). Insgesamt 19 Nationen beteiligten sich an dieser Mission. Seitdem schützen Soldaten der ISAF die afghanische Hauptstadt Kabul. Anfang Februar 2003 übernahmen Deutschland und die Niederlande gemeinsam die Führung des UN-Einsatzes von der Türkei. Ein halbes Jahr später wurde die Operationsführung an die NATO übergeben.

Nachdem der Sicherheitsrat das Mandat für die Schutztruppe geographisch ausgeweitet hatte, entsandte Deutschland Ende 2003 regionale

Wiederaufbauteams nach Kunduz und Fayzabad. Auf dem NATO-Gipfel in Istanbul im Juni 2004 sagte Deutschland zu, das Einsatzgebiet auf den Norden Afghanistans auszuweiten.

Die zweite Irak-Krise

Zu Beginn seiner ersten Amtszeit hatte Präsident George W. Bush jr. eine neue amerikanische Militärdoktrin veröffentlicht. Darin beanspruchten die USA das Recht, auf terroristische Bedrohungen zu reagieren, bevor sie selbst angegriffen worden sind. In Europa stieß diese »preemptive« Strategie auf Kritik.

Im Sommer 2002 spitzte sich die Krise um den Irak zu. Der Diktator Saddam Hussein weigerte sich, UN-Inspektoren ins Land zu lassen, die überprüfen sollten, ob er über Massenvernichtungswaffen verfügte. Die Verbündeten waren sich einig, dass er niemals in deren Besitz gelangen dürfe. Doch gab es erhebliche Meinungsverschiedenheiten, mit welchen Mitteln dies durchgesetzt werden solle. Als im August 2002 in Washington über einen möglichen Militärschlag gegen den Irak diskutiert wurde, warnte Bundeskanzler Gerhard Schröder vor den Folgen. In Berlin fürchtete man, dass die Anti-Terrorkoalition, an der Deutschland beteiligt war, an einem militärischen Vorgehen gegen den Irak zerbrechen könne. Auch für den Nahen Osten insgesamt seien die Folgen unabsehbar. Als US-Vizepräsident Dick Cheney einen Regimewechsel im Irak als Ziel einer Militäraktion bezeichnete, ging die Bundesregierung weiter auf Distanz. Auf einer Wahlkampfveranstaltung in Goslar Ende Januar 2003 legte Schröder sich fest: Seine Regierung werde keiner UN-Resolution zustimmen, die einen Krieg gegen den Irak legitimieren würde. Eine gute Woche später riefen die Staats- und Regierungschefs von Großbritannien, Spanien, Italien, Portugal, Polen, Ungarn, Dänemark und Tschechien in einer gemeinsamen Erklärung zur Unterstützung der Vereinigten Staaten bei der Entwaffnung des Iraks auf. Der Streit innerhalb der Allianz, aber auch unter den Europäern war offen ausgebrochen. Frankreich, Belgien und Deutschland lehnten nun auch Planungen der NATO zum militärischen Schutz der Türkei für den Fall eines Irak-Krieges erst einmal ab. Die Befassung mit vorsorglichen militärischen Planungen für den Fall eines bewaffneten Konfliktes seien zu diesem Zeitpunkt ein falsches Signal, hieß es.

Die USA hatten für diesen Feldzug wiederum eine »Koalition der Handlungsbereiten« gebildet. Verteidigungsminister Donald Rumsfeld hatte schon vorher festgestellt, dass nicht eine Allianz die Mission bestimme, sondern die Mission die Allianz. Die europäischen Verbündeten sahen darin eine Absage an die NATO.

Mit einem gezielten Bombardement begann der Krieg am 20. März 2003. Am 1. Mai 2003 erklärte Präsident George Bush jr. das Ende der Hauptkampfhandlungen. Die Koalition hatte militärisch ungeheuer rasch gesiegt

Demonstration gegen den Irak-Krieg

US-Soldaten besetzen den Irak.

und das Land besetzt. In der folgenden Zeit kam es immer wieder zu Anschlägen, die mehr US-amerikanische Soldaten das Leben kosteten als die vorangegangenen Kampfhandlungen.

Nur zögernd erklärten sich die NATO-Partner bereit, beim Wiederaufbau des Irak zu helfen. Die Bundesregierung blieb bei ihrer Haltung, keine Soldaten in dem Land zu stationieren. Ihre Ausbildungshilfe leistet die Bundeswehr außerhalb des Irak in den Vereinigten Arabischen Emiraten.

Anders als beim ersten Irak-Krieg spielte beim zweiten die NATO überhaupt keine Rolle. In Brüssel tagten zwar regelmäßig der NATO-Rat und die anderen Gremien der Allianz, aber ein offener Dialog über das Vorgehen gegenüber dem Irak unterblieb. Eine gemeinsame Entscheidung war sehr bald nicht mehr vorstellbar.

Checkpoint in Bagdad

Nach seiner Wiederwahl im Herbst 2004 und dem Beginn seiner zweiten Amtszeit im Januar 2005 ging Präsident George W. Bush wieder auf die Europäer zu. Die im Februar 2005 von Bundeskanzler Gerhard Schröder auf der Münchener Sicherheitskonferenz vorgetragene Kritik, dass die NATO nicht mehr das zentrale Konsultations-, Koordinierungs- und Entscheidungszentrum sei, wurde nicht einfach vom Tisch gefegt. Bei dem NATO-Gipfel in Brüssel, zwei Wochen später, betonten alle Seiten ihren guten Willen. Und Präsident George W. Bush erklärte: »Wir brauchen einen Ort, um über strategische Angelegenheiten zu beraten.«

Dabei verwies er auf die Debatte, die von Bundeskanzler Schröder angestoßen worden war. Die Staats- und Regierungschefs der NATO forderten deren Generalsekretär de Hoop Scheffer auf, ein Reformpapier für die Rolle der Allianz als das transatlantische Konsultationsgremium zu erarbeiten.

1. Die Anfänge der deutschen Streitkräfte nach dem Zweiten Weltkrieg

In Deutschland und auch im europäischen Ausland begann das Nachdenken über die Aufstellung neuer Streitkräfte schon bald in den 50er Jahren des 20. Jahrhunderts. In den beiden Staaten in Deutschland verlief diese Entwicklung verdeckt. Beide Staaten bereiteten militärische Verbände vor, allerdings vor politisch gegenläufigem Hintergrund.

Mit dem Ende des Zweiten Weltkrieges wurde in Westdeutschland radikal mit der Tradition des deutschen Militarismus gebrochen. In den drei Westzonen wurde gründlich entmilitarisiert. Bei weiten Teilen der Gesellschaft war alles Militärische erst einmal diskreditiert. Die politischen Parteien waren sich einig, dass nie wieder von Deutschland ein Krieg ausgehen dürfe.

Der erste Kanzler der Bundesrepublik, Konrad Adenauer (CDU), verfolgte zielstrebig die Idee einer Westintegration der Bundesrepublik. Die politische Grundströmung zwang ihn, das Thema eines eigenen Verteidigungsbeitrags des jungen deutschen Staates mit äußerster Vorsicht voranzutreiben. Die Führung der DDR dagegen baute die Ostorientierung ihres Staates aus. Die Entwicklung in den beiden Staaten in Deutschland führte dazu, dass diese sich immer weiter voneinander entfernten.

Um sein Ziel zu erreichen, schien Adenauer ein eigener Verteidigungsbeitrag das geeignete Mittel

Die Hohen Kommissare empfangen Bundeskanzler Adenauer auf dem Petersberg.

zu sein. Ohne dazu vom Kabinett beauftragt oder gar vom Parlament ermächtigt zu sein und selbst ohne sich auf einen entsprechenden Beschluss
seiner Partei, der CDU, stützen zu können, ergriff er die Initiative.

Die Sowjetunion hatte vom 24. Juni 1948 bis zum 12. Mai 1949 die
Zugangswege nach West-Berlin abgeschnitten, das zwar innerhalb der der
Sowjetunion zugestandenen Zone Deutschlands, aber unter der Verantwortung der drei Westmächte lag, abgeschnitten. Somit konnte die Bevölkerung West-Berlins nicht mehr versorgt werden. Die Alliierten, allen
voran die USA, errichteten eine Luftbrücke, mit der alle Versorgungsgüter (insges. 1,44 Mill. Tonnen) nach West-Berlin geflogen werden mussten. Während dieser Blockade nannte Adenauer bereits im März 1949 den
Beitritt zur NATO eine der ersten Aufgaben seiner Regierung.

Ein Jahr später, zu Beginn des Koreakrieges (25.06.1950), griff er die
Idee des früheren britischen Premierministers Winston Churchill auf, eine
»Europa-Armee« zu schaffen. Der französische Ministerpräsident Pleven
goß dies in einen konkreten Plan. Der deutsche Bundeskanzler sah die
Chance, über eine Beteiligung der Bundesrepublik an der westeuropäischen

Verteidigungsplanungen 1946–1950

Verteidigung zu einem gleichberechtigten Partner in einem integrierten Westeuropa zu werden. Selbst wenn sich dies hinauszögern sollte, ließ sich durch einen solchen Beitrag das Besatzungsstatut abschütteln und Schritt für Schritt die Souveränität erreichen.

In einem Sicherheitsmemorandum für die alliierten Hohen Kommissare schlug er am 29. August 1950 eine Bundespolizeitruppe als Vorstufe von Streitkräften der Bundesrepublik Deutschland vor. Zudem sollte eine Europa-Armee geschaffen werden, der ein westdeutsches Kontingent als gleichberechtigter Partner angehören sollte. Zu dieser Zeit hatte die Wiederbewaffnung des anderen Staates in Deutschland längst begonnen. Auf Weisung der »Sowjetischen Militäradministration in Deutschland« (SMAD) wurde dort eine Polizeitruppe aufgestellt. Unter strenger Geheimhaltung und im Widerspruch zum Potsdamer Abkommen entstand bereits im August 1946 ein zentrales Führungsorgan der Polizei. Ein Jahr später begannen die gezielte Personalauswahl und Schulung für die Polizeibereitschaften. Dafür wurde unter den deutschen Kriegsgefangenen in der Sowjetunion geworben. Sowohl die sowjetische Besatzungsmacht als auch die deutschen Kommunisten sicherten sich von Anfang an einen entscheidenden Einfluss auf diese Bereitschaften. Sehr früh schon wurden höhere Führer in der Sowjetunion ausgebildet.

Spätestens 1947 begann die verdeckte Aufrüstung. Ausgerüstet und bewaffnet wurden diese Einheiten mit beschlagnahmtem deutschen Wehrmaterial. Ausgebildet wurden sie von Kriegsveteranen nach den Vorschriften und Grundsätzen der deutschen Wehrmacht. Einen Bruch mit dem deutschen Militarismus gab es in Ostdeutschland nicht. Dienstgradabzeichen, -bezeichnungen und Uniformen wurden nahezu unverändert aus der Wehrmacht in die spätere Nationale Volksarmee übernommen.

Die Polizeibereitschaften dienten der Ausbildung künftiger Unteroffiziere. Am ersten Jahrestag der DDR (1950) verfügte die Kasernierte Volkspolizei (KVP) über insgesamt 70.000 Mann, schon aufgeteilt in Heer, Marine und Luftwaffe. Als Tarnbezeichnung wurden für die einzelnen Waffengattungen Buchstaben verwendet, beispielsweise A für die Infanterie, B für die Artillerie oder C für die Panzereinheiten. Zu diesem Zeitpunkt gab es in Westdeutschland noch keinen einzigen aktiven Soldaten.

Der Weg zu eigenen Streitkräften stand in einem engen Zusammenhang mit der sowjetischen Militärpolitik und dem Sicherheitsdenken der UdSSR und der DDR. Der Sozialismus war aufzubauen und gegen die »friedensunfähigen« NATO-Staaten zu schützen. Es galt die These des Generalsekretärs der KPdSU, Josef Stalin, von der ständig wachsenden Aggressivität des Imperialismus und der gesetzmäßigen Verschärfung des Klassenkampfes. Stalin erteilte der DDR-Führung am 1. April 1950 den Auftrag, »ohne Geschrei« eine Volksarmee aufzustellen, die 300.000 Soldaten umfassen sollte. Dem folgte die DDR-Führung. Danach mussten beim Aufbau des Sozialismus bewaffnete Organe geschaffen werden, um das gesellschaftliche System gegen alle Angriffe zu schützen.

Im Mai 1949 wurde das Grundgesetz für die Bundesrepublik Deutschland verabschiedet. Es wurde in einer gesellschaftlichen Stimmungslage formuliert, die nach dem Krieg antimilitärisch geprägt war. Die Aufstellung neuer westdeutscher Streitkräfte war wegen der noch frischen Kriegserfahrung und wegen der Teilung Deutschlands kein Ziel der deutschen Politik. Deshalb enthielt das Grundgesetz in der damals verabschiedeten Fassung keine Regelungen für eine Wehrverfassung. Anders als die neue japanische Verfassung verzichtete es jedoch nicht ausdrücklich auf die Wehrhoheit. Andererseits gab es auch keine Bestimmung, aus der gefolgert werden konnte, dass die Bundesrepublik Deutschland einmal die Wehrhoheit in Anspruch nehmen könnte. Es gab lediglich wehrrechtliche Bestimmungen wie beispielsweise das Recht auf Kriegsdienstverweigerung aus Gewissensgründen. Diese Vorschrift des Grundgesetzes war damals gegen eine zwangsweise Rekrutierung Deutscher in den alliierten Streitkräften gerichtet.

Der Ausbruch des Koreakrieges führte – wie gezeigt (s. S. 21)– bei den Westalliierten zu der entscheidenden Wende in der Bewertung eines westdeutschen Verteidigungsbeitrages. In diesem politischen Umfeld stimmten die NATO-Staaten mit Ausnahme Frankreichs grundsätzlich einer Rekrutierung westdeutscher Soldaten zu. Lediglich Frankreich plädierte für eine supranationale Lösung (New Yorker Außenministerkonferenz, September 1950).

Damit stand Westdeutschland grundsätzlich der Weg zu einer Wiederbewaffnung offen, doch es blieb zunächst unklar, in welcher Form der Verteidigungsbeitrag geleistet werden sollte. In Westdeutschland wurde über die Wiederbewaffnung sehr heftig diskutiert. Zum einen wurde die Frage des »Ob« aufgeworfen, zum anderen ging es um die Frage des »Wie«. In welcher Form sollte ein Verteidigungsbeitrag geleistet werden? Konrad Adenauer ließ mit der so genannten »Himmeroder Denkschrift« ein Konzept für ein deutsches militärisches Kontingent unter atlantisch-europäischem Oberbefehl erarbeiten. Als Form einer künftigen Integration wurde eine europäisch-föderative Armee vorgeschlagen. Damit sollte den Bedenken Rechnung getragen werden, die mehr oder weniger deutlich in vielen Staaten immer wieder geäußert wurden: Die Bundesrepublik Deutschland sollte nicht die Möglichkeit erhalten, eigenständig, von anderen Organisationen unabhängig, ihre Sicherheit so zu organisieren, dass Sonderwege theoretisch möglich waren. Die jüngste Geschichte wirkte hier naturgemäß noch deutlich nach.

Damit aber war die erste Säule erarbeitet, die die Bundeswehr bis heute prägt: Die Integration in internationale Bündnisse, wie z.B. die NATO und die EU, ist ein wesentliches politisches und militärisches Strukturmerkmal der Bundeswehr.

Sie wurde von Anfang an als Armee in den Bündnissen konzipiert und strukturiert. Die westdeutschen Streitkräfte sollten zwar Ausdruck staat-

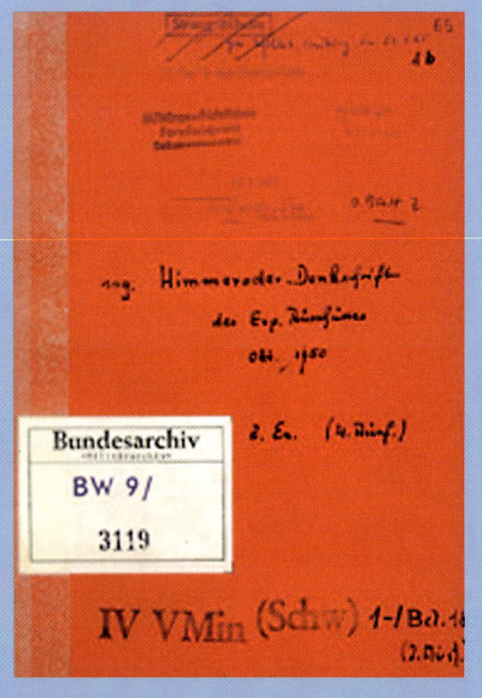

Die Himmeroder Denkschrift

Der Parlamentarische Rat

Der spätere Bundespräsident
Theodor Heuss (4.v.l.)

licher Souveränität sein, aber es sollte vor allem den westlichen Verbündeten immer deutlich sein, dass die Bundeswehr nie außerhalb des Bündnisses, und nie ohne die Verbündeten eingesetzt werden sollte. Diese Grundhaltung prägt die deutsche Sicherheitspolitik bis heute. Die Strukturentscheidungen der Bundeswehr in den folgenden Jahren haben diesen Grundsatz immer wieder neu bestätigt.

Angesichts der amerikanischen Entschlossenheit, das deutsche Potenzial zu nutzen, schlug der französische Ministerpräsident Pleven am 24. Oktober 1950 die Aufstellung einer integrierten europäischen Armee mit deutschem Kontingent unter einem europäischen Verteidigungsminister vor. Dieser Plan wurde im Dezember 1950 als einer der möglichen Wege zur Wiederbewaffnung der Bundesrepublik von der NATO akzeptiert. Vom 15. Februar 1951 an wurde darüber verhandelt. Nach langem Ringen wurde schließlich am 27. Mai 1952 in Paris der Vertrag über die »Europäische Verteidigungsgemeinschaft« unterzeichnet.

Damals wurde schon vorgesehen, dass die strategische Planung Aufgabe der NATO sein sollte. Die NATO-Staaten hatten sich im September 1950 auf einer Ministerratstagung in New York auf das Konzept der »Vorneverteidigung« verständigt. Danach sollte der Vormarsch gegnerischer Truppen – also der Truppen des in Ost- und Ostmitteleuropa entstande-

Verteidigungsminister Blank mit den Generalleutnanten Heusinger (l.) und Speidel

nen Warschauer Paktes – so lange wie möglich in einer so genannten »Verzögerungszone« aufgehalten werden. Während dieser Phase sollte eine stabile Verteidigungsfront an einer »Hauptverteidigungslinie« aufgebaut werden. Anfang der 50er Jahre lag diese Linie am Rhein. Nachdem die Bundesrepublik Deutschland in die Bündnisstrukturen aufgenommen war, wurde sie Anfang der 60er Jahre an die Weser-Lech-Linie verlegt. Die NATO-Verbände sollten im Falle eines Angriffs den Kampf mit dem Gegner also möglichst weit im Osten des Kontinents aufnehmen, um so das Territorium aller europäischen Mitgliedstaaten zu schützen. Damit trug die NATO auch den Sicherheitsinteressen der Bundesrepublik Deutschland Rechnung.

Proteste gegen die Wiederbewaffnung

Der Vertrag über die Europäische Verteidigungsgemeinschaft führte in der Bundesrepublik und in Frankreich zu massiven innenpolitischen Auseinandersetzungen. Nachdem in der Bundesrepublik die CDU/CSU bei der Bundestagswahl am 06.09.1953 die absolute Mehrheit errungen hatte, wurde der Vertrag nach heftigem politischen Streit im Bundestag ratifiziert und am 30. März 1954 durch den damaligen Bundespräsidenten Theodor Heuss unterzeichnet. In Frankreich scheiterte der Vertrag jedoch. Die Suche nach neuen Lösungen führte dann zu den Pariser Verträgen, mit denen die Westeuropäische Union (WEU) als westeuropäisches Militärbündnis gegründet wurde.

Die Pläne für eine Wiederbewaffnung der Bundesrepublik führten – schon als sie bekannt wurden – zu heftigen Reaktionen im In- und Ausland. Besonders entzündete sich diese Kritik an den Pariser Verträgen. Es bildete sich eine starke parlamentarische Opposition gegen dieses Projekt, aber an ihm entzündete sich auch Widerspruch außerhalb des Parlaments. Die mit den Pariser Verträgen verknüpfte Entscheidung für eine Wiederbewaffnung der Bundesrepublik war für viele nicht akzeptabel. Es entspann sich eine hitzige öffentliche Diskussion über das »Ob« einer Wiederbewaffnung und über die Konditionen, zu denen sie erfolgen solle, wenn es dazu käme.

Für einen großen Teil der Bevölkerung waren die Schrecken des Zweiten Weltkriegs noch sehr präsent. Viele wollten von einer neuen deutschen Streitmacht nichts wissen. Die ersten Protestbewegungen waren die »Niewieder-Krieg«-Volksbewegung und die »Ohne-mich«-Bewegung, die allerdings wegen ihres unkoordinierten Auftretens nur mäßigen Erfolg hatten. Aber sie hatte einen spektakulären Unterstützer: Am 9. Oktober 1950, drei Tage nach Bekanntwerden der Himmeroder Denkschrift, trat Bundesinnenminister Gustav Heinemann (damals noch CDU) aus Protest gegen die Wiederbewaffnung von seinem Amt zurück und dann auch aus seiner Partei aus. Später schloss er sich der SPD an und wurde als deren Kandidat 1969 Bundespräsident.

Mit der Forderung, eine Volksbefragung zur Wiederbewaffnung der Bundesrepublik Deutschland durchzuführen, formierte sich die so genannte »Volksbefragungsbewegung«. Anfänglich wurde diese Initiative von der SPD, der Kommunistischen Partei Deutschlands, KPD, dem Deutschen Gewerkschaftsbund und zunächst auch von der FDP getragen. Die FDP distanzierte sich jedoch aufgrund des starken Einflusses der KPD von der Volksbefragungsbewegung. Bei einer Volksbefragung hätte die Mehrheit der damaligen Deutschen nach allen Erkenntnissen wohl gegen die Wiederbewaffnung und die Aufstellung neuer Streitkräfte in Westdeutschland gestimmt.

Zum ersten Mal seit Bestehen der jungen Bundesrepublik gründete sich eine außerparlamentarische Initiative, die so genannte Paulskirchenbewegung. Diese markierte den Höhepunkt des Protestes. Vor allem SPD, Gewerkschaften und die evangelische Kirche stützten diese Initiative, die sich gegen die Aufstellung einer neuen deutschen Armee wandte, da, so eines ihrer Argumente, mit der Unterzeichnung der Pariser Verträge die Wiedervereinigung Deutschlands verhindert werden könnte.

Bundeskanzler Konrad Adenauer verurteilte die Kampagne. Vor dem Bundesvorstand der CDU erklärte er, die »Volks-

Erich Ollenhauer (SPD) bei der Protestkundgebung in der Paulskirche gegen die Pariser Verträge 1955.

bewegung« gegen die Unterzeichnung der Verträge erinnere ihn an die Zeiten des Nationalsozialismus vor der Machtergreifung. Aber die Proteste fanden Widerhall. Allein die SPD plante rund 6.000 Veranstaltungen. Den Auftakt bildete eine Kundgebung am 29. Januar 1955 in der Frankfurter Paulskirche unter dem Motto »Rettet Einheit, Frieden und Freiheit! Gegen Kommunismus und Nationalismus!« Dort wurde das »Deutsche Manifest« verabschiedet, in dem, unter Berufung auf das Ziel der Wiederherstellung der staatlichen Einheit, die Wiederbewaffnung abgelehnt wurde. Der Veranstaltungsort, die Frankfurter Paulskirche, gab der Bewegung ihren Namen. In der Folgezeit unterzeichneten zahlreiche namhafte Persönlichkeiten in der gesamten Republik den Aufruf.

Nachdem jedoch der Willensbildungsprozess im Parlament abgeschlossen war, blieb die Forderung nach der Volksbefragung nur ein moralischer Appell. Der Paulskirchenbewegung fehlte nun der griffige Ansatzpunkt. Deshalb lief sie nach der Ratifizierung der Pariser Verträge durch den Bundestag schnell auseinander. An ihre Tradition knüpfte später dennoch die Friedensbewegung der 70er Jahre an. Der Bundestag debattierte über 40 Stunden, auf vier Tage verteilt, das Vertragswerk. Der Ratifizierung stimmten 314 der 473 Abgeordneten zu, 157 stimmten dagegen.

Die NATO hatte in ihrer Strategie auch den Einsatz von Nuklearwaffen vorgesehen. Die Bundeswehr selbst hatte nie Atomwaffen, wohl aber Trägersysteme. Die nuklearen Waffen sollte sie aus den Arsenalen der USA erst dann erhalten, wenn sie eingesetzt werden müssten.

Bundeskanzler Adenauer bezeichnete diese nuklearen Systeme als »Weiterentwicklung der Artillerie«. Dies empfanden viele als Verharmlosung. Die Entscheidung, Trägersysteme zu beschaffen und sich in diese Strategie einbinden zu lassen, löste einen weiteren Sturm der Entrüstung aus. Wiederum getragen von Kirchen, Gewerkschaften und der SPD, organisierte die Protestbewegung »Kampf dem Atomtod« den Widerstand. Gespeist wurde die Protestbewegung einerseits von der Furcht vor den Folgen eines nuklearen Schlagabtauschs in Europa. Bei dem Manöver »Carte Blanche« war im Juli 1955 der Abwurf von 300 Atombomben auf 100 Ziele in Deutschland simuliert worden. Dabei waren in der Übung 1,7 Millionen Tote und 3,5 Millionen Verletzte errechnet worden. Zudem sahen vor allen Dingen die Sozialdemokraten in dieser Atombewaffnung der Bundeswehr einen weiteren Hinderungsgrund für eine Wiedervereinigung. Trotz dieser Bedenken stimmte der Bundestag 1958 der Ausrüstung mit nuklearen Trägersystemen zu.

Einen Höhepunkt erlebte die Protestbewegung im Jahr 1980. Die NATO hatte den Doppelbeschluss gefasst, der auch die Ankündigung der Nachrüstung beinhaltete. Das politische Klima war besonders durch den sowjetischen Einmarsch in Afghanistan aufgeheizt. Die Bundeswehr feierte in diesem Jahr ihr 25-jähriges Bestehen und die Bundesregierung die 25-jährige NATO-Mitgliedschaft mit einigen öffentlichen Großveranstaltun-

Protestkundgebung gegen den NATO-Doppelbeschluss vor der Bonner Universität.

gen. Vor allem zwei Gelöbnisfeiern für Grundwehrdienstleistende, eine im Mai im Bremer Weserstadion, die andere im November auf dem Bonner Münsterplatz, führten zu massiven Gegendemonstrationen. In Bremen waren sie mit schweren Krawallen verbunden. Bis zu den großen Demonstrationen der Friedensbewegung gegen die Umsetzung des Nachrüstungsteils im Doppelbeschluss, die bis 1983 andauerten, hielten Aktionen gegen die Bundeswehr und ihre Einrichtungen an. Das Aktionsbündnis, das hinter diesen Demonstrationen steht, deckte sich weitgehend mit dem, das in den 50er Jahren gegen die Wiederbewaffnung und die Nuklearpolitik der NATO protestiert hatte.

Nach dem Vollzug der Nachrüstung und den dann folgenden Ergebnissen bei den Abrüstungsverhandlungen legte sich der Protest.

Es gab aber im Zusammenhang mit dem gescheiterten EVG-Vertrag und damit auch mit den Pariser Verträgen noch ein Problem: Mit dem EVG-Vertrag politisch verbunden gewesen waren Verhandlungen zwischen den USA, Frankreich, Großbritannien und der Bundesrepublik über einen Deutschland- oder Generalvertrag, der dem westdeutschen Staat weitgehend in seinem Willen nach Souveränität entgegenkommen sollte.

Diese Verhandlungen waren mit dem EVG-Vertrag ebenfalls gescheitert. Sie wurden nach der Einigung über die Pariser Verträge wieder aufgenommen. Mit ihrem Inkrafttreten erlangte die Bundesrepublik ihre weitgehende Souveränität. Die Alliierten behielten aber Vorbehaltsrechte, die sich im Wesentlichen auf den Abschluss eines Friedensvertrages, die Wiedervereinigung Deutschlands und den Status von Berlin bezogen. Diese Rechte der Alliierten sollten erst 1990 mit der Vereinigung der beiden Staaten in Deutschland abgelöst werden.

Wichtig für die junge Bundesrepublik war, dass nun ein Truppenvertrag abgeschlossen wurde. Dieser Vertrag regelte die Stationierung der alliierten Streitkräfte und deren Finanzierung. Das Recht, Streitkräfte in Deutschland zu stationieren, gehörte fortan nicht mehr zu den alliierten Vorbehaltsrechten. Mit diesem Vertrag wurden aus Besatzern Verbündete: Die Truppen besetzten die Bundesrepublik Deutschland nicht mehr, sie verblieben aufgrund des politischen Willens der Bundesregierung in Deutschland.

Die Bundeswehr im Grundgesetz

Nun musste mit der Aufstellung westdeutscher Streitkräfte begonnen werden. Da das Grundgesetz aber in einer antimilitärischen Grundhaltung verfasst und verabschiedet worden war, musste die Wehrverfassung in den Jahren 1954 bis 1956 durch eine Verfassungsergänzung in das Grundgesetz eingebaut werden. Die Abgeordneten des Deutschen Bundestages nahmen sich sehr viel Zeit, das »Gesetz zur Ergänzung des Grundgesetzes« zu beraten. Schließlich wurde es am 6. März 1956 mit 390 gegen 20 Stimmen verabschiedet. Vor allem die großen Parteien CDU/CSU und SPD ließen sich dabei von ihrer staatspolitischen Verantwortung leiten. Bis auf den heutigen Tag sind die Politiker bemüht, alle sicherheitspolitischen Grundsatzentscheidungen in weitgehendem Konsens zwischen den großen Parteien zu entscheiden. Entsprechend billigte zehn Tage nach dem Bundestag auch der Bundesrat einstimmig die Wehrverfassung.

Die innenpolitische Diskussion, aber auch die Bedenken, die einige im Ausland einer deutschen Wiederbewaffnung entgegenbrachten, führten zu einer Wehrverfassung, die die Verfügungsmöglichkeit der Politik über das Instrument Streitkraft sehr eng gestaltete. Entsprechend wurde der Aufgabenkatalog der Bundeswehr im Grundgesetz gefasst.

Die Bundeswehr darf nur gegen Angriffe von außen eingesetzt werden. Dieser Artikel sollte in den 90er Jahren bei der Diskussion über die Auslandseinsätze der Bundeswehr eine Rolle spielen.

Im Grundgesetz wird der Bundeswehr auch der Weg in die Bündnisorientierung eröffnet. Art. 24, Abs. 2 GG: »*Der Bund kann sich zur Wahrung*

Einschränkungen der Bundeswehr im Grundgesetz
Art. 26, Abs. 1 GG :
»*Handlungen, die geeignet sind und in der Absicht vorgenommen werden, das friedliche Zusammenleben der Völker zu stören, insbesondere die Führung eines Angriffskriegs vorzubereiten, sind verfassungswidrig. Sie sind unter Strafe zu stellen.*«

und
Art. 87a, Abs. 1, Satz 1 GG:
»*Der Bund stellt Streitkräfte zur Verteidigung auf.*«

Die Bundeswehr sollte also ausschließlich als Verteidigungsarmee aufgebaut werden. Ein weiterer Grundsatz lautet:

Art. 87a, Abs. 2 GG:
»*Außer zur Verteidigung dürfen die Streitkräfte nur eingesetzt werden, soweit dieses Grundgesetz es ausdrücklich zulässt.*«

Als erstes bestimmte das Grundgesetz, dass die Bundeswehr parlamentarischen Entscheidungsprozeduren und parlamentarischer Kontrolle unterworfen wurde.

Art. 87a, Abs. 1, Satz 2 GG:
»*Ihre zahlenmäßige Stärke und die Grundzüge ihrer Organisation müssen sich aus dem Haushaltsplan ergeben.*«

Art. 45a, Absatz 2 GG:
»*Der Ausschuss für Verteidigung hat auch die Rechte eines Untersuchungsausschusses. Auf Antrag eines Viertels seiner Mitglieder hat er die Pflicht, eine Angelegenheit zum Gegenstand seiner Untersuchung zu machen.*«

Art. 45b, Satz 1 GG:
»*Zum Schutz der Grundrechte und als Hilfsorgan des Bundestages bei der Ausübung der parlamentarischen Kontrolle wird ein Wehrbeauftragter des Bundestages berufen.*«

des Friedens in einem System gegenseitiger kollektiver Sicherheit einordnen; er wird hierbei in die Beschränkung seiner Hoheitsrechte einwilligen, die eine friedliche und dauerhafte Ordnung in Europa und zwischen den Völkern der Welt herbeiführen und sichern.«

Damit waren die Grundsätze für die Schaffung der Bundeswehr im Grundgesetz festgelegt. Daraus wurde deutlich, dass die Streitkräfte der Bundesrepublik ausschließlich zur Sicherung des Friedens eingesetzt werden dürfen. Die Lehre aus der Geschichte wurde beherzigt: Die Armee der Bundesrepublik Deutschland war zudem in internationale Strukturen eingebunden. Das wurde zur Magna Charta der Bundeswehr.

Dies spiegelt auch die innenpolitische Diskussion in der Bundesrepublik wider: Nie wieder sollte von deutschem Boden Krieg ausgehen, hieß es immer wieder. Der durch das Kriegsende vollzogene Bruch wird hier deutlich: Die Bundeswehr wurde von der Politik und der Gesellschaft in der Bundesrepublik zunächst nicht geliebt. Knapp ein Jahrzehnt nach dem Kriegsende war dies nicht verwunderlich. Die Bundeswehr wurde als notwendiges Mittel angesehen, um begrenzte Souveränität der Bundesrepublik und ein Mitwirken an der europäischen Friedenssicherung zu erreichen. Das Verhältnis zwischen Bundeswehr und Gesellschaft blieb in den folgenden Jahrzehnten durchaus fragil. Die fest verankerte Zustimmung zu Streitkräften, die andere Länder prägt, kam in Deutschland nicht auf. Das Jahr 1945 markiert einen Bruch in diesem Verhältnis. Obwohl Umfragen immer wieder eine breite Zustimmung zur Bundeswehr als Institution signalisieren, hat eine reservierte Grundhaltung die Bundeswehr bis heute begleitet. Die gesellschaftliche Einbindung der Streitkräfte wurde so angelegt, dass sich diese Grundhaltung darin widerspiegelte. Auch dies gilt bis heute.

Das Grundgesetz hat nicht nur den Auftrag der Bundeswehr in sehr engen Grenzen beschrieben, sondern ebenso die Armee direkt an das Parlament gebunden: Es wurde festgelegt, dass die innere Struktur, der Aufbau, der Umfang, die Ausrüstung und der Auftrag durch das Parlament zu entscheiden sind. Die Streitkräfte wie auch ihr innerer Betrieb wurden mit dem Mittel des Untersuchungsausschusses und des Wehrbeauftragten der Kontrolle durch das Parlament unterworfen. Der Wehrbeauftragte wird vom Bundestag gewählt. Jeder Soldat hat das Recht, falls er sich durch Vorgesetzte oder Maßnahmen des Dienstherren beschwert fühlt, sich unmittelbar an diesen Beauftragten des Parlaments – auch außerhalb des formalen Dienstwegs – zu wenden. Ein Eigenleben der Bundeswehr sollte von vornherein vermieden werden.

Diese strikte parlamentarische Kontrolle der Streitkräfte war neu in der deutschen Geschichte. Auch die Rechtsstellung der Soldaten wurde grundlegend neu begründet. Nach der Wehrverfassung behält er grundsätzlich seine staatsbürgerlichen Rechte. Einschränkungen sind nur in dem Rahmen zulässig, wie dies der militärische Dienst aufgrund der gesetzlichen Pflichten des Soldaten erfordert. Beispielsweise sind das Recht der freien

Meinungsäußerung, der Versammlungsfreiheit, das Recht der körperlichen Unversehrtheit und das Recht auf Freizügigkeit eingeschränkt. Das heißt konkret, dass Soldaten sich in ihrer Freizeit z.B. politisch betätigen können und sich Parteien anschließen dürfen. Sie dürfen in ihrer Freizeit auch für Mandate kandidieren. Aber sie dürfen diese politische Betätigung nicht in die Kaserne tragen. Das geht so weit, dass selbst Autoaufkleber, mit denen sich der Fahrer zu einer Partei bekennt, in der Kaserne nicht zulässig sind.

In der Geschichte der Bundeswehr haben sich zahlreiche Soldaten politisch auf allen Ebenen betätigt. Der spätere Staatssekretär im Verteidigungsministerium, Peter-Kurt Würzbach (CDU), war vor seiner politischen Karriere Berufssoldat. Der SPD-Bundestagsabgeordnete Manfred Opel war Brigadegeneral bei der Luftwaffe, bevor er ins Parlament einzog. Auf kommunaler Ebene haben sich ebenfalls viele Soldaten engagiert. Sie haben damit einen wesentlichen Beitrag zur Verwurzelung der Bundeswehr in den Stationierungsorten geleistet.

Die innere Organisation wurde durch weitere Maßnahmen eng an die parlamentarisch kontrollierten politischen Strukturen gebunden. So übernahm den Oberbefehl über die Bundeswehr der – vom Parlament kontrollierte – Minister, weder das Staatoberhaupt, das dieser Kontrolle nicht unterliegt, noch der Generalinspekteur. Im Frieden hat der Verteidigungsminister die »Befehls- und Kommandogewalt« inne, im Verteidigungsfall der Bundeskanzler. Dem Bundespräsidenten blieben bezüglich der Streitkräfte nur formale Ehrenrechte.

Ein weiteres Element der Einbindung der Bundeswehr in die politische Kontrolle ist die Trennung zwischen den Streitkräften und der eigenständigen zivilen Bundeswehrverwaltung. Das Grundgesetz schreibt in Art. 87b diese Trennung vor.

Die zivile Bundeswehrverwaltung ist unter anderem zuständig für die Rechtspflege in der Bundeswehr, damit auch für die Truppendienstgerichte, die gerichtliche Disziplinarverfahren durchführen (eine eigenständige Militärgerichtsbarkeit wie in anderen Ländern gibt es in der Bundesrepublik nicht). Auch dies ist eine Lehre aus der Geschichte. Streitkräfte sollten kein nicht mehr kontrollierbares Eigenleben entwickeln können, wenn sie auch diese Aufgaben in eigener Regie wahrnehmen.

Die strikte Trennung von militärischem Bereich und ziviler Verwaltung der Bundeswehr sollte ebenfalls nach den geschichtlichen Erfahrungen dazu beitragen, dass kein Staat im Staat entstehen kann. Eine zivile Verwaltung bildet eine zusätzliche Kontrolle. Erst beim Minister liefen die Stränge zusammen.

In dieser Organisation lag ein Spannungsverhältnis begründet, das immer wieder aufbrach. Dabei muss in Rechnung gestellt werden, dass eine funktionierende Verwaltung in aller Regel nicht auffällt. Erst, wenn es zwischen

Art. 87b, Abs. 1, Satz 1 GG)
Die Bundeswehrverwaltung wird in bundeseigener Verwaltung mit eigenem Verwaltungsunterbau geführt. Sie dient den Aufgaben des Personalwesens und der unmittelbaren Deckung des Sachbedarfs der Streitkräfte.«

der Bundeswehr als Bedarfsträger und der Verwaltung als Bedarfsdecker zu Konflikten kommt, nimmt man dies wahr – sowohl in der Bundeswehr selbst wie in der Öffentlichkeit. Hinzu kam, dass der militärische Teil immer stärker in der Öffentlichkeit steht als die Verwaltung, woraus sich für diese das Gefühl der zu geringen Beachtung ergab.

Schnell wurde die Bundeswehrverwaltung aber zu einem bedeutenden Arbeitgeber in der Bundesrepublik. So umfasste die Bundeswehrverwaltung 1991 rund 196.000 Mitarbeiter. Mittelfristig soll der zivile Personalumfang im Rahmen der Verkleinerung der Bundeswehr auf 75.000 Stellen sinken.

Die Bereiche, die in der Zuständigkeit der Bundeswehrverwaltung liegen, sind: der Haushalt, das Wehrersatzwesen, worunter man die Deckung des persönlichen Bedarfs der Soldaten versteht, die Berechnung und Auszahlung von Leistungen nach dem Bundesleistungsgesetz, besondere Betreuungs- und Sozialaufgaben, die Berufsförderung von Soldaten, mit deren Hilfe Zeitsoldaten in der Phase vor ihrem Ausscheiden auf einen Zivilberuf vorbereitet werden sollen, das Beschaffungswesen der Bundeswehr, also die Beschaffung vom Kugelschreiber bis zu den Waffensystemen, das Verpflegungswesen, das Bekleidungswesen sowie die Planung, Errichtung und Verwaltung aller Liegenschaften, also Kasernen, Truppenübungsplätze, Depots usw. .

Bundesamt für Wehrtechnik und Beschaffung, Koblenz, in den 70er Jahren.

Teilweise werden die Verwaltungsaufgaben nicht im Ministerium selbst erledigt. Beispielsweise wurde das Beschaffungswesen weitgehend im Bundesamt für Wehrtechnik und Beschaffung konzentriert. Dieses unterhält wehrtechnische und wehrwissenschaftliche Dienststellen, in denen das Gerät, das die Bundeswehr benötigt, geprüft wird. Zum Wehrersatzwesen gehört auch die Nachwuchssicherung über die Kreiswehrersatzämter. Der erste persönliche Kontakt eines jeden jungen Mannes mit der Bundeswehr erfolgt in der Amtsstube eines Kreiswehrersatzamtes.

Mit den Umstrukturierungen der Streitkräfte musste sich auch die Bundeswehrverwaltung immer wieder neuen Anforderungen stellen. Nach der deutschen Wiedervereinigung waren in erheblichem Umfang Stellen abzubauen, Verwaltungseinrichtungen neu zu organisieren und abzuwickeln.

Der Plan von Minister Rudolf Scharping, Dienstleistungen mit Hilfe der Gesellschaft für Entwicklung, Beschaffung und Betrieb (GEBB) zu organisieren, rief großen Unmut hervor. Gerade dies sei doch die Auf-

Die ersten Freiwilligen des Heeres werden am 25.01.1956 eingekleidet.

gabe der Wehrverwaltung, hieß es. Die Einrichtung der GEBB wurde oft mit Kritik am bisherigen Beschaffungswesen und dem bisherigen Liegenschaftsmanagement verbunden. Die Fuhrpark Service GmbH und das neue, ebenfalls mit einer Zivilfirma organisierte Bekleidungsmanagement wurden von daher mit großer Skepsis verfolgt. Da die Blaupausen der Planer sich nicht in vollem Umfang umsetzen ließen und auch in den neuen Einrichtungen Fehler auftauchten, entspannte sich der Grundsatzstreit.

Mit den Auslandseinsätzen kam auch auf die Bundeswehrverwaltung eine Reihe neuer Aufgaben zu. Beamte begleiten die Truppe in die Einsatzländer und arbeiten im Einsatzführungskommando mit. Das soll eine einsatznahe und einsatzgerechte Verwaltung gewährleisten. Für die Zeit ihres Einsatzes erhalten die Beamten aus völkerrechtlichen Gründen einen militärischen Dienstgrad, der ihrem zivilen Rang entspricht. Alles in allem denkt niemand ernsthaft daran, dieses System zu ändern. Im Wesentlichen hat es sich bewährt. Viele Soldaten sind auch froh darüber, dass ihnen Beamte Verwaltungsaufgaben abnehmen.

Innerhalb von zwei Jahren wurden mit etwa 30 Gesetzen und zahlreichen Verordnungen die rechtlichen Grundlagen für den Aufbau der Bundeswehr geschaffen. Im Juli 1955 verabschiedete der Zweite Deutsche Bundestag das »Gesetz über die vorläufige Rechtsstellung der Freiwilligen in den Streitkräften« (Freiwilligengesetz). Damit konnten der Aufbau vorbereitet aber keine Verbände aufgestellt werden.

Aufnahme in die NATO

Im Mai 1955 wurde die Bundesrepublik Deutschland in die NATO aufgenommen. Die Aufnahmezeremonie in Paris markierte einen großen Erfolg in den Bemühungen Konrad Adenauers.

Ansprache von Bundeskanzler Konrad Adenauer vor dem Rat der Atlantikpakt-Staaten in Paris anlässlich der Aufnahme der Bundesrepublik Deutschland in die NATO, 9. Mai 1955

(Auszug)
Herr Vorsitzender, Exzellenzen, die Aufnahme der Bundesrepublik Deutschland in den Nordatlantikpakt ist von Ihnen, Herr Vorsitzender, und von den Repräsentanten der Mitgliedstaaten, die das Wort ergriffen haben, als ein Ereignis von geschichtlicher Tragweite begrüßt worden.
Ich danke Ihnen aufrichtig für die Worte des Willkommens, die Sie an die Bundesregierung und an das ganze deutsche Volk gerichtet haben. Alle Ihre Worte waren von der Bedeutung der Stunde und des Ereignisses geprägt. Sie werden verstehen, dass mich dieser Augenblick mit tiefer Bewegung erfüllt.
Die Nordatlantikorganisation ist eine Gemeinschaft freier Nationen, die ihre Entschlossenheit bekundet haben, das gemeinsame Erbe der abendländischen Kultur, die persönliche Freiheit und die Herrschaft des Rechts zu verteidigen.
Angesichts der zunehmenden Bedrohung durch die kommunistisch regierten Staaten des Ostblocks war die Nordatlantikorganisation ihrer Zielsetzung entsprechend gezwungen, eine militärische Streitmacht zum Zwecke der gemeinsamen Verteidigung für die Sicherheit ihrer Mitgliedstaaten und letzten Endes zur Erhaltung des Weltfriedens aufzubauen.
Die Ziele der Nordatlantikpaktorganisation, insbesondere ihre rein defensive Aufgabenstellung, entsprechen angesichts der politischen Spannung in der Welt vollständig den natürlichen Interessen des deutschen Volkes, das sich nach den schrecklichen Erfahrungen zweier Weltkriege wie kaum ein anderes Volk nach Sicherheit und Frieden sehnt.
Das deutsche Volk hat die Untaten, die von einer verblendeten Führung in seinem Namen begangen wurden, mit unendlichen Leiden bezahlt. In diesen Leiden hat sich seine Läuterung und

France   Germany   United Kingdom   United States

Wandlung vollzogen. Freiheit und Frieden werden – davon darf die Welt überzeugt sein – heute in Deutschland, wie in den besten Zeiten seiner Geschichte, in allen Schichten und Ständen als das höchste Gut empfunden.

Ich sehe in der Verwirklichung der Verträge, die die Bundesrepublik Deutschland mit den Staaten der freien Welt beschlossen hat, ich sehe in dem Eintritt der Bundesrepublik in den Nordatlantikpakt einen Ausdruck der Notwendigkeit, den engen Nationalismus zu überwinden, der in den vergangenen Jahrzehnten die Wurzel unseres Unglücks war. Wir müssen den gesellschaftlichen Fortschritt der technischen Entwicklung anpassen, um die durch diese Entwicklung frei gewordenen Kräfte in eine Ordnung einzufügen und ihnen ihre zerstörende Wirkung zu nehmen. Deshalb kann die Organisation einer gemeinsamen Verteidigung nur eines der Ziele des Nordatlantikpaktes sein. Ich halte es deshalb für eine der wichtigsten Bestimmungen des Nordatlantikpaktes, wenn in Präambel und Artikel 2 des Vertrags zur Förderung der allgemeinen Wohlfahrt der Völker und zur Bewahrung ihres gemeinsamen Kulturerbes zu einer Zusammenarbeit in wirtschaftlichen und kulturellen Fragen aufgefordert wird. Seien Sie versichert, dass es ein besonderes Anliegen der Bundesregierung sein wird, auf diesen Gebieten mit aller Kraft mitzuwirken.

Die Bundesregierung ist entschlossen, gemeinsam mit den anderen Mitgliedstaaten für Frieden und Freiheit einzutreten. Ich weiß, dass das ganze deutsche Volk so fühlt und denkt, auch jene 18 Millionen, denen immer noch versagt ist, sich frei auszusprechen und über ihr Schicksal frei zu bestimmen …

Pressekonferenz zur Unterzeichnung der NATO-Beitrittserklärung Deutschlands in Paris.

Adenauer sah sich an seinem ersten Ziel, die Bundesrepublik mit einer gewissen Souveränität auszustatten und in die Gemeinschaft freier Staaten zu führen. Der erste NATO-Generalsekretär, Lord Ismay, hatte zusammengefasst, mit welcher Motivation viele in der westlichen Welt die NATO gegründet hatten: Es gehe darum, die Russen draußen, die Amerikaner drinnen und die Deutschen unten zu halten (to keep the Russians out, the Americans in and the Germans down).

Nachdem die Bundesrepublik in die NATO aufgenommen war, schlossen neun Tage später, am 14. Mai 1955, die UdSSR, Albanien, Bulgarien, die DDR, Polen, Rumänien, die CSSR und Ungarn den »Vertrag über Freundschaft, Zusammenarbeit und gegenseitigen Beistand«. Die DDR gehörte mithin zu den Gründungsmitgliedern des »Warschauer Paktes«. Zudem verfügte der Staat mit der »Kasernierten Volkspolizei« über eine militärische Grundstruktur, die nun rasch zur »Nationalen Volksarmee« (NVA) ausgebaut wurde.

2. Die Innere Ordnung der Bundeswehr

Befehl und Gehorsam

Die Arbeiten an der inneren Struktur der Bundeswehr gingen weiter. Sie wurden wesentlich durch das »Gesetz über die Rechtsstellung der Soldaten« (Soldatengesetz) geprägt. Dabei brach das Parlament mit früheren Vorstellungen. Die Rechte des einzelnen Soldaten wurden gestärkt. Dies wird deutlich beim Text, der dem Eid der Zeit- und Berufssoldaten und dem feierlichen Gelöbnis der Grundwehrdienstleistenden zu Grunde liegt. Danach hat der Soldat die Pflicht (§ 7 Soldatengesetz), »*der Bundesrepublik Deutschland treu zu dienen und das Recht und die Freiheit des deutschen Volkes tapfer zu verteidigen*«.

Zur Treue ist der Soldat, anders als in früheren deutschen Armeen, der freiheitlich-demokratischen Grundordnung und nicht einer Person oder einer allgemeinen Verfassung verpflichtet. Staat und Soldaten sind durch gegenseitige Treue miteinander verbunden.

In der Nationalen Volksarmee hingegen war die Verpflichtung an das Eintreten für den Sozialismus gebunden. Ab 1962 lautete der Fahneneid der NVA:

»Ich schwöre, der Deutschen Demokratischen Republik, meinem Vaterland, allzeit treu zu dienen und sie auf Befehl der Arbeiter-und-Bauern-Regierung gegen jeden Feind zu schützen.
Ich schwöre, an der Seite der Sowjetarmee und der Armeen der mit uns verbündeten sozialistischen Länder, als Soldat der nationalen Volksarmee jederzeit bereit zu sein, den Sozialismus gegen alle Feinde zu verteidigen und mein Leben zur Erringung des Sieges einzusetzen.
Ich schwöre, ein ehrlicher, tapferer, disziplinierter und wachsamer Soldat zu sein, den militärischen Vorgesetzten unbedingten Gehorsam zu leisten, die Befehle mit aller Entschlossenheit zu erfüllen und die militärischen und staatlichen Geheimnisse immer streng zu wahren.
Ich schwöre, die militärischen Kenntnisse gewissenhaft zu erwerben, die militärischen Vorschriften zu erfüllen und immer und überall die Ehre unserer Republik und ihrer Nationalen Volksarmee zu wahren.
Sollte ich jemals diesen meinen feierlichen Fahneneid verletzen, so möge mich die harte Strafe der Gesetze unserer Republik und die Verachtung des werktätigen Volkes treffen.«

Während in der NVA unbedingter Gehorsam geschworen wurde, gilt dies in der Bundeswehr nicht. Unbedingten Gehorsam gibt es dort nicht! Dies widerspräche fundamental dem Bild vom »Staatsbürger in Uniform«. Grundsätzlich ist zwar jeder Soldat gegenüber seinen Vorgesetzten zum Gehorsam verpflichtet. Allerdings ist die Pflicht an die Werte der freiheitlich-demokratischen Grundordnung gebunden worden: Befehle dürfen dann nicht befolgt werden, wenn dadurch eine Straftat begangen wird. Und Befehle brauchen nicht ausgeführt zu werden, wenn sie gegen die Menschenwürde verstoßen oder zu nichtdienstlichen Zwecken erteilt werden. Allerdings wird vom Soldaten erwartet, dass er seine Entscheidung, einen Befehl nicht zu befolgen, genau abwägt. Wenn der Grund für die Nichtbefolgung eines Befehls einer gerichtlichen Prüfung nicht standhält, hat er die Folgen zu tragen.

Gerhard Johann David von Scharnhorst, preußischer Generalleutnant und Armeereformer.

Der 12. November 1955 gilt als Gründungstag der Bundeswehr. Er wurde bewusst gewählt, weil dies der 200. Geburtstag des großen preußischen Heeresreformers Scharnhorst war, auf den sich die Bundeswehr immer wieder berief. Scharnhorsts Reformen waren zu Beginn des 19. Jahrhunderts revolutionär. Er schlug vor, auf Ausländerwerbung und -rekrutierung zu verzichten, entehrende Bestrafungen (Stockprügel, Gassenlaufen) abzuschaffen und die Militärgerichtsbarkeit einzuschränken. Er trat für eine schlankere und straffere Führungsstruktur ein. Wichtig war die soldatische Pflicht, sich um ein gutes Verhältnis zur Zivilbevölkerung zu bemühen. Scharnhorst trat für einen neuen Offizierstyp ein, der taktischer Führer und militärischer Erzieher zugleich war. Ausbildung und Taktik sollten reformiert werden, hin zum selbstständigen Denken. Offizierprüfungen sollten eingeführt werden. Die Auftragstaktik wurde entwickelt – weg von der Lineartaktik, hin zu mehr Beweglichkeit. Der Soldat sollte im Kampf im Sinne des übergeordneten Ganzen handeln. Der übertriebene Exerzierdrill sollte abgeschafft, mehr Übungen im Gelände eingeführt, Wechsel von Theorie und Praxis verstärkt werden.

*»Einen Anspruch auf Offizierstellen
sollen von nun an in Friedenszeiten
nur Kenntnisse und Bildung
gewähren, in Kriegszeiten ausge-
zeichnete Tapferkeit und Überblick.
Aus der ganzen Nation können daher
alle Individuen, die diese Eigenschaften
besitzen, auf die höchsten Ehrenstellen
im Militär Anspruch machen.
Aller bisher Statt gehabter Vorzug des
Standes hört beim Militär ganz auf,
und jeder, ohne Rücksicht auf
seine Herkunft hat gleiche Pflichten
und Rechte.«*

Scharnhorst

Scharnhorst begründete die allgemeine Wehrpflicht mit dem legendä-
ren Ausspruch: »Alle Bewohner des Staates sind geborene Verteidiger desselben.« Zudem sollte der Soldat für ein Bündnis zwischen Regierung und
Nation, also den Bürgern, eintreten. Wirklich revolutionär war die Öffnung des Offiziersberufs für Nichtadelige.

In Scharnhorsts Geburtsstadt Bordenau finden seit Mitte der 90er Jahre
jährlich am 12. November, seinem Geburtstag, feierliche Gelöbnisse statt,
um an diese Reformen auch sichtbar anzuknüpfen.

Bei ihrer Gründung am 12. November 1955 hatte die Bundeswehr Probleme, nur Soldaten zu rekrutieren, die nicht durch einen Dienst in der
Wehrmacht des Dritten Reichs vorbelastet waren. Am 15. Februar 1951 war,
wie es Konrad Adenauer 1950 vorgeschlagen hatte, eine Grenzpolizei aufgestellt worden, der Bundesgrenzschutz. Sein Umfang wurde auf 10.000
Mann festgelegt. Bayern hatte eine eigene Grenzpolizei in einer Stärke von
2.500 Mann. Der Bundesgrenzschutz diente bis 2005 unter diesem Namen
als Grenztruppe der Bundesrepublik Deutschland. Dann wurde er in
»Bundespolizei« umbenannt.

Die Entwicklung in der DDR verlief strukturell ähnlich. Dabei legten
die Sowjetunion und die Führung der DDR großen Wert darauf, dass die
formalen Gründungstermine später als die im Westen lagen. Während
die Bundeswehr ihren Gründungstag auf den 12. November 1955 gelegt
hatte, wurde die Nationale Volksarmee der DDR offiziell am 18. Januar
1956 gegründet.

Allerdings waren schon 1948 die Volkspolizeibereitschaften aufgestellt.
Am 2. Juli 1949 wurde die Grenzpolizei aus diesen Volkspolizeibereitschaften herausgelöst. Nach der Gründung des Bundesgrenzschutzes am
15. Februar 1951 stellte die DDR die Kasernierte Volkspolizei, die Volkspolizei See und die Volkspolizei Luft offiziell am 16. Juni 1952 in Dienst.
Schon diese Aufteilung deutete darauf hin, dass es sich hierbei nicht um
eine reine Polizeitruppe handeln sollte.

Bereits in ihrem Gründungsjahr hatte die NVA 120.000 Mann unter Waffen. Die Bundeswehr konnte dagegen ihre zugesagte Planung nicht einhalten, im ersten Jahr 98.000 Soldaten aufzustellen. Auch aus dieser Tatsache lässt sich erkennen, dass die Aufstellung der NVA im Geheimen
längst vorbereitet war. Ihre Ausrüstung, insbesondere die schweren Waffen und Flugzeuge, erhielt die NVA aus der Sowjetunion. Als Ausgleich
musste sie moderne Maschinen, Schiffe und Konsumgüter liefern.

Die Soldaten der NVA kamen aus Verbänden, die offiziell als Polizeieinheiten galten, aber bereits nach militärischen Kriterien aufgestellt und ausgebildet waren. Der BGS hatte eine reine Polizeistruktur und keine militärische Ausbildung. Das war der Unterschied zu den vielen Soldaten der
ersten Stunde, die in der Bundesrepublik aus dem Bundesgrenzschutz zur
Bundeswehr kamen. Alle Offiziere vom Oberst an, die damals in die Bun-

Wilhelm Pieck, Präsident der DDR, schreitet die Front der Volkspolizeibereitschaften ab.

deswehr eintraten, wurden einem Entnazifizierungsverfahren unterzogen. Sie mussten sich einem so genannten Personalgutachterausschuss stellen. Zum ersten Mal in der deutschen Militärgeschichte mussten sich damit Offizierbewerber einem Prüfungsgremium unterwerfen, das nicht von den militärischen Behörden, sondern von der Politik eingesetzt worden war und im Wesentlichen aus Zivilisten bestand. Keine andere Berufsgruppe in der Bundesrepublik wurde nach Kriegsende so akribisch auf Verstrickungen in Verbrechen des Dritten Reiches und auf Eignung für eine neue Führungsaufgabe in einem demokratischen Staatswesen geprüft, wie die der ehemaligen Soldaten. Die 38 Mitglieder des Ausschusses – Männer des öffentlichen Lebens mit verschiedenen politischen Grundhaltungen, darunter auch ehemalige Berufssoldaten – wurden von der Bundesregierung vorgeschlagen, vom Bundestag bestätigt und vom Bundespräsidenten berufen.

*Verteidigungsminister Blank ernennt
die ersten Freiwilligen.*

Der Ausschuss begann im August 1955 auf der Grundlage des Personalgutachterausschussgesetzes vom 23. Juli 1955 mit seiner Arbeit. Er überprüfte bis November 1957 601 Bewerber. 101 davon wurden abgelehnt oder zogen ihre Anträge zurück. Die zurückgewiesenen Bewerber hatten weder ein Recht auf Akteneinsicht noch erfuhren sie die Gründe, die zu ihrer Ablehnung geführt hatten. Gegen dieses Verfahren wurden rechtliche Bedenken geltend gemacht. Es gab auch umstrittene und problematische Entscheidungen. Dennoch hat die Arbeit des Personalgutachterausschusses dazu beigetragen, öffentliches Vertrauen für die Bundeswehr zu begründen. Vor allem konnte verhindert werden, dass Soldaten mit einer belasteten Vergangenheit in militärische Spitzenstellungen einrücken konnten. Es gelang so zunächst, die Bundeswehr weitgehend von militärischen Führern freizuhalten, die durch ihr Verhalten während der Zeit des Nationalsozialismus belastet waren. Erst deutlich später mussten einige wenige hohe Offiziere wegen Verhaltens oder Äußerungen, die mit fragwürdigem Traditionsverständnis zusammenhingen, entlassen werden.

Am 12. November 1955 erhielten die ersten 101 Freiwilligen der Bundeswehr in Bonn ihre Ernennungsurkunden. Die innere Struktur der Bundeswehr war damit aber noch nicht endgültig beschlossen.

Nach 1990 griff die Bundeswehr bei der Übernahme ehemaliger Soldaten der Nationalen Volksarmee der DDR (NVA) nochmals auf das Instrument eines unabhängigen Ausschusses zurück. Von Juni 1992 bis zum Frühjahr 1993 prüfte der »Unabhängige Ausschuss Eignungsprüfung« die persönliche Eignung zum Soldaten der Bundeswehr. Insgesamt wurden 2.648 ehemalige NVA-Soldaten überprüft. Die allermeisten Bewerbungen (2006) wurden nach Aktenlage entschieden, lediglich in 642 Fällen wurden die Bewerber zu einem Gespräch eingeladen. 35 wurden schließlich abgelehnt.

Die Entwicklung der Wehrpflicht

1956 wurde die allgemeine Wehrpflicht in der Bundesrepublik eingeführt. Schon die Planer in der Dienststelle Blank, der Vorläuferin des Verteidigungsministeriums, gingen von einer Wehrpflichtarmee aus. Nur dadurch könne ein Umfang der deutschen Streitkräfte von 500.000 Mann erreicht werden, hieß es. Eine Berufsarmee müsse zwangsläufig weitaus kleiner sein.

Auch hier gab es Parallelen zur NVA. Allerdings wurde die NVA erst 1962 zu einer Wehrpflichtarmee. Zuvor dienten dort nur Freiwillige. Mit großem publizistischem Aufwand warb das SED-Regime bei der Jugend für den Waffendienst. Die Freie Deutsche Jugend (FDJ), die Jugendorganisation der SED, hatte früher schon Patenschaften für die Kasernierte Volkspolizei übernommen. Nun unterstützte sie auch die Nachwuchswerbung für die NVA. Trotz dieses massiven Werbens und des dadurch erzeugten Drucks blieb der gewünschte Erfolg aus. So musste die NVA nach dem Mauerbau 1961 und angesichts des sich verschärfenden Kalten Kriegs zur Wehrpflicht greifen. Die jungen Männer in der DDR mussten vor ihrer Wehrpflicht in ihrer Jugend schon an einer Wehrerziehung teilnehmen. Einen solchen Unterricht gab es in der Bundesrepublik nicht.

In der Bundesrepublik war das Recht auf Kriegsdienstverweigerung festgeschrieben worden. Wer Gewissensgründe glaubhaft geltend machen konnte, musste keinen Wehrdienst leisten. Davon machten zahlreiche junge Männer Gebrauch. Sie wurden im zivilen Ersatzdienst, später in Zivildienst umbenannt, eingesetzt. Dieser Zivildienst umfasste Aufgaben im sozialen Bereich. Im Laufe der Jahre entstand bei der betroffenen Generation der durch das Grundgesetz (Art. 12a, 2 GG) nicht gedeckte Eindruck, sie hätte die Wahlfreiheit zwischen dem Wehr- und dem Zivildienst. Die gesellschaftliche Entwicklung hatte sich vom geschriebenen Recht entfernt.

In der DDR wurde kein ziviler Ersatzdienst eingeführt. Auf Druck der Kirchen wurde 1964 die Möglichkeit eröffnet, den Dienst mit der Waffe zu verweigern. Die Wehrpflichtigen wurden dann in Sondereinheiten der NVA, den so genannten Bausoldaten, einberufen. Einen Dienst fernab militärischer Organisationen gab es für sie nicht.

Die Streitkräfte der Bundesrepublik Deutschland setzten sich nunmehr aus drei Strukturelementen zusammen: Berufssoldaten, Zeitsoldaten und Grundwehrdienstleistenden, aus denen auch das Reservoir an Reservisten gewonnen wurde. Diese Mischstruktur bewährte sich in der Geschichte der Bundeswehr.

Dennoch blieb die Wehrpflicht seit ihrer Einführung heftig umstritten. Die Bundeswehr begleitet eine ständige Diskussion darüber, die bis heute andauert. Nach dem Ende der Blockkonfrontation in Europa hat diese Diskussion wieder an Heftigkeit und Dynamik gewonnen, wenngleich aus ganz anderen Gründen als ehemals.

Die internationalen Vereinbarungen über die deutsche Wiederbewaffnung schrieben die Wehrform nicht vor. Die neuen Verbündeten überließen es dem Deutschen Bundestag, die innere Ordnung der Bundeswehr zu regeln. Allerdings berief sich der Leiter der »Dienststelle Blank«, Theodor Blank, auf eine Zusage gegenüber den Verbündeten bei der Wehrpflicht. In einer Denkschrift vom Januar 1955 betonte er, dass die Einführung der allgemeinen Wehrpflicht zur Erfüllung der Pariser Verträge geradezu eine zwingende Vorbedingung sei.

Ähnlich argumentierte auch die Bundesregierung in ihrer Denkschrift »Warum brauchen wir die Wehrpflicht?«, die im Mai 1956 erschien. Begründet wurde diese Pflicht hauptsächlich mit der Bedrohungssituation sowie mit dem Hinweis auf die vertragliche Zusage von 500.000 Soldaten. Diese Zahl von Soldaten war nach Auffassung der Bundesregierung im Vergleich mit den Verteidigungsanstrengungen anderer Staaten die angemessene Größenordnung. Die Vor- und Nachteile aller Wehrformen wie Berufs-, Miliz- oder Wehrpflichtarmee wurden gegeneinander abgewogen. Am Ende entschied man sich für die allgemeine Wehrpflicht.

Am 4. Mai 1956 beschäftigte sich der Deutsche Bundestag in erster Lesung mit dem Wehrpflichtgesetz. Der verteidigungspolitische Sprecher der SPD, Fritz Erler, trat als Sprecher der Opposition aus deutschlandpolitischer

Die ersten Rekruten rücken ein. 500 ungediente Freiwillige der neuen deutschen Streitkräfte sind in ihrer Garnison angekommmen.

Fritz Erler (SPD) vor dem Deutschen Bundestag bei der Wehrpflichtdebatte am 04.05.1956.

Gründen für eine Berufsarmee ein. Sein wichtigstes Argument gegen die allgemeine Wehrpflicht war die Befürchtung, dass dadurch die DDR dazu herausgefordert werden würde, ebenfalls die Wehrpflicht einzuführen. Erler argumentierte weiter: Im Ernstfall stünden sich dann wehrpflichtige junge Deutsche aus zwei verschiedenen politischen Blocksystemen feindlich gegenüber. Zudem verlöre die zahlenmäßige Stärke konventioneller Streitkräfte angesichts des von der NATO vorgesehenen frühzeitigen Einsatzes von taktischen Nuklearwaffen an Bedeutung.

In der Vergangenheit hatte die SPD gegen Berufsarmeen opponiert und war stets für Volksmilizen oder Wehrpflichtarmeen eingetreten. Erler selbst hatte sich noch zwei Jahre zuvor in einem Aufsatz für die Einführung der allgemeinen Wehrpflicht eingesetzt.

Auch der verteidigungspolitische Sprecher der FDP, Erich Mende, argumentierte zugunsten einer Berufsarmee. Er glaubte, dass es aus sachlichen und psychologischen Gründen im Nachkriegsdeutschland zu früh sei, bereits die allgemeine Wehrpflicht einzuführen.

Nach einer achtzehnstündigen Marathonsitzung des Deutschen Bundestages fiel die Entscheidung am 7. Juli 1956 eindeutig aus: Mit 269 gegen 166 Stimmen bei 20 Enthaltungen sprach sich der Bundestag für die allgemeine Wehrpflicht aus. Die Dauer der Dienstzeit wurde zunächst auf 12 Monate festgelegt, änderte sich im Lauf der Geschichte der Bundeswehr aber mehrfach. So wurde sie fünf Jahre später, am 8. Dezember 1961, auf 18 Monate verlängert. Begründet wurde dies mit der durch den Mauerbau im August 1961 entstandenen Situation im Kalten Krieg. Die Fronten zwischen Ost und West hatten sich verhärtet. Eine Verkleinerung der Bundeswehr und damit eine kürzere Dauer des Pflichtdienstes schienen der Bundesregierung nicht geeignet zu sein, die Sicherheit Deutschlands zu gewährleisten.

Mit dem Ende des Kalten Krieges und der Vereinigung der beiden Staaten in Deutschland änderten sich die politischen Rahmenbedingungen. Der »Zwei-Plus-Vier-Vertrag« aus dem Juli 1990 sah eine Verkleinerung der Bundeswehr auf eine Gesamtstärke von 370.000 Mann vor. Als dann 1994 die Bundesregierung den Personalumfang auf 340.000 Mann senkte, wurde erneut über die Frage diskutiert, ob die Bundeswehr nicht besser in eine Berufsarmee umgewandelt werden solle.

Die Bundesregierung stellte im Weißbuch 1994 ausdrücklich fest, dass die allgemeine Wehrpflicht bei der Integration der Bürger aus den neuen

Bundesländern eine Schlüsselstellung habe. Der gemeinsame Wehrdienst junger Menschen aus allen Bundesländern fördere das Verständnis füreinander. Dies hat sich auch bewährt. Sehr schnell ließ sich in der »Armee der Einheit« nicht mehr feststellen, welcher Grundwehrdienstleistende aus dem Osten und welcher aus dem Westen kam.

Die Diskussion um die Wehrpflicht blieb der Bundeswehr jedoch erhalten. Zu Beginn der Auslandseinsätze unter UNO-Mandat 1991 entschied die Bundesregierung, dass keine Grundwehrdienstleistenden entsandt würden. Lediglich »Freiwillig länger dienende Wehrdienstleistende (FWDL)«, die sich bis zu einer Dienstzeit von 23 Monaten verpflichten konnten, wurden in Auslandseinsätze mitgenommen.

Die allgemeine Wehrpflicht wurde in der Bundesrepublik inhaltlich sehr eng an die Aufgabe der Landes- und Bündnisverteidigung geknüpft. Immer mehr prägten aber die Auslandseinsätze die Wirklichkeit der Bundeswehr. In einem solchen Umfeld sei ein derartiger Eingriff in die Lebensplanung eines jungen Mannes nicht mehr zulässig, argumentierten die Gegner der Wehrpflicht. Bei einigen mischten sich in die Argumente auch weitergehende Überlegungen: Sie wollten eine kleinere Armee, manche sogar die Abschaffung der Bundeswehr.

Hinzu kam, dass zahlreiche Verbündete aus jeweils ganz unterschiedlichen Gründen die Wehrpflicht abschafften. In Frankreich führte eine Reduzierung der Streitkräfte dazu, dass nur noch geringe Anteile eines Geburtenjahrgangs in die Streitkräfte aufgenommen werden konnten. Da Frankreich das Instrument des Zivildienstes nicht kannte, durch das in Deutschland junge Männer zur Ableistung eines – wie es im Grundgesetz heißt – Ersatzdienstes herangezogen werden konnten, entstand eine nach Ansicht des damaligen Präsidenten François Mitterand nicht mehr vertretbare Ungerechtigkeit. In Italien glaubten die Planer, mit einer Berufsarmee Geld sparen zu können. Sie stellten später jedoch fest, dass die Berufsarmee in der Größe, die die Politiker für nötig erachteten, teurer wurde.

Die Diskussion in den anderen NATO-Staaten wurde in Deutschland aufgenommen. Die Wehrdienstzeit war mittlerweile in mehreren Schritten auf neun Monate reduziert worden. Die Gegner der Wehrpflicht argumentierten damit, dass die Wehrgerechtigkeit angesichts geburtenstarker Jahrgänge und eines andererseits reduzierten Bedarfs der Bundeswehr nicht mehr zu gewährleisten sei.

Zudem sei eine Berufsarmee professioneller. Die Waffensysteme der Bundeswehr, so die Argumentation, würden immer komplexer. Zudem würden sie technologisch so weit entwickelt, dass ein Grundwehrdienstleistender innerhalb seiner kurzen Ausbildung nicht mehr in der Lage sei diese zu bedienen. Deswegen sei es sinnvoller, sie gleich Berufssoldaten anzuvertrauen. Dem wurde entgegengehalten, dass gerade die guten Erfahrungen der Bundeswehr in den Auslandseinsätzen bewiesen, dass eine Wehrpflichtarmee ein hohes Maß an Professionalität erreiche.

Für die Befürworter war die Wehrpflicht ein Garant dafür, dass die Bundeswehr in der Gesellschaft integriert bleibe. Es sei ein sehr hohes Gut, diese Integration zu erhalten. Erfahrungen der Partnerländer, die die Wehrpflicht abgeschafft hätten, zeigten, dass gerade diese Bindung der Gesellschaft an die Streitkräfte wesentlich gelockert würde. Die gesellschaftliche Anbindung sichere auch umgekehrt, dass sich die Bundeswehr von Entwicklungen in der Gesamtgesellschaft nicht abkoppele. Sie sei damit auch offener für die Einstellung auf die ethnischen und gesellschaftlichen Gegebenheiten in den Einsatzländern. Zudem könne die Bundeswehr durch die Wehrpflicht den Nachwuchs rekrutieren, den sie benötige – sowohl zahlenmäßig, aber auch von der Qualifikation her. Die jungen Männer, die aus allen gesellschaftlichen Gruppen kämen, brächten auch solche Qualifikationen in die Bundeswehr ein, die sie dringend brauche, und die sie auf anderen Wegen aber kaum gewinnen könne. Weiter benötige die Bundeswehr Grundwehrdienstleistende für die Landesverteidigung, die immer noch zu ihrem Aufgabenkatalog gehört, sowie für Hilfseinsätze bei Katastrophen. Schließlich sei kein Auslandseinsatz ohne die Unterstützung von Deutschland aus vorstellbar. Die Verbände, die diese Unterstützung leisten, seien in hohem Maße auf Grundwehrdienstleistende angewiesen.

Die Wehrgerechtigkeit werde schließlich durch die gesetzlich festgelegten Einberufungskriterien gewährleistet. Damit könne auch auf die jeweiligen Jahrgangsstärken reagiert werden. Die Einberufung erfolge nicht willkürlich, so stellte das Bundesverwaltungsgericht im Januar 2005 fest. Die Vorstellung, dass die Wehrpflicht die Berücksichtigung eines bestimmten Anteils eines Geburtsjahrgangs erforderlich mache, wurde von den Richtern ausdrücklich verworfen.

Die Innere Führung

Die innere Ordnung der Bundeswehr orientiert sich am Menschenbild vom mündigen Bürger. Dieses Bild wurde – wie schon erwähnt – in den Wehrgesetzen verankert. Darüber hinaus wurde das Prinzip der »Inneren Führung« entwickelt, das zum Markenzeichen der inneren Ordnung wurde.

Bereits bei der Diskussion über die innere Struktur der Bundeswehr spielte der Gedanke an einen Soldaten als »Staatsbürger in Uniform« eine große Rolle, der sich später in der »Inneren Führung« niederschlagen sollte. Der Deutsche Bundestag hatte in seiner Debatte über die Wehrverfassung auch die Überlegungen der preußischen Armeereformer und der Französischen Revolution aufgenommen, dass jeder Bürger (Citoyen) aufgerufen sei, die demokratische Ordnung zu verteidigen. Auch während seines Militärdienstes bleibe er Bürger mit Bürgerrechten und -pflichten. Damit setzten sich die Armeereformer von dem Prinzip ab, nach dem der Waffendienst das Privileg der Herrschenden und Adeligen war. Alle Bürger sollten sich für die Garantie der inneren Ordnung und der äußeren

Wolf Graf von Baudissin

Schule der Bundeswehr für Innere Führung 1960

Sicherheit engagieren. Diesen Gedanken griffen Graf Baudissin und die Männer um ihn bei der Konzeption der »Inneren Führung« auf.

Sie versuchten, die Grundprinzipien einer freiheitlich-demokratischen Gesellschaftsordnung mit einer effizienten militärischen Organisation in Einklang zu bringen. Damit trugen sie auch den historischen Erfahrungen mit dem deutschen Militarismus und der jüngsten Geschichte Rechnung. Die Grundzüge dieser Überlegungen wurden bereits 1950 in der »Himmeroder Denkschrift« festgehalten.

Darauf bauten dann die konkreten Planungen für eine umfassende Konzeption im Mai 1951 in der Dienststelle Blank auf. Zunächst »Inneres Gefüge«, wurde 1953 zum ersten Mal der Begriff »Innere Führung« verwendet, der sich dann 1957 endgültig durchsetzte.

Vom November 1955 an setzte die Unterabteilung »Innere Führung« im Bundesministerium für Verteidigung unter der Leitung von Wolf Graf Baudissin die Konzeption in Vorschriften und Erlasse für die Truppe um. Graf Baudissin gilt seither als der »Vater der Inneren Führung«. Auch in den Führungsstäben der Teilstreitkräfte wurden Referate »Innere Führung« gebildet. Zum organisatorischen Rahmen gehörte die »Schule der Bundeswehr für Innere Führung« als zentrale Ausbildungsstätte für das Führungspersonal, die am 1. Oktober 1956 in Köln ihre Arbeit aufnahm. Später wurde sie nach Koblenz verlegt und Anfang der achtziger Jahre – nach konzeptioneller Neugestaltung – in »Zentrum für Innere Führung« umbenannt. Seit 1993 arbeitet ein Fachbereich des Zentrums in Strausberg bei Berlin in enger Zusammenarbeit mit der Akademie der Bundeswehr für Information und Kommunikation (AIK).

In der Truppe verbreitet wurde die Konzeption durch die »Leitsätze für die Erziehung des Soldaten« (erschienen 1957), den Erlass »Erzieherische Maßnahmen« und vor allem durch das 1957 herausgegebene »Handbuch für Innere Führung«. Um das staatsbürgerliche Wissen und die »geistige Rüstung« zu vermitteln, erschienen seit 1956 die »Information für die Truppe« und seit 1957 die »Schriftenreihe Innere Führung«.

Es geht bei dem Prinzip der Inneren Führung darum, dass der Soldat Staatsbürger bleibt, auch wenn er in eine militärische Befehlsstruktur eingebunden ist. Er soll, von wenigen Ausnahmen abgesehen, die Möglichkeit haben, sich wie ein Zivilist am gesellschaftlichen Leben zu beteiligen.

Die Gründerväter der Bundeswehr waren von den Erfahrungen der Weimarer Republik und des NS-Staates geprägt. Die Diskussion in Deutschland wurde von dem Gedanken bestimmt, dass mit der Bundeswehr der Militarismus in Deutschland nicht wieder aufleben darf. Sie sollte keinen »Staat im Staat« bilden. Der Kadavergehorsam sollte nicht wieder in die Kasernen einziehen. Deshalb wurde ein Rahmen für die Streitkräfte im demokratischen Staat gebaut, der damals einzigartig war: Zum einen sollte die Bundeswehr der strikten demokratischen, parlamentarischen Kontrolle unterworfen sein. Zum anderen sollte der Soldat nicht seiner bürgerlichen Rechte beraubt werden. In diesem Spannungsfeld suchte die innere Ordnung die Balance »zwischen demokratischer Idee und soldatischer Notwendigkeit« (General Graf von Kielmansegg). Der »Staatsbürger in Uniform« ist die idealtypische Beschreibung des soldatischen Selbstverständnisses in einer parlamentarischen Demokratie und einer pluralistischen Gesellschaft.

Die Konzeption der Inneren Führung war das eine, die Bewährung im Truppenalltag war das andere. Einige der Merkmale wurden bereits angedeutet: Der Soldat der Bundeswehr hat das Recht, sich auf dem Dienstweg bei seinen Vorgesetzten oder aber auch beim Wehrbeauftragten des Deutschen Bundestages zu beschweren.

Der Soldat hat das Recht und die Pflicht, sich über seinen Auftrag zu informieren. Dazu hat die Bundeswehr ein System der politischen Bildung errichtet. Der Soldat kann sich in seiner Freizeit und außerhalb militärischer Anlagen politisch betätigen. Er kann einer Partei beitreten und sich wählen lassen.

Der Soldat hat – wenn auch per Gesetz in eingeschränktem Maße – alle Bürgerrechte, darunter auch das Recht auf freie Meinungsäußerung. Der Soldat hat auch das Koalitionsrecht, d.h., er kann sich gewerkschaftlich organisieren. Der Deutsche Beamtenbund und die für den öffentlichen Dienst zuständige DGB-Gewerkschaft ver.di haben Soldaten aufgenommen. Der Deutsche Bundeswehrverband hat sich als Interessenvertretung der Soldaten etabliert und wird als Sprachrohr soldatischer Interessen innerhalb und außerhalb der Bundeswehr ernst genommen.

Die zunächst nur allgemein gehaltenen Grundsätze führten anfangs in der täglichen Praxis zu vereinzelten Missverständnissen und Fehlverhalten. Vor allem die aus dem Bundesgrenzschutz in die Bundeswehr übernommenen Soldaten kannten diese Grundsätze nicht. Ihr Wirken war von dem neuen Geist, der in den deutschen Streitkräften wirken sollte, nicht geprägt. Im Bundesgrenzschutz waren die Polizisten noch nach den Prinzipien der Wehrmacht ausgebildet worden. Deshalb hatten die Begründer der Inneren Führung Vorbehalte gegenüber der Übernahme von BGS-Beamten in die Bundeswehr. Sie befürchteten, dass durch sie auch der Geist der alten Wehrmacht wieder in die Bundeswehr hineingetragen werden könnte.

Entsprechend schwierig gestalteten sich die Verhandlungen um das »Zweite Gesetz über den BGS«. Am 1. Juli 1956 wurden schließlich von 16.641 BGS-Angehörigen insgesamt 9.572 (fast 58 %) in die Bundeswehr übernommen.

Dass diese Befürchtungen nicht zu Unrecht bestanden hatten, zeigte sich in den Anfangsjahren der Bundeswehr. Weil die Prinzipien naturgemäß noch nicht voll in den Erfahrungsschatz der Bundeswehr integriert waren, ergaben sich Umsetzungsprobleme, die immer wieder zu heftiger Kritik an der Konzeption selbst führten.

In den folgenden Jahrzehnten wurde immer deutlicher, was hinter diesem Prinzip stand. Dazu trug auch bei, dass die Öffentlichkeit sehr empfindlich reagierte, wenn Soldaten nicht entsprechend den Grundsätzen eines menschenwürdigen Umgangs behandelt wurden. Etliche spektakuläre Vorfälle, die sich aus dem Widerspruch zwischen den Ansprüchen der Inneren Führung und der täglichen Dienstpraxis in der Bundeswehr ergaben, belegen dies. Andererseits schärfte die öffentliche Beschäftigung mit diesen Problemen das Bewusstsein in der Truppe.

Es gibt auch eine innere Wechselwirkung zwischen dem Prinzip der Inneren Führung und der Wehrpflicht. Durch die ständige personelle Erneuerung der Bundeswehr mit Menschen, die aus dem zivilen Leben und nur für kurze Zeit in die Bundeswehr kommen, blieb die Bundeswehr offen für gesellschaftliche Entwicklungen. Zudem sicherte dies auch das Interesse der Öffentlichkeit an den Vorgängen in der Bundeswehr.

In den letzten zehn Jahren kam ein entscheidendes Argument hinzu: Das Prinzip der Inneren Führung, zu dem ja auch die politische Bildung gehört, half dabei, das Verständnis für andere Kulturen zu fördern, das gerade bei Auslandseinsätzen zur Friedensstabilisierung und -sicherung nötig ist.

Es wurden gelegentlich Bedenken geäußert, dass unter Einsatzbedingungen die Prinzipien der Inneren Führung hinderlich sein könnten. Dieser Ansicht wurde mit dem Hinweis darauf widersprochen, dass Innere Führung das Prinzip von Befehl und Gehorsam nicht außer Kraft setzt. Auch im Einsatz können Soldaten klare und deutliche Befehle gegeben werden, die die Menschenwürde aber nicht verletzen. Die ersten Erfahrungen aus den aktuellen Einsätzen bestätigen diese Auffassung.

Diese Erfahrungen sind auch nicht neu: Bereits zu Zeiten des Kalten Krieges musste die Bundeswehr in besonderen Krisen, z.B. bei der Tschechoslowakeikrise 1968, ihre Einsatzräume beziehen. Auch damals hatte sich die Innere Führung bewährt.

Das Prinzip der Inneren Führung wurde auch für jene Staaten attraktiv, die sich in den 90er Jahren des 20. Jahrhunderts von Diktaturen zu Demo-

Unterricht an der Schule der Bundeswehr für Innere Führung. Kompaniechefs werden im Jahre 1960 über Probleme der Handhabung ihrer Disziplinargewalt unterrichtet.

kratien gewandelt hatten. Zahlreiche Besuche von auf die Praxis der Inneren Führung spezialisierten Vertretern der Bundeswehr in den neuen Demokratien oder Besuche aus den neuen Demokratien bei der Bundeswehr belegen dies. Die Innere Führung wurde zu einer inneren Ordnung, die der modernen und wertegebundenen Streitkraft hohe Akzeptanz verliehen hat.

Die Armee in der Demokratie

Mit diesem konzeptionellen Rahmen wurde die Bundeswehr eingebunden in die internationale Integration innerhalb Europas und transatlantisch in WEU und NATO. Sie wurde auf doppelte Weise parlamentarischen Entscheidungsprozessen unterworfen: Zum einen fällt der Bundestag die Haushalts-, Struktur- und Einsatzentscheidungen, zum anderen überwacht er mit dem Verteidigungsausschuss und dem Wehrbeauftragten Einsatzgrundsätze und Innenleben der Armee. Mit dem Prinzip der Inneren Führung wird sichergestellt, dass die Soldaten als Staatsbürger in Uniform handeln können und behandelt werden. Durch die allgemeine Wehrpflicht wird die Verzahnung mit der Gesellschaft sichergestellt und befördert. Damit ist die Bundeswehr als Armee in einer Demokratie anders verankert worden als alle ihre Vorgängerinnen in Deutschland. Die Lehren aus der Vergangenheit wurden damit gezogen.

Trotzdem blieb die Bundeswehr in der antimilitaristischen Grundstimmung in der Bundesrepublik lange ein ungeliebtes Kind, dessen Notwendigkeit sich der Bevölkerung zunächst weniger aus innerer Staatsräson, denn mehr aus der neu entstandenen konfrontativen Sicherheitslage in Europa ergab.

Die in der DDR parallel entwickelte Nationale Volksarmee war auch dort aufgrund der jüngeren Geschichte nicht populär, obwohl eine Diskussion über die Wiederbewaffnung nicht stattfand. Die NVA wurde in enger Zusammenarbeit mit der sowjetischen Führung entwickelt. Das heißt, dass sie als eine Armee konzipiert wurde, die – wie auch die Sowjetarmee und die anderen Armeen in den Staaten des Warschauer Paktes – eindeutig dem Sozialismus verpflichtet war. Die politische Neutralität, die zu den Grundlagen der Bundeswehr gehört, prägte gerade diese Armee nicht. Sie war eine ideologische Armee. Sie war ein »Instrument der Arbeiterklasse«, das die »sozialistischen Errungenschaften« schützen und sichern sollte. Die politische Hauptverwaltung der SED sorgte dafür, dass die Partei in der NVA eine führende Rolle behielt. Die meisten Offiziere waren Mitglieder der SED, denn für Führungspersonal war die Parteizugehörigkeit selbstverständlich und Vorbedingung für eine Karriere.

Grundsätze wie die der Inneren Führung, die Orientierung am Staatsbürger in Uniform, spielten in der DDR keine Rolle. Gemeinsam hatten beide Armeen in Deutschland aber wiederum, dass sie international integriert waren.

Die Bundeswehr ist eine Armee in der Demokratie. Sie ist zugleich in die Streitkraftstruktur eines Bündnisses demokratischer Staaten integriert. Sie bleibt eine Wehrpflichtarmee. Das ist historisch, sicherheits- und gesellschaftspolitisch und auch militärisch begründet.

Dienstgruppe der französichen Armee beim technischen Unterricht 1954, Feuvrier-Kaserne, Tier.

Am 7. Juni 1955 wurde das Amt Blank in »Bundesministerium für Verteidigung« umbenannt (seit Dezember 1961 hieß es Bundesministerium der Verteidigung); einen Tag später erhielt Theodor Blank die Ernennungsurkunde zum Verteidigungsminister. Am 12. November 1955 hatten die ersten 101 Freiwilligen der Bundeswehr in Bonn ihre Ernennungsurkunden erhalten.

Mit der Gründung der Nationalen Volksarmee am 18. Januar 1956 war klar: Beide Staaten in Deutschland würden Streitkräfte unterhalten, die in unterschiedliche Blocksysteme integriert werden. Bundeswehr und NVA waren aufgrund politischer Entscheidungen in den beiden ideologischen Lagern entstanden. Beide Seiten trieben mit unterschiedlicher Schnelligkeit und Intensität, aber recht gegensätzlich zueinander, diese Entwicklungen voran.

Da die Bundeswehr ihre ersten Soldaten aus dem Bundesgrenzschutz (BGS) und den von den Alliierten zu Wach- und Schutzdiensten aufgestellten »Dienstgruppen« gewann, die sich aus ehemaligen Soldaten der Wehrmacht rekrutierten, konnten innerhalb kurzer Zeit die ersten Verbände von Heer, Luftwaffe und Marine aufgestellt werden. Dies führte allerdings in der Ausbildung der Bundeswehr auch zu einigen Problemen (siehe Kapitel Innere Führung).

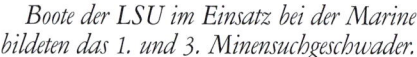

Boote der LSU im Einsatz bei der Marine bildeten das 1. und 3. Minensuchgeschwader.

3. Die Integration in das NATO-Bündnis

Der Aufbau der Bundeswehr wurde im Rahmen des Bündnisses gestaltet. Die Aufgabe der Bundeswehr war gemäß der NATO-Strategie, einen möglichen Angriff der Staaten des Warschauer Paktes zunächst aufzuhalten, dann zurückzuschlagen. Dies sollte im engen Verbund mit den Streitkräften der Verbündeten geschehen.

Elvis Presley als US-Unteroffizier in Deutschland.

Deshalb wurden in der Bundesrepublik Deutschland keine eigenen Füh-
rungsstrukturen für nationale Einsätze geschaffen. Ein Einsatz war nur zur
Verteidigung und nur gemeinsam mit den Alliierten vorgesehen. Geführt
würden diese Verbände der Bundeswehr im Einsatz dann von den Kommandobehörden der Allianz. Je weiter die Bundeswehr aufgebaut wurde,
und damit auch echte Beiträge für die Verteidigung des NATO-Gebietes
leisten konnte, desto häufiger übernahmen bundesdeutsche Offiziere verantwortungsvolle Posten in diesen NATO-Kommandobehörden. Bei einigen Partnern spielte in der Aufbauphase die Überlegung eine Rolle, dass
durch die enge Integration der bundesdeutschen Streitkräfte die Kontrolle
über sie besser möglich sei. Mit der Zeit trat dieser Gedanke immer mehr
in den Hintergrund. Die Bundeswehr wurde langsam zum gleichberechtigten Partner der Allianz.

Die Integration in die NATO bedeutete auch, dass die Bundesregierung
die Führung, Ausrüstung, Bewaffnung, Organisation und Stationierung der
eigenen Kräfte nicht allein planen konnte. Sie unterwarf sich – wie die
anderen NATO-Mitgliedstaaten – dem gemeinsamen Verteidigungspla-
nungsprozess der Allianz. Damit wurde die Last der Landes- und Bündnisverteidigung verteilt und die Integration durch die Aufstellung multinationaler Großverbände ab 1990 noch weiter vorangetrieben.

Diese Integration hatte nicht nur politischen Wert – nämlich die Einbindung sicherheitspolitischer Überlegungen in internationale Strukturen –,
sondern auch einen erheblichen militärischen Wert: Das gegenseitige Verständnis und die Fähigkeit zur Zusammenarbeit, selbst zur gemeinsamen
Operationsführung, wurde dadurch geschaffen.

Bereits im Frieden wurden deutsche Kräfte der NATO unterstellt (command forces). Die für einen Kriegsfall vorgesehenen Kräfte wurden der
NATO angezeigt (assigned/-earmarked/forces). Die NATO-Oberbefehlshaber auf den verschiedenen Ebenen der Kommandostruktur erhielten
schon in dieser Phase die »operationelle Kommandogewalt (OPCOM)«.
Für deutsche Streitkräfte bleibt allerdings zu jeder Zeit die »volle Kommandogewalt (full command)« beim Inhaber der Befehls- und Kommandogewalt. Im Frieden ist das der Verteidigungsminister, im Verteidigungsfall der Bundeskanzler. Politisch wären solche Einsätze vom NATO-Rat
geführt worden, der Beschlüsse einstimmig fassen muss. Über dieses Mittel bestimmt die Bundesregierung mit. Sie kann Aktionen nur dann durchsetzen, wenn alle NATO-Staaten dem zustimmen, sie kann aber durch ihr
»Nein« Beschlüsse verhindern.

Die Stationierung der Streitkräfte erfolgte nach den Vorgaben der Strategie der Vorneverteidigung. Abschnitte der innerdeutschen Grenze wurden einzelnen Verbänden der NATO konkret zugewiesen. Dabei wurden,
neben Verbänden der Bundeswehr, auch Einheiten der in Deutschland prä-
senten ehemaligen Siegermächte wie auch Verbände der neuen Verbündeten stationiert. In der Bundesrepublik Deutschland waren Streitkräfte

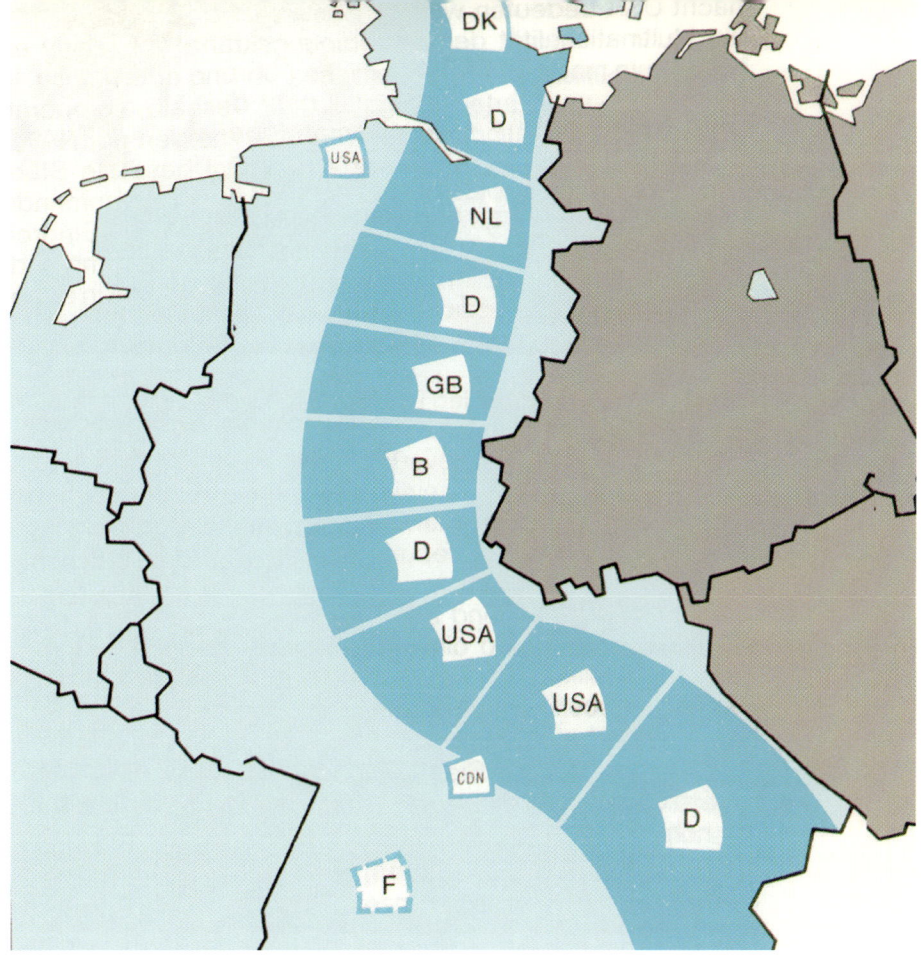

der USA, Großbritanniens, Frankreichs, Kanadas, der Niederlande und Belgiens stationiert. Diese waren ständig einsatzbereit. Die Aufteilung der Regionen wurde später wegen der in verschiedenen Farben erfolgten Darstellung auf Landkarten als »Schichttorte« bezeichnet.

Der schnelle Aufbau der Bundeswehr

Die Aufstellung der Streitkräfte stand unter einem enormen Zeitdruck, der durch überzogene interne Planungsvorgaben zusätzlich verschärft worden war. Nicht zuletzt diese unrealistischen Vorgaben führten ein Jahr nach seinem Amtsantritt bereits zum Sturz des ersten Verteidigungsministers, Theodor Blank. Sein Nachfolger wurde am 16. Oktober 1956 Franz Josef Strauß. Er gliederte das Verteidigungsministerium um. Alle Abteilungen sollten gleichrangig nebeneinander stehen. Sie unterstanden einer gemeinsamen Leitung. Es wurden fünf Führungsstäbe gebildet: der Führungsstab Bundeswehr (Fü B), der später in Führungsstab der Streitkräfte (Fü S) umbenannt wurde, der Führungsstab des Heeres (Fü H), der Luftwaffe (Fü L), der Marine (Fü M) und die Inspektion des Sanitäts- und Gesundheitswesens (InSan). Sie waren sowohl Ministerialabteilungen als auch höchste truppendienstliche Instanzen ihrer jeweiligen Teilstreitkraft.

Die Inspekteure bildeten zusammen mit dem Generalinspekteur den militärischen Führungsrat.

Leitendes Prinzip bei der Organisation der Bundeswehr war von Anfang an der Gedanke der Gesamtstreitkräfte. Dies hat sich jedoch in der Praxis über viele Jahrzehnte nicht widergespiegelt. Immer wieder kam es zu Verteilungs- und Machtkämpfen zwischen den Teilstreitkräften. Der Generalinspekteur war kein Vorgesetzter für die Inspekteure, sondern ein »Gleicher unter Gleichen«, wenn auch Berater der Bundesregierung in sicherheitspolitischen Fragen. Die Inspekteure standen in der Führungsverantwortung für ihre Teilstreitkraft. Hintergrund dieser Regelung war, dass in der Bundesrepublik nicht wieder ein Generalstab eingeführt werden sollte. Deshalb war der höchste Offizier der Bundeswehr auch kein Generalstabschef, sondern ein Generalinspekteur. Erst im fünften Jahrzehnt der Bundeswehr sollte sich dies grundlegend ändern, indem die Rolle des Generalinspekteurs durch den »Berliner Erlass« deutlich ausgeweitet wurde.

In der Anfangszeit der Bundeswehr stellte sich daher immer wieder die Frage, ob und inwieweit der Führungsstab der Bundeswehr (Fü B) an Entscheidungen zu beteiligen sei. Das Verhältnis des Fü B zu den Teilstreitkräften war nicht klar definiert.

Zunächst wurde der Leiter der Abteilung Streitkräfte, General Adolf Heusinger, zum Vorsitzenden des militärischen Führungsrates berufen und schließlich am 1. April 1957 zum ersten Generalinspekteur der Bundeswehr ernannt. Er besaß damit Weisungsrecht gegenüber den Teilstreitkräften in Fragen der Ausbildung, Führung, Organisation, Versorgung und Ausrüstung. Die truppendienstliche Verantwortung für den jeweiligen Bereich behielten allerdings die Inspekteure der Teilstreitkräfte. Sie hatten auch das direkte Vortragsrecht beim Minister. Insofern wurde der Generalinspekteur nur »Erster unter Gleichen«.

Dem Führungsstab der Bundeswehr wurden die »Zentralen Militärischen Dienststellen« unterstellt, wie z.B. die Führungsakademie der Bundeswehr in Hamburg, die Logistikschule in Hamburg und das Bundeswehramt, später Streitkräfteamt in Bonn. Die organisatorische Spitze der Bundeswehrverwaltung wurde in das Verteidigungsministerium eingegliedert. Darin fand die Gleichrangigkeit von Streitkräften und Bundeswehrverwaltung ihren Ausdruck.

Am 1. Januar 1956 begann die Aufstellung der Bundeswehr. Für das Ende des Jahres 1956 waren de

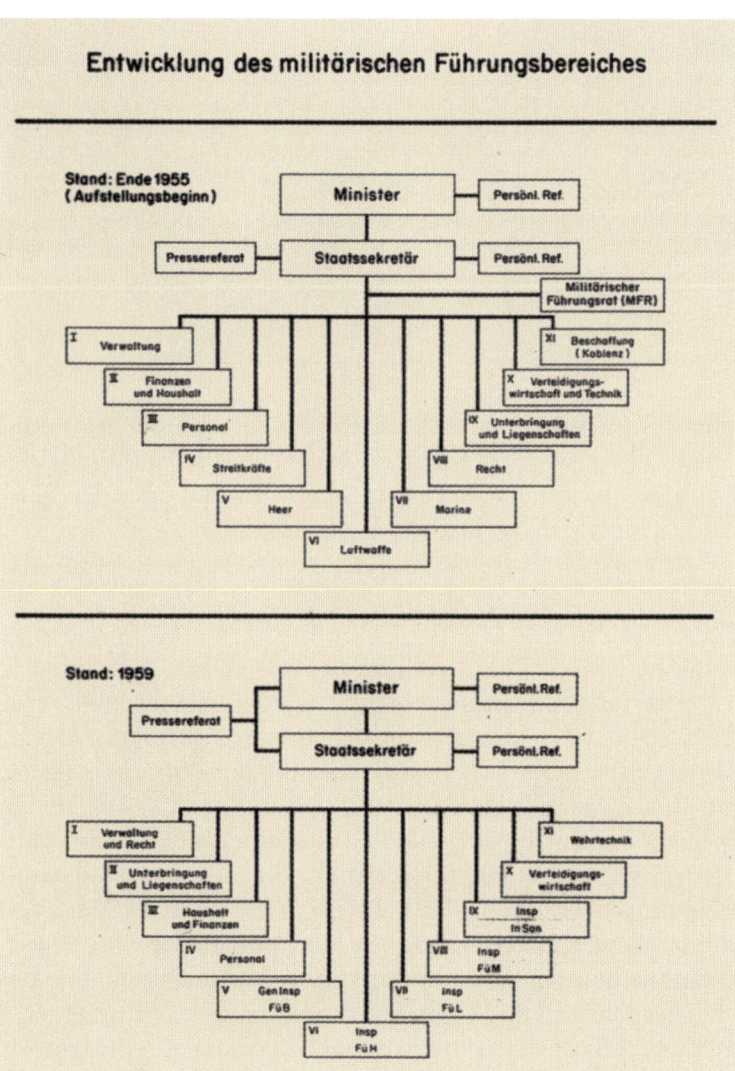

Grafik zur Entwicklung des militärischen Führungsbereiches, 1959

NATO 98.000 Mann zugesagt worden. Trotz anfänglicher Erfolge zeigte sich bereits nach wenigen Monaten, dass die Bundesregierung zu viel versprochen hatte. Verteidigungsminister Strauß korrigierte daraufhin sowohl den Zeitplan als auch die Umfänge, die der NATO angekündigt worden waren. Strauß stellte der Allianz 342.000 Mann innerhalb von sechs Jahren in Aussicht. Auf die Endstärke der Bundeswehr legte er sich nicht fest.

Als erstes wurden die Voraussetzungen für die Einberufung von Wehrpflichtigen zum 1. April 1957 geschaffen. Damit konnten einsatzbereite Divisionen aufwachsen und der NATO unterstellt werden. Dies setzte allerdings voraus, dass zuvor die künftigen Ausbilder und Führer selbst in Lehrtruppen und Schulen ausgebildet worden waren.

Im ersten Lehrbataillon der Bundeswehr dienten 450 Freiwillige, unter ihnen Soldaten, die am 2. Januar 1956 in Andernach als erste ihren Dienst angetreten hatten. Im April und Mai wurden die Lehrbataillone der Truppengattungen und bis zum 1. Juni neun Truppenschulen aufgestellt. Für die Ausbildung der Offiziere nahmen im selben Jahr die Heeresoffizierschulen in Hannover und in Hamburg, zuvor in Husum, ihren Betrieb auf. Zwei Jahre später, im Januar 1958, folgte die Heeresoffizierschule in München. Als Vorläufer der späteren Führungsakademie der Bundeswehr begann am 1. April 1957 die Heeresakademie in Bad Ems mit der Ausbildung von Generalstabsoffizieren des Heeres.

Die NATO drängte darauf, dass möglichst viele voll ausgebildete Verbände möglichst rasch verfügbar sein sollten. Deshalb wurden, wo immer möglich, ganze Bataillone aufgestellt: Diese wurden nach sechs Monaten geteilt und wuchsen dann neu auf. Sobald die beiden neuen Verbände vollständig waren, erfolgte die nächste Teilung.

So gelang es, innerhalb eines Jahres zwei Korpsstäbe und wesentliche Teile der 1., 2. und 4. Grenadierdivision sowie der 3. und 5. Panzerdivision, eine Luftlandebrigade und eine Gebirgsbrigade bedingt einsatzbereit zu machen. Bis 1958 konnten zwei Korpsstäbe und fünf Divisionen der NATO assigniert werden.

Die Divisionen wurden zunächst nach US-Vorbild in Kampfgruppen gegliedert. Die Führungs-, Kampfunterstützungs- und Versorgungstruppen waren zum größten Teil der Division direkt unterstellt. Im Gegensatz zu der späteren Brigadegliederung konnten die damaligen Kampfgruppen nicht selbstständig das Gefecht der verbundenen Waffen führen. Die Großverbände waren schwerfällig und entsprachen nicht der NATO-Strategie und ihren operativen Anforderungen. Gefragt waren z.B. schnelle gepanzerte Verbände.

Je stärker die Bedrohung wuchs, weil der Warschauer Pakt taktische Atomwaffen einführte, desto mehr hielten die NATO-Planer beweglichere Großverbände für notwendig. In einer Lehr- und Versuchsübung wurde 1958 die Brigadegliederung erprobt und ein Jahr später mit der Heeresstruktur 2 eingeführt. Jede Division verfügte über drei Brigaden, in denen jeweils Kampftruppen, Kampfunterstützungs- und Versorgungstruppen zusammengefasst waren.

In den Folgejahren baute die Sowjetunion ihre Luftlandefähigkeiten aus. Damit stieg für das Gebiet hinter der ersten Staffel der NATO-Truppen die Gefährdung. Die Bundeswehr reagierte mit einer erneuten Umstrukturierung, der Heeresstruktur 3.

Die weitere Entwicklung der Bundeswehr vollzog sich im Spannungsfeld zwischen strategischen Anforderungen und finanziellen Möglichkeiten. Um die NATO-Strategie wirkungsvoll umzusetzen, richtete sich die Bundeswehr zunächst auf die konventionelle Vorneverteidigung aus. Die Rolle der Bundesrepublik bestand darin, starke konventionelle Streitkräfte aufzubauen und entlang der Grenze zum Warschauer Pakt in Stellung zu bringen.

Niederschlagung des Ungarnaufstandes 1956

Als die NATO ihre Strategie auf die Vorneverteidigung umstellte, hatte das auf die Bundeswehr keine gravierenden Auswirkungen. Sie war bereits materiell und strukturell so aufgestellt, dass sie auch in dieser Phase ihre Aufgaben im Verbund mit den Bündnispartnern wahrnehmen konnte.

Bis zum Jahr 1962 war der erste Aufbau der Bundeswehr weitgehend abgeschlossen. Die Bundesrepublik konnte die ihr von der NATO aufgetragenen Aufgaben wahrnehmen. Die politischen Rahmenbedingungen in Europa machten jedermann deutlich, dass eine auf Verteidigung ausgerichtete Armee in der Bundesrepublik erforderlich war.

Nachdem vor der Gründung der Bundeswehr die Sowjetunion am 17. Juni 1953 in der DDR den Arbeiteraufstand gegen das Regime mit militärischen Mitteln niedergeschlagen hatte, erlebten Polen und Ungarn in den 50er Jahren ebenfalls die Unterdrückung des Volkswillens durch sowjetische Waffengewalt. Der Kalte Krieg beherrschte das politische Leben Europas. Die Bundeswehr hatte entsprechend wenig Mühe, ihre eigene Existenz zu rechtfertigen. Soldaten und Zivilbevölkerung teilten das Gefühl, bedroht zu sein.

Trotzdem hatte die Bundeswehr noch lange nicht alle Probleme gelöst. Sie kämpfte bis Mitte der siebziger Jahre mit einer unbefriedigenden Personalsituation. So wurden immer wieder Maßnahmen zur Attraktivitätssteigerung des militärischen Dienstes ergriffen, wie z.B. das akademische Studium für Offiziere ab 1974 an eigenen Bundeswehr-Universitäten. Insbesondere fehlten Unteroffiziere und Offiziere mit langjährigen Verpflichtungszeiten. Noch 1978 mussten die Aufgaben von 11.000 Feldwebeldienstgraden durch Unteroffiziere mit niedrigerem Dienstgrad erfüllt werden. Erst in den achtziger Jahren stieg die Zahl der längerdienenden Soldaten (SaZ 3 bis 15) um ungefähr 11.000 an.

4. Einsatz im Inneren – Die Notstandsgesetze

Bereits im Januar 1960 legte der damalige Bundesinnenminister Gerhard Schröder (CDU) einen ersten Entwurf für eine Notstandsverfassung vor. Die Regierung müsse die Möglichkeit erhalten, so die Begründung, etwaigen Gefahren für die Existenz und für die freiheitliche Ordnung der Bundesrepublik entgegentreten zu können. Zudem ließen sich die alliierten Vorbehaltsrechte nach Artikel 5 des Deutschlandvertrages nur durch eine derartige Ergänzung der Verfassung ablösen. Die Alliierten hatten sich in diesem Artikel weitgehende Befugnisse für den Fall einräumen lassen, dass die Sicherheit ihrer in Deutschland stationierten Truppen nicht mehr gewährleistet sei. Im Falle eines Angriffs auf die Bundesrepublik Deutschland oder West-Berlin oder wenn »durch eine umstürzlerische Störung der freiheitlich-demokratischen Grundordnung« ein Notstand eintreten sollte, konnten die alliierten Militärbefehlshaber frei schalten und walten. Die Bundesregierung hätten sie lediglich konsultieren müssen.

Die sozialdemokratische Opposition war nicht grundsätzlich gegen eine Notstandsgesetzgebung. Allerdings wollte sie die Notstandsgesetze auf den Verteidigungsfall begrenzen. Zudem wollte sie der Regierung nicht die alleinige Vollmacht geben, sondern forderte auch für einen solchen Notstand eine Kontrolle durch Bundestag und Bundesrat. Die heftigste Kritik kam von den Gewerkschaften. Die Notstandsverfassung von Innenminister Schröder sah für den Fall innerer Unruhen eine Einschränkung des Streik- und Koalitionsrechtes vor. Gegen streikende Arbeiter hätte die Regierung auch mit militärischen Mitteln vorgehen können. Die SPD lehnte den Vorschlag ab. Damit fehlte für den Entwurf die erforderliche Zweidrittelmehrheit, um im Bundestag das Grundgesetz zu ändern.

Das gleiche Schicksal erlitt auch der Entwurf, den Innenminister Herman Höcherl (CSU) dann im Sommer 1965 vorlegte, wenngleich sich die Unionsparteien und die Sozialdemokraten bereits erheblich in dieser Frage näher gekommen waren. Umstritten waren die geplante Pressezensur, die Überwachung des Brief- und Telefonverkehrs, die arbeitsrechtliche Stellung von Dienstverpflichteten sowie die Weisungsbefugnisse der Bundesregierung gegenüber den Landesregierungen. Die Meinungsunterschiede zwischen Regierung und Opposition hätten sich überbrücken lassen, wenn nicht die SPD-Führung vor den Protesten der Gewerkschaften und innerparteilicher Kritiker zurückgeschreckt wäre.

Erst nach der Bildung der Großen Koalition aus CDU/CSU und SPD 1966 kamen die Bemühungen um eine Notstandsverfassung voran. Die nunmehrigen Koalitionspartner kamen überein, dass selbst im Fall eines Notstandes eine parlamentarische Kontrolle der Regierung gewährleistet sein solle. Bereits am 10. März 1967 einigte sich die Bundesregierung auf einen Gesetzesentwurf, den der Bundestag am 29. Juni 1967 in erster Lesung beriet und am 30. Mai des folgenden Jahres in dritter Lesung verabschiedete.

Das Grundgesetz wurde für den Fall eines inneren und äußeren Notstandes sowie für den Fall von Naturkatastrophen und außergewöhnlichen Unfällen ergänzt: Die Feststellung des Verteidigungsfalles wird auf Antrag der Bundesregierung mit Zustimmung des Bundesrates getroffen. Falls Bundestag und Bundesrat aufgrund unüberwindlicher Hindernisse nicht zusammentreten können, übernimmt ein Notparlament – der »Gemeinsame Ausschuss« – ihre Aufgabe. Er besteht aus 22 Bundestagsabgeordneten, die nach dem Stärkeverhältnis der Fraktionen bestimmt werden, und elf Mitgliedern des Bundesrates, die in diesem Gremium nicht weisungsgebunden sind. Der Ausschuss muss auch in normalen Zeiten über alle zivilen und militärischen Pläne für den Verteidigungsfall unterrichtet werden.

Im Verteidigungsfall können die Grundrechte eingeschränkt werden. Beispielsweise können Wehrpflichtige zu »zivilen Dienstleistungen für Zwecke der Verteidigung einschließlich des Schutzes der Zivilbevölkerung in Arbeitsverhältnisse verpflichtet« werden. Frauen zwischen 18 und 55 Jahren können zu Dienstleistungen »im zivilen Sanitäts- und Heilwesen sowie in ortsfesten Militärlazaretten« herangezogen werden, wenn nicht genügend Freiwillige gefunden werden. Eingeschränkt wird in einem solchen Fall auch die Freiheit, »die Ausübung eines Berufs oder den Arbeitsplatz aufzugeben«, wobei sich diese Bestimmung nicht gegen Arbeitskämpfe richtet, wie es die Gewerkschaften befürchten.

Im Krisenfall darf die Bundsregierung die Bundeswehr im Inneren einsetzen. »Zur Abwehr einer drohenden Gefahr für den Bestand oder die freiheitlich demokratische Grundordnung des Bundes oder eines Landes kann die Bundesregierung, wenn die Voraussetzungen des Artikels 91 Abs. 2 des Grundgesetzes vorliegen und die Polizeikräfte sowie der Bundesgrenzschutz nicht ausreichen, Streitkräfte zur Unterstützung der Polizei und des Bundesgrenzschutzes beim Schutze von zivilen Objekten und bei der Bekämpfung organisierter und militärisch bewaffneter Aufständischer einsetzen.« Der Einsatz ist einzustellen, wenn der Bundestag oder der Bundesrat dies verlangen. Ist das Bundesland, in dem die Gefahr droht, nicht selbst zur Bekämpfung bereit oder in der Lage, so kann die Bundesregierung die Polizei in diesem Land und die Polizeikräfte anderer

Proteste gegen die Notstandsgesetzgebung

Länder ihren Weisungen unterstellen sowie Einheiten des Bundesgrenzschutzes einsetzen.

Den heftigsten Streit gab es um die Einschränkungen der Grundrechte in Artikel 10 des Grundgesetzes. Das dort garantierte Brief-, Post- und Fernmeldegeheimnis wird auf Grund eines Gesetzes eingeschränkt. Die Verfassungsschutzbehörden des Bundes und der Länder, das Amt für Sicherheit der Bundeswehr sowie der Bundesnachrichtendienst dürfen zum Schutz »der freiheitlich-demokratischen Grundordnung oder des Bestandes oder der Sicherung des Bundes oder eines Landes« das Post- und Fernmeldegeheimnis verletzten. Mit dieser Bestimmung wurden die entsprechenden Kontrollrechte der Alliierten abgelöst.

Trotz heftiger Proteste der Gewerkschaften und gegen einen heftigen außerparlamentarischen Widerstand wurden die Notstandsgesetze verabschiedet. Die Demonstrationen gegen die Notstandsverfassung waren umfangreicher als gegen die Wiederbewaffnung in den 50er Jahren, wurden aber später noch übertroffen, als in den späten 70er und frühen 80er Jahren gegen die Umsetzung des Nachrüstungsteils des NATO-Doppelbeschlusses demonstriert wurde.

[…] R. Lenz (CDU/CSU): Namens des Rechtsausschusses dieses Hauses darf ich Ihnen den Bericht über den von der Bundesregierung eingebrachten Entwurf eines Gesetzes zur Ergänzung des Grundgesetzes und über den von der Fraktion der FDP eingebrachten Entwurf eines Gesetzes zur Sicherung der rechtsstaatlichen Ordnung im Verteidigungsfall vorlegen. […]

Es ist nicht wahr, dass dieser Entwurf den Weg zur Diktatur bereitet. Der vorliegende Entwurf hält unter parlamentarischen und rechtsstaatlichen Gesichtspunkten jeden Vergleich mit jeder Vorsorgeregelung für den Notfall aus, die es auf der Welt gibt.

Es ist nicht wahr, dass durch diesen Entwurf den gewerkschaftlichen Rechten der Boden entzogen wird. Im Gegenteil, der Entwurf verankert das bestehende Arbeitskampfrecht ausdrücklich in der Verfassung.

Es ist nicht wahr, dass durch diesen Entwurf die staatsbürgerlichen Freiheiten beseitigt werden. Meinungsfreiheit, Pressefreiheit, Vereins- und Versammlungsfreiheit werden durch den Entwurf nicht berührt. […]

Es ist nicht wahr, dass durch diese Vorlage der Bürgerkrieg vorbereitet wird. Sowohl bei der Formulierung des staatsbürgerlichen Widerstandsrechts als auch bei der Möglichkeit der Bundesregierung, im äußersten Notfall Truppen gegen militärisch bewaffnete Aufständische einzusetzen, hat der Rechtsausschuss sich bemüht, klarzustellen, dass dies nur die Ultima ratio, das letzte Mittel sein dürfe, wenn alle anderen Mittel versagt haben.

Es ist auch nicht wahr – und ich habe aktuellen Anlass, das zu sagen –, dass diese Vorlage eine Waffe im Kalten Krieg ist oder dazu dient, die internationalen Spannungen zu verschärfen. Ihre Verabschiedung demonstriert den Willen des deutschen Volkes zur Selbstverteidigung, aber auch nicht mehr. […]

Dieses Gesetz ist notwendig, um die alliierten Vorbehaltsrechte zum Erlöschen zu bringen, auf Grund derer die Drei Mächte noch heute die oberste Staatsgewalt in der Bundesrepublik übernehmen können.

Dieses Gesetz ist notwendig, um die lebensnotwendige Versorgung der Bevölkerung und der Streitkräfte und den Schutz der Bevölkerung im Verteidigungsfall sicherzustellen, soweit dies […] überhaupt möglich ist.

Dieses Gesetz ist notwendig, um der Zusammenfassung der Hilfsmittel von Bund und Ländern bei Naturkatastrophen und schweren Unglücksfällen die Rechtsgrundlage zu geben.

Bundestagsdebatte am 15./16. Mai 1968, in: Irmgard Wilharm (Hg.), Deutsche Geschichte 1962–1983, Bd. 1, Frankfurt/Main 1985, S. 149 f.

Die Diskussion um den Einsatz der Bundeswehr im Inneren, die vor allem in den 90er Jahren und im ersten Jahrzehnt des 21. Jahrhunderts geführt wurde, orientierte sich im Wesentlichen an den Linien, die damals vorgegeben worden waren. Sind Terroranschläge gegen Symbole oder die Infrastruktur Deutschlands so zu werten, dass damit auch der Bestand der Bundesrepublik gefährdet ist? Diese Debatte dauert bei Erscheinen dieser Chronik noch an.

»In den letzten Jahren haben sich die Rahmenbedingungen der nationalen Sicherheitsvorsorge wesentlich verändert: Internationale Einsätze zugunsten des Krisenmanagements und der Stabilisierung haben die territorial definierte Verteidigung abgelöst. Gleichzeitig gehen von diesem internationalen Engagement neue Risiken für den Schutz der Heimat aus. Hinzu kommt die Erweiterung des Risikobildes durch neue Herausforderungen wie beispielsweise den strategischen Terrorismus. Der daraus resultierende Kausalzusammenhang zwischen Verwundbarkeit, Sicherheitsvorsorge und politischem Handlungsspielraum erfordert neue Ansätze.«

aus: Weniger Souveränität – Mehr Sicherheit: Schutz der Heimat im Informationszeitalter und die Rolle der Streitkräfte (Vernetzte Sicherheit, Band 3, Verlag E.S. Mittler & Sohn)

5. Die Phase der Entspannungspolitik

Außenpolitisch begannen Mitte der 60er Jahre die ersten vorsichtigen Versuche einer Entspannungspolitik. Die Spannungsursachen sollten gemindert werden und die Menschen in Ost und West das Bedrohungsgefühl verlieren. In Bonn regierte ab 1966 die Große Koalition unter Bundeskanzler Kurt Georg Kiesinger. Mit dem SPD-Vorsitzenden Willy Brandt wurde erstmals ein Sozialdemokrat Außenminister der Bundesrepublik. Als früherer Regierender Bürgermeister von West-Berlin hatte Brandt an der Nahtstelle des Ost-West-Konflikts agiert und war dadurch geprägt.

Niederschlagung des »Prager Frühlings« 1968 in der Tschechoslowakei.

Durch die Niederschlagung des »Prager Frühlings«, einer auf Demokratie, Freiheit und Rechtsstaatlichkeit ausgerichteten Reformpolitik in der Tschechoslowakei, durch die Staaten des Warschauer Paktes im Jahr 1968 erfuhr die Entspannungspolitik einen Rückschlag. Trotzdem hielt Westeuropa daran fest. Der Harmel-Bericht wurde zur Grundlage für die Politik der NATO. Militärisch richtete die NATO ihre Strategie auf die »Flexible Response« aus. Politisch förderte die Entspannungspolitik vor allen Dingen die Möglichkeit, dass sich Menschen aus den beiden Blocksystemen begegnen konnten. Für Deutschland war dies von besonderer Bedeutung, weil durch den Mauerbau 1961 und den Ausbau einer undurchlässigen Grenze viele Familien auseinander gerissen worden waren. Sie hatten sich seither nicht mehr treffen können.

Politisch kam diese Entwicklung dem menschlichen Wunsch nach Harmonie entgegen. Damit wuchs auch für die Bundeswehr die Notwendigkeit, ihre Aufgabe immer wieder neu begründen zu müssen. Die Entspannung war noch nicht stabil.

Unterzeichnung des Grundlagenvertrages 1972

Mit Bildung der ersten sozialliberalen Koalition unter Bundeskanzler Willy Brandt 1969 nahm die Entspannungspolitik Fahrt auf. Zunächst wurde das Verhältnis zwischen der Bundesrepublik und der Sowjetunion durch einen Vertrag geregelt. Es folgte der Warschauer Vertrag, der die deutsch-polnischen Beziehungen auf eine neue Grundlage stellte. Dann konnten auch die beiden Staaten in Deutschland – die Bundesrepublik und die DDR – im Dezember 1972 im Grundlagenvertrag ihr Verhältnis zueinander im Sinne der Gleichberechtigung und Souveränität regeln.

Die Phase der Entspannungspolitik erfuhr immer wieder Rückschläge. So führten der Einmarsch der sowjetischen Streitkräfte in Afghanistan 1979 und die Ausrufung des Kriegsrechts in Polen wegen der sich dort entwickelnden Reformpolitik 1981 auch in Deutschland zu Diskussionen über die Stabilität der Politik des Ausgleichs zwischen den Blocksystemen. Zudem war in den 70er und 80er Jahren die erste Runderneuerung der Bundeswehr nötig. Sie brauchte die finanziellen Mittel, um das Material und die Ausrüstung zu beschaffen, die sie benötigte, um die von Regierung und Parlament erteilten Aufträge auch erfüllen zu können. Die Modernisierung der Bundeswehr gelang weitgehend, sodass sie ihren Auftrag bis 1990 erfüllen konnte. Manche dieser Beschaffungsvorhaben führten zu öffentlichen Protesten, die dann weit über den Anlass einer Beschaffung hinausgingen. Insofern waren die Sicherheitspolitik und damit die Bundeswehr als eines ihrer Instrumente immer wieder Gegenstand öffentlicher Debatten.

6. Zwei Armeen am Ende der Blockkonfrontation

Armee der Einheit

Mit dem Fall der Berliner Mauer am 9. November 1989 endete die Block-konfrontation in Europa. Die Bundeswehr hatte durch ihren Beitrag zur Strategie der Abschreckung Anteil daran, dass sich diese Entwicklung so vollzog und diese Wende in Europa möglich wurde. Die Konzepte der NATO waren immer von dem Gedanken geprägt gewesen, einen Krieg zu verhindern. Nur für den Fall des Scheiterns dieser Bemühungen wurde über Kriegsführungsstrategien nachgedacht. Das Motto lautete: Kämpfen können, um nicht kämpfen zu müssen.

»Mauerspechte« an der Berliner Mauer

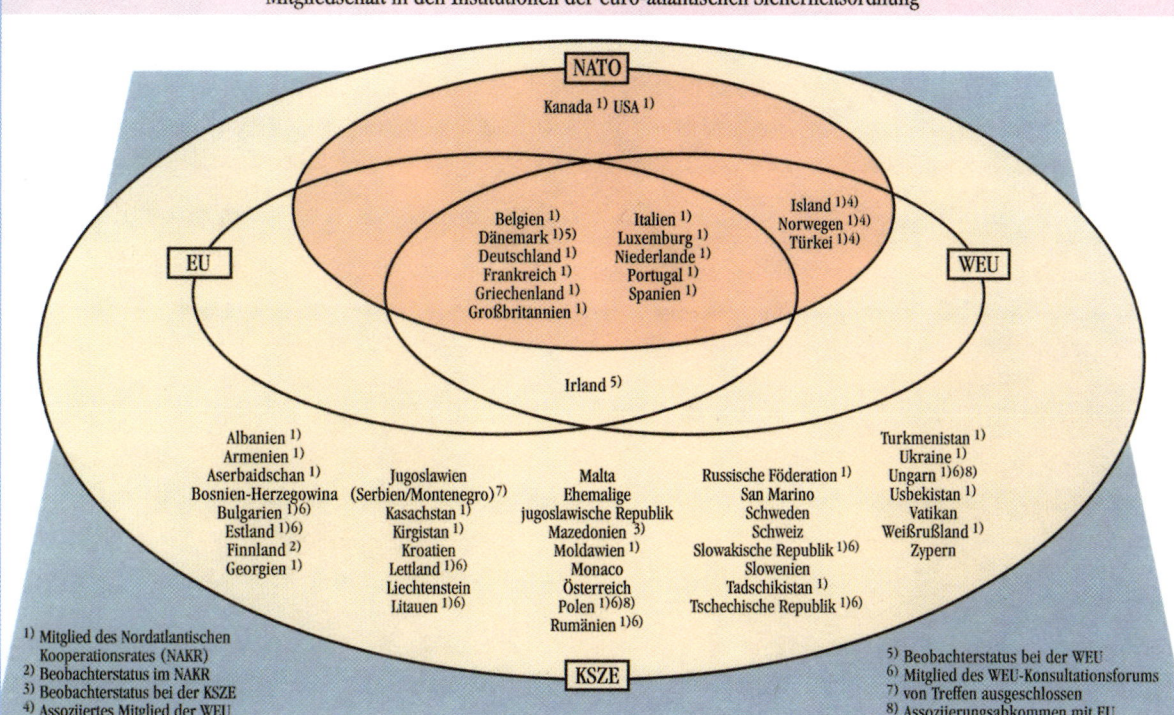

Mitgliedstaaten in
Institutionen
der euro-atlantischen
Sicherheitsordnung

Nach der »Wende« erfuhr man aus den dann zugänglichen Unterlagen der Nationalen Volksarmee (NVA), dass dort sehr intensiv an Kriegsführungsszenarien gearbeitet worden war. Dass der Sozialismus auch nach Westeuropa getragen werden musste, gehörte zur Ideologie. Während die NATO, und damit die Bundeswehr, ihre Verteidigung so organisierte, dass der Krieg erst dann beginnen würde, wenn Truppen des Warschauer Paktes bereits die Grenze überschritten hätten, spielten in den Übungsszenarien des östlichen Militärbündnisses westliche Städte eine wichtige Rolle.

In den 80er Jahren wurde ein Tonbandmitschnitt einer Übung der Warschauer-Pakt-Staaten veröffentlicht, in dem sehr deutlich westdeutsche Städtenamen genannt wurden. Die Stadt Braunschweig wurde hörbar buchstabiert, damit auch russische Soldaten sie auf den Straßenschildern lesen konnten. Westdeutsche Geheimdienstkreise waren nicht begeistert von dieser Veröffentlichung, weil sie befürchteten, dass dadurch ihre Aufklärungsmethoden bekannt werden. Aber dieses Tonband zeigte in der an Informationen interessierten Öffentlichkeit durchaus Wirkung. Später wurde dies durch das Aktenstudium noch viel deutlicher.

Viele meinten, mit der Wende sei für die Bundeswehr gleichsam die »bisherige Geschäftsgrundlage« entfallen. Das in diesen Monaten um sich greifende Gefühl der Sicherheit und des Wegfalls der Bedrohung durch die

Michail Gorbatschow mit Ex-Bundeskanzler Kohl und Ex-Außenminister Genscher bei einer Veranstaltung zum 10. Jahrestag des »Zwei-plus-Vier-Vertrages« am 12.09.2000 in Berlin.

Streitkräfte und die Ideologie des Warschauer Paktes ließ die Frage immer lauter werden, ob und, wenn ja, welche Streitkräfte das vor der Vereinigung stehende Deutschland noch benötigen werde. Die so genannte Friedensdividende wurde eingefordert, denn eine Verteidigung gegen einen Angriff aus dem Osten war nicht mehr nötig.

Die Bundesregierung und die Bundeswehrführung mussten sich nun mit der Frage auseinander setzen, was mit der Nationalen Volksarmee der DDR geschehen solle.

Die innereuropäischen Entwicklungen hatten es möglich gemacht, dass 1990 der Vertrag über konventionelle Streitkräfte in Europa (KSE) unterzeichnet werden konnte. Durch ihn wurden für schwere Waffen und Personal Obergrenzen eingeführt. Im Vorgriff auf die deutsche Vereinigung wählten die Verhandlungsführer bei den KSE-Gesprächen als Obergrenze der deutschen Streitkräfte die Formel »Eins plus eins gleich eins«. Die NVA wurde somit zahlenmäßig einfach gestrichen. Zuvor schon war durch die Vereinbarungen des Zwei-Plus-Vier-Vertrages die Personalstärke de

Bundeswehr für ganz Deutschland auf 370.000 Soldaten festgelegt worden. Diese Zahl hatten Bundeskanzler Helmut Kohl und der Präsident der Sowjetunion, Michail Gorbatschow, im Sommer 1990 ausgehandelt. Sie wurde in den KSE-Vertrag übernommen. Aber wie sollte dies konkret umgesetzt werden?

Im »Vertrag über die abschließende Regelung in Bezug auf Deutschland« (2+4-Vertrag) wurde der Umfang der Bundeswehr festgelegt. Die neuen gesamtdeutschen Streitkräfte durften insgesamt über 370.000 Soldaten verfügen. Deutschland verzichtete weiterhin auf die Herstellung und den Besitz von ABC-Waffen.

Die vielen Diskussionen, die zwischen den Regierungen der Bundesrepublik und der DDR, aber auch innerhalb der jeweiligen Streitkräfte geführt wurden, ließen zwei völlig entgegengesetzte Argumentationslinien erkennen: Die Vertreter der DDR und die Soldaten der NVA versuchten, möglichst viel von ihrer Streitkraft zu retten. Das gipfelte in dem Vorschlag des damaligen DDR-Ministers Rainer Eppelmann, der sich »Minister für Verteidigung und Abrüstung« nannte, demzufolge im vereinten Deutschland – zumindest für eine Übergangszeit – zwei Armeen bestehen bleiben sollten. Mit durchaus ähnlichen Motiven suchten die Vertreter der Bundesrepublik angesichts der vereinbarten Obergrenze, möglichst viele ihrer Soldaten in die neue Zeit überführen zu können. Hinzu kam vom Westen das Argument, die NVA sei eine politisch ausgerichtete Parteiarmee gewesen, deren Auftrag nicht die Sicherung des Friedens gewesen sei; ihr Ziel sei die Weltherrschaft des Kommunismus gewesen. Dem hielten wiederum die Vertreter der DDR entgegen: Die NVA habe ihre Reife bewiesen, da sie während des Umbruchs in der DDR in ihren Kasernen geblieben sei und nicht zu den Waffen gegriffen habe.

Letztlich setzten die westlichen Politiker ihre Auffassung durch. Die NVA wurde mit dem Vollzug der deutschen Einheit aufgelöst. Allerdings wurde den Soldaten der NVA die Übernahme in die Bundeswehr angeboten. Soldaten, vor allem Offiziere, die sich an der konzeptionellen Ausrichtung der NVA beteiligt oder deren Konzeption offen vertreten hatten – vor allem auch die Politoffiziere –, wurden allerdings nicht übernommen. Das betraf alle Generale und Admirale, auch die meisten Obersten. Von den 2.110 Obersten und Kapitänen zur See, die es im Oktober 1990 gab, blieben nur 28 im Dienst der Bundeswehr. Zuvor waren alle

Offiziere der NVA auf einem Einweisungslehrgang der Bundeswehr.

Generale und Admirale, die das 55. Lebensjahr vollendet hatten, noch von der DDR entlassen worden. Rund 13.000 Offiziere und 9.000 Unteroffiziere der NVA verließen bis Jahresende 1990 auf eigenen Antrag die Bundeswehr. Die Soldaten der NVA, die in der Bundeswehr Dienst tun konnten, wurden zunächst für zwei Jahre übernommen. Rund 12.000 Offiziere, ebenso viele Unteroffiziere sowie 1.000 Mannschaften bewarben sich für diesen Dienst. Übernommen wurden 6.000 Offiziere, 11.200 Unteroffiziere und 800 Mannschaften. Sie hatten fast alle das Ziel, als Berufssoldat von der Bundeswehr übernommen zu werden. Letztlich erfüllte sich dieser Wunsch für 3.027 Offiziere, 7.639 Unteroffiziere und 207 Mannschaften. Allerdings wurden sie ihrem Ausbildungsstand sowie dem bisherigen Einsatzspektrum entsprechend im Vergleich zur Bundeswehr eingestuft. In der Praxis bedeutete dies regelmäßig eine Herabstufung um einen bis zwei Dienstgrade. In der Bundeswehr waren Soldaten nicht so schnell befördert worden wie in der NVA, oder deren Verwendungsbreite war vergleichsweise schmaler gewesen. Soldaten aus den Grenztruppen wurden als Zivilisten übernommen, um am Abbau der innerdeutschen Grenzanlagen mitzuwirken. Sperrsysteme in einer Länge von 1.455 Kilometern und 818 Beobachtungstürme und Führungsstellen mussten abgebaut werden. Darin enthalten waren 136 km Grenzmauer. Die DDR hatte in der Zeit von 1961 bis 1985 rund 1,4 Millionen Minen verlegt. Beim Abbau der Minen fehlten nach den Protokollen rund 34.000 Stück. Somit war eine umfangreiche Nachsorge nötig, die ebenfalls durch die Bundeswehr zu leisten war.

Alle übernahmewilligen Soldaten aus dem Beitrittsgebiet wurden einer Überprüfung durch den bereits erwähnten »Unabhängigen Ausschuss Eignungsprüfung« und durch eine Abfrage beim Bundesbeauftragten für die Unterlagen des Staatssicherheitsdienstes der ehemaligen Deutschen Demokratischen Republik, nach ihrem damaligen Leiter schlicht »Gauck-Behörde« genannt, unterzogen. Diese Behörde verwaltete und wertete die Akten des ebenfalls aufgelösten Staatssicherheitsdienstes der DDR aus.

Während die Auflösung der NVA im Großen ohne organisatorische Pannen verlief, war sie im Kleinen doch nicht ganz reibungslos. Beispielsweise war der Beschluss, alle Kommandeure rechtzeitig vor dem »Tag der Einheit« über die Tatsache zu informieren, dass ihre Aufgabe ein Soldat der Bundeswehr übernehmen werde, nur unzureichend umgesetzt worden. Ein Beispiel für viele sei der Regimentskommandeur im thüringischen Bad Salzungen. Drei Tage vor der Vereinigung rief ihn ein Kamerad aus dem Westen an und bat, ihm für den nächsten Tag eine Unterkunft zu besorgen. Er übernehme seinen Posten. Auf dem offiziellen Dienstweg hatte der NVA-Offizier dies nicht erfahren. Er ging bis zu diesem Anruf davon aus, dass er auf seinem Posten bleiben solle. Das Problem in dieser Phase bestand darin, dass die Bundeswehrführung unter Generalinspekteur Dieter Wellershoff keine Befugnisse hatte, solche Informationen in die noch bestehende NVA zu geben, und dass die militärische Führung

Zur Verschrottung vorgesehene Panzer der ehemaligen NVA in Löbau.

der DDR in ihren letzten Amtstagen diese für den Betroffenen schlechte Nachricht nicht mehr weitergeben wollte. So kam es zu menschlichen Härten, die vermeidbar gewesen wären.

Am Tag der Vereinigung der beiden Staaten in Deutschland gehörten der Bundeswehr 585.000 Soldaten und 215.000 zivile Mitarbeiter an. Dazu gehörten 90.000 NVA-Soldaten, obwohl die theoretische Stärke der DDR-Streitkräfte damals 175.000 Mann betrug. Viele – vor allem Wehrpflichtige – waren im Unruhejahr 1989, und vor allem nach dem Mauerfall, der Einberufung einfach nicht mehr gefolgt. Hinzu kamen rund 47.000 zivile Mitarbeiter der NVA. In der DDR gab es zu diesem Zeitpunkt etwa 2.000 militärische Anlagen. Bis 1994 musste die Gesamttruppenstärke auf 370.000 Mann reduziert werden. Im Westen wurden mehr als 330 Dienststellen aufgelöst und mehr als 200 Standorte geschlossen. Im Osten waren es innerhalb weniger Monate 2.300 Dienststellen und 35 Standorte.

Die NVA hinterließ eine Fülle von Material: über 2.300 Kampfpanzer, knapp 9.000 gepanzerte Kampf- und Spezialfahrzeuge, mehr als 5.000 Artillerie-, Raketen- und Flugabwehrsysteme, etwa 700 Kampf- und Transportflugzeuge sowie Hubschrauber, 192 Kriegsschiffe und andere Marine-fahrzeuge. Damit nicht genug: Zur Hinterlassenschaft der NVA gehörten weiterhin über 100.000 Kraftfahrzeuge und Anhänger, mehr als 1,2 Millionen Handfeuerwaffen, rund 300.000 Tonnen Munition und 4.500 Tonnen Raketentreibstoff. Immer wieder stießen die Bundeswehrsoldaten auch auf große Bestände von Altöl und Treibstoffen, die alles andere als umweltschonend gelagert waren. Weiterhin fand die Bundeswehr große Mengen an Ersatzteilen, Sanitätsmaterial, ABC-Schutzmaterial, Fernmeldegerät, Pioniergerät, Baumaschinen und ähnliches vor. Auch für die persönliche Ausrüstung hatte die NVA weit vorgesorgt: Große Mengen an Bekleidung und für die Mobilmachung vorgesehenes Material befand sich in den Depots. All dies musste erfasst und dann entsorgt werden. Ein Teil des Geräts wurde für humanitäre Hilfe zur Verfügung gestellt. Es ging an staatliche Institutionen. Anderes übernahmen Verbündete als Ausrüstungs-unterstützung. Was auf dem freien Markt Interessenten fand, wurde verkauft. Ein großer Teil an Waffen und Munition musste aber delaboriert werden, was mit hohen Kosten verbunden war.

Die Auflösung der Nationalen Volksarmee wurde durch eine besondere Organisationsform gestaltet. Es wurde ein »Bundeswehrkommando Ost« gebildet. Seine Leitung übernahm der damalige Leiter des Planungsstabes im Verteidigungsministerium, Generalleutnant Jörg Schönbohm. Er hatte in seiner bisherigen Funktion großen Anteil an der Planung dessen gehabt, was er nun umsetzen sollte. Ihm unterstanden alle Verbände in

Verteidigungsminster Gerhard Stoltenberg mit dem Minister für Abrüstung und Verteidigung, Rainer Eppelmann, und Generalleutnant Jörg Schönbohm

Ostdeutschland. Damit war für die Zeit des Übergangs eine nicht nach Teilstreitkräften gegliederte Führung, sondern eine gemeinsame Führung für die gesamten Streitkräfte eingerichtet. Nach zwei Jahren wurden das Bundeswehrkommando Ost aufgelöst und die in den neuen Ländern stationierten Verbände in die Organisationsform der Bundeswehr überführt. Schönbohm wurde Inspekteur des Heeres, später Staatssekretär, danach Innensenator von Berlin, schließlich Innenminister in Brandenburg. Seine Erfahrungen im Bundeswehrkommando Ost brachten ihn aus der soldatischen in eine politische Laufbahn. Er ist der einzige General der Bundeswehr, der diesen Weg in die Politik so konsequent und so erfolgreich gegangen ist.

In den Folgejahren wurde die Bundeswehr ein wichtiges Element bei der Verwirklichung der inneren Einheit. Die NVA war in der Bevölkerung der DDR in hohem Maße unbeliebt gewesen. Die Bundeswehr konnte sehr schnell ihr Ansehen in der Bevölkerung aufbauen und steigern. Durch die allgemeine Wehrpflicht wurden viele junge Männer aus den »Neuen Ländern« in die Bundeswehr integriert. Sie wurden auch über die Landesgrenzen hinweg eingezogen, zum Teil auch in den alten Ländern. Durch ihre eigenen Erfahrungen mit der Bundeswehr verloren sie sehr schnell Berührungsängste gegenüber dem ehemaligen »Klassenfeind«. Nach wenigen Wochen war allenfalls noch am Dialekt zu erkennen, aus welchem Bundesland die Soldaten kamen. Hinzu trat, dass neue Herausforderungen von allen Soldaten gemeinsam bestritten werden mussten. Ein wesentlicher Nachteil war allerdings von Anfang an die unterschiedliche Bezahlung der Soldaten aus Ost und West. Die Besoldung der Bundeswehrsoldaten orientierte sich am Dienstrecht des öffentlichen Dienstes, der eine solche unterschiedliche Bezahlung – formal für eine Übergangszeit – vorsah. Nach 15 Jahren bestand dieses Problem immer noch, obwohl die Soldaten der Bundeswehr, die aus den neuen Ländern kommen, in allen Einsätzen der Bundeswehr ihren Mann standen.

Für die Bundeswehr ergab sich nach dem Fall der Berliner Mauer sehr schnell ein neues strategisches Umfeld. Die nicht mehr in Interessengebiete der USA und der Sowjetunion aufgeteilte Welt wurde in eine Vielzahl von regionalen, ethnischen und religiös motivierten Konflikten gestürzt, die durch die internationale Staatengemeinschaft befriedet oder gelöst werden mussten.

Damit war die Diskussion über eine Beteiligung der Bundeswehr an Auslandseinsätzen eröffnet. Sie wurde in der nun erweiterten Bundesrepublik sehr intensiv geführt. Dabei war klar, dass sich die Bundeswehr solchen Missionen nicht entziehen konnte.

7. Öffnung für neue Aufgaben

Was erlaubt das Grundgesetz?

Die Bundesrepublik Deutschland hielt sich über viele Jahre hinweg bei Einsätzen im Rahmen internationaler Bündnisse wie der UNO sehr zurück. Zunächst waren beide Staaten in Deutschland keine Mitglieder der UNO. Später spielte eine Rolle, dass man im Westen befürchtete, die Nationale Volksarmee der DDR sei an manchen Konflikten aktiv beteiligt gewesen. Es sollte verhindert werden, dass Soldaten aus der Bundesrepublik in eine Konfliktsituation zu Soldaten aus der DDR kommen.

Dies hat sich nach bis jetzt vorliegenden Erkenntnissen nicht voll bestätigt. Offen ist noch, ob die NVA in manchen Ländern mit Militärbeobachtern präsent war, die dort Ausbildungshilfe leisteten. Beim Einmarsch der Warschauer-Pakt-Truppen in die CSSR war die Volksarmee nach diesen Erkenntnissen nicht beteiligt. Sie stand aber, vor allem mit Logistikverbänden, in Bereitschaft und wäre gerufen worden, wenn dieser Einsatz länger gedauert oder heftiger abgelaufen wäre. Entsprechende Erkundungen der NVA hatten bereits stattgefunden.

Die Bundesregierungen verwiesen zur Begründung ihrer Zurückhaltung stets auf Art 87a, Absatz 1, Satz 1 des Grundgesetzes. Dort heißt es: »*Der Bund stellt Streitkräfte zur Verteidigung auf.*« Und in Art 87a, Absatz 2, Satz 1 Grundgesetz: »*Außer zur Verteidigung dürfen die Streitkräfte nur eingesetzt werden, soweit dieses Grundgesetz es ausdrücklich zulässt.*«

Internationale Einsätze unter den blauen Helmen der UNO, so die damalige Argumentation, gehörten nicht zu den Aufgaben der Landesverteidigung. Von daher seien solche Einsätze durch die Verfassung nicht erlaubt. Nach der Vereinigung gab die Bundesregierung diese Argumentation Schritt für Schritt auf, bis das Bundesverfassungsgericht die alte Auslegung der Verfassung abschließend verwarf.

Die Bundesregierung legte Wert darauf, dass die deutsche Öffentlichkeit die ersten Einsätze als humanitäre Missionen verstand, wenngleich die Bundeswehr schon in die Kommandostrukturen der UN-Missionen eingebunden war. In Kambodscha setzte die Bundeswehr lediglich Sanitätssoldaten ein, später in Somalia Logistikverbände. Erst bei der Durchsetzung des Embargos gegen das damalige Jugoslawien musste die Frage einer Beteiligung entschieden werden. Dort ließ sich der Schein einer rein humanitären Hilfe nicht mehr wahren.

Das Bundesverfassungsgericht musste nun entscheiden. Der juristische Streit ging um die Frage, ob Art. 87a des Grundgesetzes einen Einsatz außerhalb reiner Verteidigungsbemühungen verbot, wie ein Teil der Juristen behauptete. Die Gegenmeinung argumentierte, dass Art. 87a sich auf innerstaatliche Verhältnisse bezog und einen Einsatz der Bundeswehr im Inneren ausschloss. Des Weiteren verwiesen sie auf Art. 24, Abs. 2 Grundgesetz: »Der Bund kann sich zur Wahrung des Friedens einem System gegenseitiger kollektiver Sicherheit einordnen; er wird hierbei in die Beschränkungen seiner Hoheitsrechte einwilligen, die eine friedliche und dauerhafte Ordnung in Europa und zwischen den Völkern der Welt herbeiführen und sichern.«

Dieser Streit spaltete auch die damalige Regierungskoalition. Außenminister Hans-Dietrich Genscher und seine Partei, die FDP, vertraten die Meinung, dass Auslandseinsätze nicht durch das Grundgesetz gedeckt seien.

Humanitäre Hilfe in Äthiopien 1974

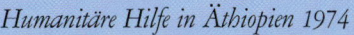

Sie forderten eine Änderung des Grundgesetzes, da sie politisch die Einsätze für richtig und nötig erachteten. Verteidigungsminister Volker Rühe (CDU) und die Union im Deutschen Bundestag vertraten die Gegenmeinung. Die Union setzte sich in der Bundesregierung mehrheitlich durch. Deswegen rief die FDP ebenso wie die SPD-Opposition das Bundesverfassungsgericht an, allerdings nicht gemeinsam, sondern mit jeweils eigenen Schriftsätzen. Die Verfassungsrichter gaben 1994 dem Verteidigungsminister und der Union Recht. Nach Art. 24 Grundgesetz ist eine Beteiligung an Missionen, die von internationalen Organisationen, denen Deutschland beigetreten ist, zulässig, wenn der Deutsche Bundestag dieser Mission zugestimmt hat.

Die internationale Staatengemeinschaft hatte die anfängliche Zurückhaltung der Bundesrepublik Deutschland akzeptiert. Trotzdem gab es immer wieder Anfragen. So flog die Bundeswehr bereits in den 70er Jahren Material für die UN-Truppen in den Nahen Osten. 1978 brachten deutsche Transportflieger nepalesische Soldaten im Auftrag der UNO zum Einsatz im Libanon und norwegische UN-Friedenstruppen von Oslo nach Tel Aviv. Ansonsten beteiligte sich die Bundeswehr immer wieder an humanitären Missionen, z. B. bei der Hilfe nach Naturkatastrophen. Diese Einsätze waren politisch unumstritten, sodass zu Beginn der militärischen Einsätze diese Begründung immer wieder herangezogen wurde, um die Zustimmung des Parlaments auch vor der höchstrichterlichen Entscheidung zu erhalten.

Den Vorreiter für Einsätze unter dem Kommando der UNO bildete der Bundesgrenzschutz. Im August 1989, also noch vor der Vereinigung Deutschlands, war eine BGS-Einheit in Namibia zur Unterstützung der dortigen Wahlen im Einsatz. Auch hier übernahm die Bundeswehr Transportaufgaben. Über die Entsendung von BGS-Beamten gab es keine verfassungsrechtliche Diskussion, obwohl der Auftrag des BGS eigentlich ausschließlich in der Sicherung der Außengrenzen der Bundesrepublik Deutschland bestand. Der Bundsgrenzschutz nahm später an vielen Auslandsmissionen der UNO teil und übernahm dort Polizeiaufgaben oder bildete Polizisten aus.

8. Der Weg in die internationale Verantwortung

Die Beteiligung der Bundeswehr an UN-Missionen begann 1991 mit dem Einsatz der Bundeswehr in Kambodscha. Mehr und mehr wurde die Bundeswehr mit ihren Einsätzen zu einem Instrument deutscher Außenpolitik. Auf diese Weise sollten die Interessen Deutschlands und ein Mitspracherecht in der Welt gesichert werden. Aufgrund seiner Wirtschaftskraft und seiner politischen Bedeutung strebte Deutschland auch einen Sitz im UN-Sicherheitsrat an. Zunächst mussten aber die Truppe und die deutsche Öffentlichkeit an diese neue Rolle gewöhnt werden. Behutsam wurden deswegen die neuen Aufgaben übernommen. Dieser Weg lässt sich an den folgenden Beispielen darstellen:

Irak-Krieg 1990

Während in Deutschland die Fragen der Einheit das politische Denken und Wirken nahezu ausschließlich prägten, wurde die Welt durch den Überfall des Irak auf Kuwait am 2. August 1990 erschüttert. Der Irak wollte das ölreiche Land annektieren, um damit seine Basis als Ölexporteur zu stärken. Die Annexion wurde von der UNO verurteilt. Eine Staatenkoalition unter Führung der USA und Großbritanniens führte einen Krieg zur Befreiung Kuwaits.

Trotz entsprechender Anfragen aus den USA beteiligte sich die Bundesrepublik nicht an diesem Krieg. Allerdings nutzten die USA weitgehend ihre Basen in Mitteleuropa, vor allem den Flughafen Ramstein bei Kaiserslautern, für ihren Truppenaufmarsch. Mit tatkräftiger Unterstützung der Bundeswehr wurde Deutschland zur logistischen Drehscheibe der Golfkriegskoalition. Luftabwehreinheiten der ehemaligen NVA wurden nach Ramstein verlegt, damit sie den Piloten der Allianz bei Übungen als Gegner dienen konnten. Die NVA hatte über die gleichen Flugabwehrsysteme wie die irakische Armee verfügt und nach denselben Verfahren gearbeitet. Der Irak war lange ein Verbündeter der Sowjetunion und nutzte daher russisches Wehrmaterial und russische Einsatzgrundsätze – wie die NVA auch. Für manch einen Soldaten aus der ehemaligen NVA war dieser Auftrag nicht leicht zu erfüllen, da er der Vorbereitung eines Krieges gegen einen früheren Verbündeten diente.

Die NATO verstärkte während der Zeit ihre Präsenz an den Rändern des Konfliktgebietes. So wurden NATO-Verbände in die Türkei verlegt, um das NATO-Mitglied Türkei vor eventuellen Vergeltungsschlägen des Iraks zu schützen. Die USA flogen einen Teil der Angriffe von türkischen Stützpunkten aus. Zudem wurde die NATO-Flotte im Mittelmeer verstärkt, um dort vor einer Ausweitung des Konflikts durch den Irak abzuschrecken. An diesen NATO-Missionen beteiligte sich die Bundeswehr. Das gehörte allerdings auch zu den Bündnispflichten. In Deutschland gab es eine kurze Diskussion darüber, ob ein irakischer Angriff auf die Türkei nicht als ein provozierter zu gelten habe, für den der NATO-Vertrag die Beistandspflicht nicht begründe. Dies zeigt, dass die Debatte um Auslandseinsätze im Rahmen der neuen Herausforderungen noch nicht zu Ende war.

Obwohl die Bundesrepublik auf diese Weise mittelbar an der Vorbereitung des Krieges beteiligt war und den Feldzug logistisch unterstützte, forderten die USA eine finanzielle Beteiligung an den Lasten dieses Krieges. Dafür zahlte die Bundesregierung rund 17,2 Milliarden Mark (8,794 Milliarden Euro) an die USA.

Danach wuchs die Bundeswehr immer mehr in internationale Missionen hinein. Nach dem Urteil des Bundesverfassungsgerichts vom 20. Juli 1994 war die juristische Frage einer Beteiligung der Bundeswehr an internationalen Einsätzen geklärt. Bereits vorher waren die Einsatzoptionen behutsam ausgeweitet worden. Nach dem Spruch des Karlsruher Gerichts gab man die bisherige Zurückhaltung langsam auf und beteiligte sich immer mehr an Auslandseinsätzen. Dies ging einher mit einer Veränderung der NATO-Strategie (siehe dort). Die Bundeswehr, aber auch die deutsche Öffentlichkeit wurden Schritt für Schritt an die neue Wirklichkeit herangeführt. Der Einsatz wurde zum Normalfall für die Truppe.

Minenräumen im Persischen Golf

Nach dem Ende des ersten Irak-Krieges (17.1.–28.2.1991) musste der Persische Golf von Minen befreit werden, die der Irak vor kuwaitischen Gewässern verlegt hatte, um den Schiffsverkehr, vor allem den Abtransport von Öl aus dem Scheichtum, zu verhindern. Die Westeuropäische Union bot an, diese Aufgabe zu übernehmen. Die Marine der Bundesrepublik hatte seit jeher einen Schwerpunkt auf die Beseitigung von Minen gelegt und verfügte über besonders leistungsfähige Boote. Deshalb forderte die WEU bei der Zusammenstellung ihrer Minenräumflotte auch bundesdeutsche Schiffe an. Da zu diesem Zeitpunkt die Diskussion in Deutschland noch immer in der zurückhaltenden Position verharrte, wurde der Einsatz als humanitäre Hilfe bezeichnet. Damit sicherte sich die damals

Schnelles Minensuchboot im Einsatz

regierende Koalition aus CDU/CSU und FDP eine breite Zustimmung im Parlament.

Kambodscha

Zur medizinischen Betreuung von UN-Mitarbeitern in Kambodscha entsandte die Bundeswehr am 6. November 1991 zunächst sechs, später 15 deutsche Sanitätsoffiziere und -unteroffiziere nach Phnom Penh. Die UN-Blauhelm-Mission war eingerichtet worden, um nach einem langen Bürgerkrieg in Kambodscha einen Waffenstillstand abzusichern und den Wiederaufbau der Zivilgesellschaft zu ermöglichen. 15.900 Soldaten wurden dort insgesamt eingesetzt. Als die UNO 1992 die Ausweitung der medizinischen Versorgung beschloss, bat sie die Bundesrepublik Deutschland um die Übernahme dieser Aufgabe. Die Bundesregierung entsprach dieser Bitte.

Die Zustimmung des Bundestages erreichte die Bundesregierung wiederum mit dem Hinweis, es handele sich um eine humanitäre Aufgabe – schließlich sorgten sich die Bundeswehrmediziner in Kambodscha »nur« um die medizinische Versorgung der uniformierten und zivilen Mitarbeiter der UNO. Zudem könne die Bundeswehr im Rahmen freier Kapazitäten auch der örtlichen Bevölkerung helfen. Die Sanitätskräfte wurden formell nicht der UNO unterstellt, waren aber »auf gute Zusammenarbeit« mit den UN-Behörden angewiesen. Die Soldaten der Bundeswehr trugen das blaue Barett der UNO. Sie waren auch rechtlich den Soldaten anderer Nationen gleichgestellt, die der UNO auch formell unterstanden. Insofern war die formelle Nichtunterstellung eine juristische Sonderkonstruktion, die nur in Deutschland, nicht aber im Einsatzland Bedeutung hatte.

Die Bundeswehr baute in Phnom Penh ein Krankenhaus auf. Dort wurden sowohl UN-Mitarbeiter wie auch Kambodschaner medizinisch versorgt. Gelegentlich mussten die Bundeswehr-Mediziner auch außerhalb des Krankenhauses tätig werden, wenn die UN-Mitarbeiter in Konflikte geraten waren. Der Einsatz dort dauerte vom 22. Mai 1993 an 18 Monate. Es wurden mehr als 3.500 Patienten stationär versorgt und rund 95.000 ambulant behandelt.

Die Kontingente wurden nach jeweils sechs Monaten ausgewechselt, sodass ins-

Deutsches Militärhospital in Phnom Penh

gesamt 450 Soldatinnen und Soldaten nach Kambodscha geschickt wurden. Als die Bundeswehr ihren Einsatz beendete, ließ sie die Ausstattung für das Krankenhaus zurück. Eine Rückführung wäre zu teuer geworden. Allerdings fand sich niemand, der dieses Krankenhaus langfristig weiter betreiben wollte.

Für die Bundeswehr jedoch bedeutete die Kambodscha-Mission einen gelungenen Einstieg in die internationalen Aufgaben. Er zog weitere Anforderungen nach sich und begründete den sehr guten Ruf der deutschen militärischen Sanitätsversorgung, der sich bis heute gehalten hat.

Sanitätsfeldwebel Alexander Arndt kam bei diesem Einsatz ums Leben. Er wurde aber nicht Opfer der Auseinandersetzung zwischen den Konfliktparteien, sondern eines kriminellen Anschlags in Phnom Penh. Obwohl er nicht im Einsatz direkt gefallen ist, bildete sein Tod für die Bundeswehr und die Gesellschaft eine Zäsur: Er wurde mit einem Staatsbegräbnis geehrt.

Embargo-Überwachung in der Adria

Die UNO verhängte 1992 ein umfassendes Embargo gegen die Bundesrepublik Jugoslawien, da die jugoslawische Armee die unabhängig gewordenen Nachbarstaaten mit Militärgewalt in den jugoslawischen Staat zurückholen wollte. Die Bundeswehr beteiligte sich an der Embargoüberwachung mit Aufklärungsflugzeugen. Deutsche Soldaten wirkten auch in dem multinationalen AWACS-Aufklärungsverband gegen das ehemalige Jugoslawien mit.

Überwachung des Schiffsverkehrs der Adria.

Nach dem 1995 im US-amerikanischen Dayton ausgehandelten Friedensvertrag stellte die Bundeswehr ein Kontingent für die »International Force« IFOR, die in Bosnien-Herzegowina den Frieden sichern sollte. Zunächst waren die deutschen Truppen noch in Kroatien stationiert, weil man mit Rücksicht auf die Geschichte und die innenpolitischen Befindlichkeiten noch nicht direkt in das Konfliktgebiet einrücken wollte. Ab Februar 1996 dienten dort deutsche Soldaten. Später wurde aus der IFOR die SFOR (Stabilization Force). In dieser Phase übernahm die Bundeswehr gemeinsam mit den französischen Streitkräften die Verantwortung für einen Bezirk in Bosnien. Nun wurde die Bundeswehr auch direkt im Einsatzgebiet in

Transportfahrzeuge der Bundeswehr in Somalia
Wasseraufbereitung für die Bevölkerung

Rajlovacz, in der Nähe Sarajevos, stationiert. Als 2004 die EU diese Mission übernahm, blieben die deutschen Soldaten dort.

Somalia

1993 übernahm die UNO eine Mission in Somalia. Rebellengruppen, die sich gegenseitig bekämpften, hatten dort jegliche Ordnung zerstört. Das Land drohte in Hunger und Elend zu versinken. Um eine Hungerkatastrophe abzuwehren, kam die UNO ins Land. Die Bundeswehr stellte, neben einem Sanitätskontingent, einen Logistikverband. Sie sollte in Belet Huen, einer Provinzhauptstadt außerhalb der Hauptstadtregion um Mogadischu, ein indisches und ein italienisches Kontingent unterstützen. Die Provinz galt als eine der gefährlichsten Regionen Somalias. Dort sollten die indischen Soldaten, unterstützt von der Bundeswehr und den italienischen Streitkräften, für Ruhe und Ordnung sorgen und beim Wiederaufbau helfen. Die deutschen Soldaten trafen lange vor dem indischen Kontingent ein. Deshalb halfen sie zunächst der örtlichen Bevölkerung, ihre Lebensbedingungen zu verbessern. Sie richteten Wasseraufbereitungsanlagen ein und betrieben in Belet Huen ein Krankenhaus, das sehr schnell weit über die Grenzen der Einsatzregion hinaus hohe Anerkennung fand. Darüber hinaus versorgte die deutsche Luftwaffe die notleidende Bevölkerung mit Lebensmitteln. So sorgte sie im Einvernehmen mit den örtlichen Stammesführern für ein Stück Stabilität. Die Unterstützung der Italiener füllte die Bundeswehr jedoch nicht aus. Die indischen Verbände kamen nie nach Belet Huen, sodass die eigentliche Mission während der Einsatzzeit nicht erfüllt werden konnte. Die UNO-Mission wurde abgebrochen, als in Mogadischu Übergriffe gegen die dort eingesetzten amerikanischen Soldaten die US-Regierung zum fluchtartigen Abzug ihrer Truppen veranlasste.

In Deutschland wurde auch diese Mission mit humanitären Motiven begründet. Allerdings stand auch hier nicht die Hilfe für die örtliche Bevölkerung im Mittelpunkt, sondern die logistische Unterstützung der UN-Verbände. Es trat das Argument hinzu, dass man die UNO stärken wolle.

Als die US-amerikanischen Soldaten Hals über Kopf das Land verließen, musste der Einsatz der Bundeswehr genauso schnell abgebrochen werden. Der Abzug der Kräfte war problematisch, weil die Sicherheit im mittlerweile verlassenen Mogadischu nicht mehr gewährleistet war, und die deutschen Soldaten das Land nur über die Hauptstadt verlassen konnten. Sie und wichtiges Gerät wurden von der Marine aufgenommen und abtransportiert. Wie zuvor in Kambodscha, blieben auch in Somalia die Einrichtungen zurück, die die Bundeswehr geschaffen hatte, ohne dass sie von anderen übernommen wurden. Rund 1.700 Soldaten waren in Somalia im Einsatz, der bis zum 31. März 1994 dauerte.

Irak

Nachdem der Irak alle Resolutionen des UN-Sicherheitsrats im Zusammenhang mit der Kuwaitkrise angenommen hatte, endete der Krieg. Bagdad hatte zugestimmt, dass Inspektionsteams der UNO überprüfen sollten, ob das Land über Materialien, Produktionsstätten oder Arsenale verfügte, in denen biologische, chemische oder nukleare Waffen hergestellt werden konnten, oder ob solche Waffen selbst, bzw. die Trägersysteme zu ihrem Einsatz, im Irak lagerten. Für den Transport der Inspektionsteams, die in Bahrain ihr Hauptquartier aufgeschlagen hatten, benötigte die UNO Transporthubschrauber.

Mit der Bereitstellung dieser Transporthubschrauber übernahm die Bundesrepublik Deutschland erneut eine neue Aufgabe im Spektrum der UN-Einsätze. Hinzu kamen Transportaufgaben anderer Art und die Evakuierung möglicher Verletzter oder Kranker. Von August 1991 bis September 1996 waren jeweils rund 40 Bundeswehrsoldaten mit ihren Hubschraubern im Einsatz, zum Teil in Bahrain, zum Teil auch in Bagdad.

Krieg gegen Serbien

Nachdem die serbische Armee im ersten Vierteljahr 1999 einen großen Teil der albanischen Bevölkerung aus dem Kosovo vertrieben hatte, beschloss die NATO, weitere Vertreibungen durch Militärschläge gegen die serbische Armee und die serbische Staatsführung in Belgrad zu beenden. Deutschland war, neben Italien, wie schon in den vorherigen Krisen im ehemaligen Jugoslawien das Hauptzielland der Flüchtlinge aus dem Kosovo. Deshalb hatte Deutschland ein großes Interesse an der Beendigung dieser Vertreibungen. Diese Flüchtlingsbewegung – argumentierte die Bundesregie-

Transporthubschrauber im Einsatz für UN-Beobachter

ECR-Tornados während des Kosovoeinsatzes

rung – stelle nicht nur eine Verletzung von Menschenrechten im Kosovo selbst dar, sondern sei zudem geeignet, die innere Stabilität in der Bundesrepublik Deutschland zu gefährden.

Die Bundesrepublik beteiligte sich deshalb am Luftkrieg gegen die Serben in der Zeit vom 24.04. bis zum 10.06.1999. Die Luftwaffe stellte neben Aufklärungsflugzeugen des Typs RECCE auch ECR-Tornados, die die gegnerische Luftverteidigung früh erkennen und unterdrücken konnten. Über diese Fähigkeit verfügen nur wenige NATO-Staaten. Die Bundeswehr beendete diesen ersten Kriegseinsatz deutscher Soldaten nach dem Zweiten Weltkrieg ohne Verluste und gewann hohe Reputation und Anerkennung innerhalb der Allianz.

Einsatz im Kosovo

Am 10. Juni 1999 gehörte ein Bundeswehrkontingent zu den ersten Einheiten der NATO-geführten KFOR (Kosovo Force), die ins Kosovo einrückten. Sie sollten zunächst den Abzug der serbischen Armee aus der Provinz überwachen. Die Konfliktparteien sollten getrennt und der staatliche Wiederaufbau organisiert werden. Dazu gehörten die Befriedung des Landes und die Schaffung eines sicheren Umfelds, in dem Serben und Albaner künftig in Frieden miteinander leben könnten. Die zivile Verwaltung übernahm ein Sonderbeauftragter der UNO.

Die Bevölkerung begrüßt die Kosovo-Force.

Zum 50. Jubiläum der Gründung der Bundeswehr war diese Aufgabe immer noch nicht erledigt. Die ethnischen Spannungen dauern an. Die Albaner wollen die Serben, die sie jahrzehntelang unterdrückten, nicht länger dulden. Zudem will die Mehrheit von ihnen ein unabhängiges albanisches Kosovo schaffen. Dazu konnte sich die Staatengemeinschaft aber nicht bereit finden. Im Frühjahr 2004 kam es zu heftigen Unruhen mit Toten, wodurch die instabile Lage im Kosovo nochmals verdeutlicht wurde.

Der Einsatz im Kosovo glich seiner Aufgabe nach den Missionen in Somalia und Bosnien-Herzegowina. Für die Bundeswehr war es das erste Mal, dass sie von Anfang an in einer solchen Mission für einen wesentlichen Teil des Gebietes voll verantwortlich wurde. Zweimal hat bis zum Erscheinen dieser Chronik die Bundeswehr, mit den Generalen Klaus Reinhardt und Holger Kammerhoff, den Kommandeur der »Kosovo Force« (KFOR) gestellt. Beide kommandierten zu diesem Zeitpunkt einen NATO-Verband.

Afghanistan

Nach den Terroranschlägen auf New York und Washington am 11. September 2001 bekämpfte eine Staatenkoalition unter der Führung der USA und Großbritanniens, ermächtigt durch ein Mandat des UN-Sicherheits-

Patrouillenfahrt im zerstörten Kabul

rates, das Talibanregime in Afghanistan. Das islamistische Regime hatte das El-Kaida-Netzwerk ins Land geholt und ihm erlaubt, dort Ausbildungslager zu unterhalten und militärische Stellungen zu errichten. Nach dem Ende des Krieges gegen die Taliban und El Kaida in Afghanistan war die islamistische Regierung entmachtet. Erneut musste die Staatengemeinschaft den Wiederaufbau des Staates organisieren. Sie musste für ein stabiles Umfeld für ein geordnetes ziviles Leben sorgen. Seit der Jahreswende 2001/2002 ist die Bundeswehr auch an dieser Internationalen Sicherheitsunterstützungstruppe Afghanistan (ISAF) beteiligt. Über lange Zeit hinweg stellte sie die meisten Soldaten.

In Afghanistan hatte die Bundeswehr die bislang größten Opfer zu beklagen. Bei einem Selbstmordanschlag am Pfingstsamstag 2003 verloren vier Soldaten ihr Leben, 33 wurden zum Teil sehr schwer verletzt. Dies war das zweite Mal, dass Soldaten durch das Einwirken einer Konfliktpartei ums Leben kamen oder verletzt wurden. Zuvor waren im Jahr 2002 bei einem Hubschrauberabsturz und bei der Entschärfung einer Bombe, die noch aus Zeiten des Krieges der sowjetischen Armee gegen Afghanistan stammte, 12 Soldaten ums Leben gekommen, acht wurden verletzt.

Zum 50jährigen Jubiläum der Bundeswehr dauerte dieser Einsatz noch an.

Enduring Freedom

Nach den Anschlägen vom 11. September 2001 in New York und Washington wurde von der UNO zu einem weltweiten Krieg gegen den Terrorismus aufgerufen. An diesem weltweiten Unternehmen mit dem Operationsnamen »Enduring Freedom« beteiligte sich die Bundeswehr:
– Sie verfolgte und bekämpfte mit Spezialkräften verbliebene Taliban- und El Kaida-Zellen in Afghanistan. Dieser Einsatz erfolgte zum Teil zeitgleich zum Friedenseinsatz unter dem ISAF-Mandat.
– Sie überwacht langfristig Seewege vor der afrikanischen Küste und verstärkte die Präsenz der NATO-Flotten im Mittelmeerraum.

Damit engagierte sich die Bundeswehr innerhalb von weniger als zehn Jahren in allen Bereichen des Einsatzspektrums der UNO: Von de

Die Marine überwacht die Seewege vor der afrikanischen Küste.

reinen Blauhelmaufgabe, also der Sicherung eines formal bestehenden Friedensabkommens, bis hin zum Kriegseinsatz. In verschiedenen Missionen übernahm sie Führungsaufgaben. Sie erwarb sich international einen guten Ruf, vor allem durch ihre Spezialfähigkeiten. Dazu gehören das Minensuchen und -räumen, die Sanitätsversorgung, der ABC-Abwehrschutz, das Entdecken und Bekämpfen von gegnerischer Luftaufklärung und -verteidigung sowie die zivil-militärische Zusammenarbeit. Besondere Stärken entwickelte die Bundeswehr bei der Zusammenarbeit mit den zivilen Stellen der Einsatzländer. Die Soldaten vermochten schnell andere Kulturen zu verstehen, sich in sie einzuleben und entsprechend befriedend zu wirken.

Allerdings gab es immer starke nationale Auflagen, die die Bundesregierung nicht aufzugeben bereit war. So durften z.B. die im Rahmen von Enduring Freedom eingesetzten Marineverbände nur dann Regelverstöße von aufgebrachten Schiffen selbst ahnden, wenn diese im konkreten Zusammenhang mit Terroraktivitäten standen – »einfache« Piraten musste sie ziehen lassen oder Verbündete herbeirufen.

Deutsche Beteiligung bei UN-, NATO- und EU-Einsätzen

Irak 1991–1996
UNSCOM im Irak
(United Nations Special Commission, Transport der Inspekteure)

Kambodscha 1992–1993
UNTAC
(United Nations Transitional Authority in Cambodia)

Somalia 1993–1994
UNOSOM II
(United Nations Operation in Somalia)

Georgien 1994–dauert bei Erscheinen noch an
UNOMIG

Ruanda 1994
UNAMIR
(United Nations Assistance Mission for Rwanda)

Bosnien-Herzegowina 1995–2004
Zunächst IFOR
(Implementation Forces, NATO)
Ab 1996 SFOR (NATO) überwachte die Einhaltung der Rüstungskontrollabkommen für Bosnien-Herzegowina
Jetzt: Althea (EU)

Jugoslawien 1999
ALLIED FORCE
(NATO-Operation, Kosovo-Krieg)

Kosovo 1999–dauert bei Erscheinen noch an
KFOR (NATO)

Osttimor 1999–2000
INTERFET (UNO)

Enduring Freedom seit 2001–dauert bei Erscheinen noch an
Anti-Terrorkampf in mehreren Regionen

Kuwait 2002–2003
Beteiligung an der Operation Enduring Freedom (OEF) mit ABC-Abwehrkräften

Mazedonien März–Dezember 2003
Beteiligung an der EU-Operation (CONCORDIA)

Kongo/Uganda Juni–September 2003
Unterstützung der UN-Operation Artemis

Sudan 2004/05
Unterstützung Mission AMIS in Darfur

Sudan 2005–dauert bei Erscheinen noch an
UNMIS
(Unterstützung Mission der Arabischen Liga im UN-Auftrag, Sicherung des Waffenstillstands)

9. Neuorientierung der Bundeswehr

Verkleinerung der Bundeswehr

Die Bundeswehr setzte mit ihrer Beteiligung an internationalen Einsätzen die neue NATO-Strategie um. Die NATO-Gipfelkonferenz von Rom hatte im Oktober 1991 ein erstes neues strategisches Konzept beschlossen. Darin wurde eine traditionelle Bedrohung des NATO-Gebietes als unwahrscheinlich, aber nicht unmöglich eingeschätzt. Hinzu kamen aber neue Risiken, auf die schnell reagiert werden muss. Diese waren geographisch nicht begrenzt und in aller Regel nicht im Bündnisgebiet zu suchen. Die NATO reformierte ihre Militärstruktur und reduzierte gleichzeitig ihre Streitkräfte. Die zur Verfügung stehenden Verbände sollen in einem begrenzten, aber militärisch bedeutsamen Umfang Sofort- und Schnellreaktionskräfte von Heer, Luftwaffe und Marine umfassen. Die neuen wesentlichen Kriterien der Streitkräftestruktur wurden Mobilität, Aufwuchsfähigkeit und Multinationalität.

Dem versuchte die Bundeswehr zunächst durch die Unterteilung in Krisenreaktionskräfte mit rund 50.000 Soldaten und in Hauptverteidigungskräfte mit 290.000 Soldaten Rechnung zu tragen. Neben dem Eurokorps, einem deutsch-amerikanischen, einem amerikanisch-deutschen und dem deutsch-niederländischen Korps, wurde 1999 ein deutsch-dänisch-polnisches Korps mit Sitz im polnischen Szczezin (Stettin) gebildet. Zudem beteiligt sich Deutschland an der schnellen Eingreiftruppe der NATO, ARRC (Allied Rapid Reaction Corps), in Mönchengladbach, das von einem britischen General geführt wird.

Die neuen Herausforderungen

Als sich die Bundeswehr in die neuen Aufgaben einzufügen begann und die deutsche Öffentlichkeit sich daran gewöhnte, dass deutsche Soldaten weit entfernt von ihrer Heimat ihren Dienst versehen, folgten die konzeptionellen Grundlagen der Praxis. 1994 verabschiedete die Bundesregierung zunächst ein Weißbuch, dann legte das Verteidigungsministerium konzeptionelle Leitlinien vor, die die neue Unterteilung anordneten. Diese Dokumente setzten die geänderten sicherheitspolitischen Bedingungen

»Zukünftig muss aber politisches und militärisches Krisen- und Konfliktmanagement im erweiterten geographischen Umfeld eindeutig im Vordergrund unserer Maßnahmen zur Sicherheitsvorsorge stehen.« (BMVg, VPR, 26.11.1992 S. 16)

die gewachsene internationale Verantwortung Deutschlands, die deutschen außen- und sicherheitspolitischen Interessen und das erweiterte Aufgabenspektrum der Streitkräfte in innerstaatliche Grundlagen und Handlungsanweisungen um. In allen Dokumenten wird bekräftigt, dass die Fähigkeit zur Landesverteidigung auch weiterhin eine der Kernaufgaben der Streitkräfte bleibt.

Trotz der neuen Aufgaben, die die Bundeswehr zu übernehmen hatte, unterlag der Verteidigungshaushalt dem Sparzwang. Die Bundesregierung musste in diesen Jahren den Aufbau der neuen Bundesländer mit anderen Erfordernissen in Einklang bringen. Trotz dieser Einschränkungen sollte die Bundeswehr in ihrer Ausrüstung auf die neuen Herausforderungen zugeschnitten werden. Sie benötigte vor allem leicht verlegbares Gerät, mit dem die Aufgaben der Friedenssicherung fern von Deutschland zu leisten sind. Da bisher das Einsatzgebiet der Bundeswehr nahezu ausschließlich Mitteleuropa war, gab es einen beträchtlichen Nachholbedarf. Einiges Material konnte aus den Arsenalen der aufgelösten NVA genutzt werden. Dies belegt, dass die NVA durchaus auch für Aufgaben außerhalb Mitteleuropas ausgerüstet gewesen war. Dennoch führte der Umrüstungsbedarf zu ernsthaften Haushaltsproblemen. Da die Bundesregierung davon ausging, dass sie für die Wahrnehmung internationaler Aufgaben weniger Soldaten benötige, lag es nahe, über Personaleinsparungen ein Mindestmaß an Spielraum wiederzugewinnen. So wurde 1995 der Friedensumfang auf eine Größenordnung von 340.000 Soldaten verringert, wobei die Streitkräfte bei Bedarf auf 370.000 Soldaten im Frieden aufwachsen konnten und über einen Verteidigungsumfang von 650.000 bis 700.000 Soldaten verfügten.

In der zweiten Hälfte der 90er Jahre zeigten die Jugoslawienkrise und Konflikte in anderen Regionen der Welt, dass die Anforderungen an die Streitkräfte der Staatengemeinschaft im Bereich der Friedenssicherung immer mehr zunahmen. Auch die Bundeswehr sah sich der Situation gegenüber, dass sie immer wieder um Bereitstellung von Soldaten für solche Einsätze gebeten wurde. Es stellte sich in diesem Zusammenhang heraus, dass die Umorganisation und die Aufteilung in Krisenreaktions- und Hauptverteidigungskräfte nicht den für alle überraschend schnell wachsenden Anforderungen gerecht wurde.

Im Koalitionsvertrag der 1998 neu gebildeten rot-grünen Regierung wurde vereinbart, das aus dem Gleichgewicht geratene Kräftedreieck: Auftrag – finanzielle Mittel – Struktur grundlegend zu überprüfen. Auf der Grundlage dieser Revision sollte eine neue Konzeption entwickelt werden. Verteidigungsminister Rudolf Scharping (SPD) berief eine Kommission »Gemeinsame Sicherheit und Zukunft der Bundeswehr«, die unter dem Vorsitz des früheren Bundespräsidenten Richard von Weizsäcker tagte.

Die Kommission begann ihre Arbeit zu dem Zeitpunkt, da die Bundeswehr mit ihrer Beteiligung am Kosovokrieg das Einsatzspektrum deutscher Streitkräfte im Rahmen der neuen Aufgaben vervollständigt hatte.

War zunächst für die Arbeit der Kommission eine längere Zeit ins Auge gefasst worden, so wurde die Sparpolitik der Bundesregierung durch den Wechsel im Amt des Finanzministers von Oskar Lafontaine auf Hans Eichel im Jahr 1999 konsequenter umgesetzt. Daraus entstand für den Verteidigungsminister ein zusätzlicher Handlungsbedarf, der ihn zwang, parallel eigene Planungen für die Weiterentwicklung der Bundeswehr anzustellen. Die Arbeit der Kommission, die ihren Bericht dann doch schon nach einem Jahr vorlegte, wurde durch diesen Handlungszwang praktisch überholt.

Die Weizsäcker-Kommission regte eine Umgliederung der Bundeswehr auf einsatzorientierte Strukturen an. Verteidigungsminister Scharping hatte in seiner parallel entwickelten Reformstruktur diesen Gedanken ebenfalls entwickelt. Die noch gültige Einteilung in Krisenreaktions- und Hauptverteidigungskräfte wurde wieder aufgegeben. Sie hatte die Einsatzfähigkeit der Bundeswehr nicht so nachhaltig gesteigert, wie es den durch die

Richard von Weizsäcker überreicht den Kommisionsbericht »Gemeinsame Sicherheit und Zukunft der Bundeswehr«.

Entwicklung veränderten Erwartungen entsprach. Die Bundeswehr wurde wieder als Ganzes für Einsätze vorgesehen.

Wesentliches neues Strukturelement wurde nunmehr der Aufbau einer Streitkräftebasis (SKB). Schon bei der Gründung der Bundeswehr gab es die Idee, die Streitkräfte als Einheit zu organisieren. Das ließ sich damals nicht durchsetzen. Die Bundeswehr wurde mit starken Teilstreitkräften aufgebaut. Drei Erkenntnisse führten nun zum Umsteuern:

Streitkräftebasis

Zum einen waren an allen bisherigen Auslandseinsätzen mindestens zwei der Teilstreitkräfte gleichzeitig beteiligt. Sie wurden aber immer noch getrennt geführt. Zum anderen hatte sich herausgestellt, dass die selbstständige Rolle, die die Teilstreitkräfte spielen konnten, zu einer uneinheitlichen Ausrüstung geführt hatte. Selbst dort, wo sie gemeinsam agieren mussten, stellten sich Probleme ein, weil die Systeme nicht kompatibel waren. Zum dritten banden mehrere Logistiksysteme viele Menschen und verbrauchten mehr Mittel als nötig. Deswegen wurde in der Streitkräftebasis eine gemeinsame Logistik für alle Teilstreitkräfte aufgebaut. Heer, Luftwaffe und Marine werden also nun im Wesentlichen über eine gemeinsame Logistikkette versorgt. Damit sollen von den verfügbaren Soldaten mehr Aufgaben übernommen werden können als bisher. Zudem spart die Bundeswehr damit auch Geld. Ein eigener Inspekteur sollte die Streitkräftebasis führen. Schon nach einigen Jahren wurde die Streitkräftebasis dem Generalinspekteur direkt unterstellt – der Inspekteur der SKB wurde einer der beiden Stellvertreter des Generalinspekteurs. Unter dem Vorsitz des Generalinspekteurs wurden ein Einsatz- und ein Führungsrat gebildet. Dies stärkt die Stellung des Generalinspekteurs gegenüber den Teilstreitkräften. Zudem wurde ein Einsatzführungskommando aufgebaut, das teilstreitkraftübergreifend die Missionen leiten soll. Das bisherige Korps in Potsdam wurde entsprechend umstrukturiert. Von dort werden jetzt alle Einsätze geführt und verwaltet.

Die neue Gliederung

Immer mehr wuchs die Bundeswehr in ihre aktuellen Aufgaben hinein. Die Erkenntnis, dass Bedrohung heute asymmetrisch, und weder regional noch von ihrer Intensität her vorhersehbar ist, hat Eingang in die konzeptionellen Überlegungen gefunden. Die NATO hat auf ihrer Außenministertagung in Reykjavik im Mai 2002 beschlossen, sich Herausforderungen zu stellen, »wo immer sie auftreten«. Damit hatte sie ihren Einsatzraum auf die ganze Welt ausgedehnt. Verteidigungsminister Struck formulierte auf einer Pressekonferenz: »Die Bundesrepublik wird auch am Hindukusch verteidigt.« Es gilt der Grundsatz, dass Risiken dort beantwortet werden müssen, wo sie entstehen, damit sie nicht ins eigene Land kommen.

Terroranschlag auf Bahnverbindungen
in Madrid 2004

Die Risiken bestehen darin, dass staatliche Friedensstörer oder Terro ris ten durch die Nutzung von Trägersystemen – wozu in diesem Zusam menhang auch Zivilflugzeuge gehören können – oder durch gezielte Aktio nen unabhängig von Landesgrenzen eine Gesellschaft angreifen können Die Anschläge auf New York und Washington am 11. September 2001, au Banken in Istanbul im November 2003 und auf die Vorortzüge in Madri im März 2004 sind Beispiele für solch asymmetrische Bedrohungen. Ei Mittel dagegen ist die Bekämpfung von Zentren terroristischer Organisa tionen an ihrem Heimatort.

Zu diesem Zweck und als Mittel zur weltweiten Krisenreaktion hat di NATO die NATO Response Force (NRF) ins Leben gerufen. Die EU ha mit ihrer Eingreiftruppe (Headline Goals) und den battle groups zusätz liche Instrumente geschaffen, um diesen Bedrohungen zu begegnen. Di Bundeswehr beteiligt sich an diesen Einheiten. Um dafür geeignete Trup pen schnell einsatzbereit zu haben, beschlossen Verteidigungsministe Peter Struck und Generalinspekteur Wolfgang Schneiderhan eine neu angepasste Streitkräftestruktur.

Diese neue Struktur unterteilt die Streitkräfte in Eingreifkräfte, Stabilisierungskräfte und Unterstützungskräfte. Die Eingreifkräfte decken das obere Spektrum militärischen Handelns ab. Sie können einen Krieg führen. Die Stabilisierungskräfte eignen sich für Blauhelmeinsätze im weiteren Sinn. Sie sollen nach Ende der Kampfhandlungen die Lage sichern und deshalb lange im Einsatz bleiben können. Allerdings werden sie auch eingesetzt, wenn Kampfhandlungen länger dauern und die Durchhaltefähigkeit der Eingreiftruppen erschöpft ist. Sie sind zudem in der Lage, Kampfhandlungen mittlerer Intensität durchzuführen. Die Unterstützungskräfte bilden die logistische Basis für beide Einsatzformen. Je nach Intensität der möglichen Operationen und der aktuellen Anforderung durch die Bündnisse – NRF und battle groups werden in halbjährigen Rotationen von allen NATO-Staaten gestellt – haben sie sehr kurze oder längere Bereitschaftsgrade. Zu den Eingreifkräften werden 35.000 Soldaten, zu den Stabilisierungskräften rund 70.000 und zu den Unterstützungskräften rund 137.500 Soldaten gezählt. Die Bundesrepublik hat sich nicht nur zur Beteiligung an der NRF der NATO und an den Eingreiftruppen der EU, sondern auch im Rahmen des Standby-Arrangements-System der UNO verpflichtet. Damit hat sie sich bereit erklärt, bei Bedarf Truppen für UN-Einsätze bereitzustellen, sofern der Bundestag den Einsatz billigt. Die Vereinten Nationen sollen durch diese Verpflichtung gestärkt werden.

Der Auftakt zu dieser Neuorientierung begann schon, als die letzten Strukturentscheidungen noch nicht völlig umgesetzt waren. Diesen so tiefgehenden Umbau bezeichnet die Bundeswehr als »Transformation«. Sie basiert auf den Verteidigungspolitischen Richtlinien des Verteidigungsministers.

Verteidigungsminister Struck bei der Erläuterung der Verteidigungspolitischen Richtlinien vom 21.05.2003

(Ausschnitt)

Mehr denn je ist eine auf Vorbeugung und Eindämmung von Krisen und Konflikten abzielende Sicherheits- und Verteidigungspolitik erforderlich. Diese muss alle Optionen – auch die militärischen – einbeziehen. Damit wird auch die Fähigkeit der Bundeswehr zum multinationalen Einsatz im europäischen und transatlantischen Rahmen immer wichtiger. Die Bundeswehr ist in der Tat eine Armee im Einsatz geworden. Damit stehen Einsätze der Konfliktverhütung und Krisenbewältigung sowie zur Unterstützung von Bündnispartnern, auch über das Bündnisgebiet hinaus, im Vordergrund.

Die herkömmliche Landesverteidigung kann nicht mehr vorrangig die Strukturen und Fähigkeiten der Bundeswehr bestimmen, denn eine Gefährdung deutschen Territoriums durch einen Angriff mit konventionellen Streitkräften ist derzeit und auf absehbare Zeit nicht mehr gegeben. Verteidigung heute umfasst danach weit mehr als die herkömmliche Verteidigung an der Landesgrenze. Unsere Sicherheit wird auch an anderer Stelle dieser Erde verteidigt. In der heutigen Welt gibt es keine nationalen Friedensoasen mehr. Verteidigung lässt sich geografisch nicht mehr begrenzen. Dies erklärt, warum der Bundestag bereits mehrfach Mandate für teilweise sehr weit entfernte Einsätze der Bundeswehr in Kabul, in Südosteuropa oder am Horn von Afrika gebilligt hat. Das Bundesverfassungsgericht und der Bundestag haben klar bestätigt, dass internationale Einsätze der Bundeswehr im Rahmen von Systemen kollektiver Sicherheit mit dem Grundgesetz vereinbar sind.

Mit weiteren Maßnahmen wurde die Bundeswehr stärker auf die Einsatzerfordernisse ausgerichtet. Durch den »Berliner Erlass« wird der Generalinspekteur der Hauptverantwortliche für die Planung, Ausbildung, Vorbereitung, Führung und Nachbereitung. Er kann die für die Auftragserfüllung nötigen Fähigkeiten festlegen und sie den Teilstreitkräften zuordnen. Deren Inspekteure führen aber weiterhin truppendienstlich und fachlich ihre Bereiche. Damit ist die Bundeswehr einen Schritt hin zu einem Generalstabchef gegangen.

Mit dem Parlamentsbeteiligungsgesetz, das die Verfahren für die Zustimmung des Bundestages zu Auslandseinsätzen regelt, bekommt die Bundesregierung etwas mehr Handlungsfreiheit. Kleinere Einsätze werden den Obleuten der Bundestagsfraktionen im Verteidigungsausschuss angezeigt. Diese müssen dann binnen fünf Tagen zustimmen. Damit ist das Parlament immer noch beteiligt, aber mit einem vereinfachten Verfahren. Zudem muss nicht mehr jeder Einsatz jährlich zur Verlängerung dem Parlament erneut vorgelegt werden. Auch das wurde vereinfacht. Ein Einsatzversorgungsgesetz regelt, wie die Soldaten im Falle von Verletzung oder Tod und ihre Angehörigen versorgt werden.

Da die asymmetrische Bedrohung es schwer macht zu lokalisieren, woher Risiken drohen können, wird in Deutschland immer wieder darüber diskutiert, ob die strenge Trennung zwischen Einsatz im Inneren, zu dem die Bundeswehr nicht – bzw. nur laut Grundgesetz in genau definierten Grenzen – berechtigt ist, und dem Einsatz außen noch sinnvoll ist. Die Bundesregierung und die sie tragenden Parteien wollen daran strikt festhalten und die Verfassung so belassen wie sie ist. Die Opposition aus CDU/CSU und FDP tritt eher für eine Lockerung dieses Grundsatzes ein. Für den Fall einer terroristischen Bedrohung aus der Luft wurde im Januar 2005 das Luftsicherheitsgesetz geschaffen, das der Bundeswehr eine spezielle Ermächtigung erteilt. Danach kann der Verteidigungsminister befehlen, ein von Terroristen entführtes Zivilflugzeug abzufangen und im Extremfall abzuschießen, sofern sich die Gefahr eines Anschlags wie in New York oder Washington anders nicht mehr abwenden lässt. Nach dem Irrflug eines Sportflugzeugs über Frankfurt/Main, bei dem lange nicht klar war, ob sich dahinter ein Anschlag auf das Frankfurter Bankenviertel verbarg, ergriff die Regierungskoalition die Initiative zu diesem Luftsicherheitsgesetz. Die Opposition hält eine Befugnis des Verteidigungsministers in der Sache für notwendig, will aber das Grundgesetz dafür geändert wissen.

Bundeswehr und Wirtschaft

Die Amtszeit Rudolf Scharpings war geprägt von dem Bemühen, durch die Privatisierung von Leistungen Mittel und Personal einzusparen. Um dies zu erreichen, gründete er die Gesellschaft für Entwicklung, Beschaffung und Betrieb (GEBB), eine Organisation, in der Wirtschaftsfachleute mit Soldaten zusammenarbeiten sollen, um Dienstleistungen für die Bundeswehr zu entwickeln. Die Firma ist eine 100-prozentige Tochter der Bundeswehr.

Die Bundeswehr sicher ins 21. Jahrhundert

Eine Schlüsselrolle auf dem Weg in die Zukunft der Bundeswehr übernimmt die neue Gesellschaft für Entwicklung, Beschaffung und Betrieb (GEBB). Sie dient als Steuerungs- und Koordinierungselement, berät die Leitung des Bundesministeriums der Verteidigung bei Auswahl und Ausgestaltung von Beschaffungs-, Betriebs-, Finanzierungs- und Zahlungsmodalitäten und entwickelt ein Gesamtkonzept für die Bedarfsdeckung und den Betrieb der Bundeswehr.

Der Fuhrpark-Service der GEBB

Mit Hilfe der GEBB wurde dann die Fuhrpark-Service GmbH gegründet, die den nicht militärischen Wagenpark der Bundeswehr wie eine Autovermietung führen soll. Die Bundeswehr muss die Fahrzeuge nicht mehr beschaffen. Sie mietet sie bei der Gesellschaft. Zum einen muss sie die Fahrzeuge nur dann bezahlen, wenn sie konkret gebraucht werden, zum anderen kann sie in der Regel fabrikneue Fahrzeuge nutzen. Dieses System wurde gegen viele Widerstände in der Truppe eingeführt

Weniger Erfolg als gedacht hatte dagegen der Versuch, durch die Veräußerung von Liegenschaften, die die Bundeswehr nicht mehr benötigt, Mittel in die Kasse zu bekommen. Diese Liegenschaften ließen sich nicht so gewinnbringend verkaufen, wie die Bundesregierung, vor allem der Verteidigungsminister, sich dies gewünscht hatten. Sehr schnell erkannten mögliche Käufer, dass sie aus der Not der Bundeswehr, die Gebäude und Gelände loszuwerden, Kapital schlagen und den Preis drücken können.

Stationierungsplanung

In diese Zeit fiel auch die mittlerweile schon zweite neue Stationierungsplanung. Die Bundeswehr zog damit die Konsequenz aus ihrer personellen und strukturellen Verkleinerung. Nachdem schon Volker Rühe in seiner Amtszeit die ersten Standortschließungen entschieden hatte, steuerte Scharping noch einmal heftig nach.

Das erste Konzept, das konsequent militärischen und betriebswirtschaftlichen Gesichtpunkten folgte, legte erst Scharpings Nachfolger Peter Struck vor. Er plante ein Stationierungskonzept, mit dem Großverbände regional zusammengezogen wurden. Jetzt spielten, auch auf Grund der Haushaltslage, strukturpolitische Überlegungen keine Rolle mehr. Früher war die Bundeswehr oft bewusst in strukturschwache Gebiete gegangen und hatte so einen Beitrag zur Wirtschaftspolitik geleistet. Durch das Zusammenziehen der Verbände sollte es nun leichter und kostengünstiger ermöglicht werden, Ausbildung und Übungen gemeinsam zu gestalten. Damit sollte die Einsatzfähigkeit gestärkt werden. Der Minister handelte sich damit allerdings den Vorwurf ein, er vernachlässige den Heimatschutz zugunsten einer einseitigen Ausrichtung auf Auslandseinsätze.

Die neue Standortplanung hat noch eine weitere gesellschaftliche Entwicklung mit berücksichtigt, mit der die Bundeswehr zunehmend konfrontiert wurde: Immer mehr Soldaten wollen die häufigen Umzüge als Folge von Versetzungen nicht hinnehmen. Oft haben ihre Ehefrauen an einem Stationierungsort einen Arbeitsplatz gefunden, den sie nicht aufgeben wollen. Die soziale Einbindung von Soldatenfamilien muss immer wieder aufgelöst werden. Wenn aber mehrere Verbände regional konzentriert stationiert werden, sinkt die Notwendigkeit häufiger Umzüge. Dies erhöht die Familienbindung der Soldaten und steigert ihre Motivation.

50 Jahre nach der Gründung der Bundeswehr sind mit der Integration in internationale Organisationen, der inneren Ordnung, die sich an den demokratischen Grundsätzen orientiert, und einer immer weniger auf Teilbereiche abgestellten strukturellen Organisation die Voraussetzungen geschaffen, dass sie auch künftig ihren Aufgaben gerecht werden kann. Ebenfalls seit 50 Jahren gilt, dass die Bundeswehr im Spannungsfeld zwischen dem politisch vorgegebenen Auftrag und den bereitgestellten Mitteln den Weg suchen muss, der sie glaubwürdig als Garant der Sicherheit Deutschlands und geachteter Partner in den Bündnissen bleiben lässt. Sie kann dabei auf seit langem stabile Umfragewerte als eine der Institutionen mit dem höchsten Glaubwürdigkeitskredit in Deutschland bauen.

10. Frauen in den Streitkräften

Frauen im Sanitäsdienst der Bundeswehr

Sollen Frauen in den Streitkräften dienen können? Bei der Aufstellung der Streitkräfte in Deutschland beantworteten Bundeswehr und Nationale Volksarmee diese Frage unterschiedlich. Beide Staaten in Deutschland sahen zwar keine Wehrpflicht für Frauen vor, aber auf freiwilliger Basis wurden in der NVA Frauen von Anfang an als Zeit- und Berufssoldaten eingestellt. Die Bundeswehr ging einen anderen Weg.

In der deutschen Geschichte sind Frauen wiederholt zu militärischen Aufgaben herangezogen worden, zuletzt während des Zweiten Weltkriegs im Rahmen der »Reichsverteidigung« im Reichsarbeitsdienst und im so genannten Helferinnenkorps der Wehrmacht und der SS.

Die Bundesrepublik zog daraus zunächst die Konsequenz, dass Frauen zum militärischen Dienst in der Bundeswehr nicht herangezogen werden. In Artikel 12a Absatz 4 Satz 2 Grundgesetz heißt es: »Sie« – die Frauen – »dürfen auf keinen Fall Dienst mit der Waffe leisten.« Damit sollte sichergestellt werden, dass Frauen nicht aktiv an militärischen Kampfhandlungen teilnehmen. Die Bundeswehrverwaltung allerdings durfte Frauen einstellen. Artikel 12a Absatz 4 Satz 1 Grundgesetz sieht zudem vor, dass Frauen im Alter zwischen 18 und 55 Jahren zu Dienstleistungen im zivilen Gesundheitswesen und in ortsfesten militärischen

Lazaretten herangezogen werden können, wenn in einem Verteidigungs fall sich nicht genügend freiwillige Helfer melden.

In der Diskussion um die Notstandsgesetzgebung 1968 wurde die Ein berufung von Frauen auch zu militärischen Diensten erneut diskutiert, abe zunächst weiter abgelehnt. Es dauerte noch bis zum Jahr 1975, bis di Bundeswehr Ärztinnen, Zahn- und Tierärztinnen sowie Apothekerinnen auf freiwilliger Basis einstellte. Der medizinische Dienst der Bundesweh gilt nicht als Waffendienst. Somit konnte dies ohne Änderung des Grund gesetzes geschehen.

Zunächst wurden nur ausgebildete Ärztinnen eingestellt. Von 1989 a bildete die Bundeswehr Sanitätsoffiziersanwärterinnen selbst militärisch aus. Ihr wissenschaftliches Studium erfolgt weiterhin an öffentlichen Hoch schulen. Zwei Jahre später wurden dann die Laufbahngruppen der Unter offiziere und Mannschaften sowie die der Fachdienstoffiziere beim Sani tätsdienst und auch beim Militärmusikdienst geöffnet. Die Militärmusike werden in Zweitverwendung als Sanitäter ausgebildet. Seit 1992 fördert di Bundeswehr im Rahmen der Sportfördergruppen auch Sportlerinnen, di sich über den Sanitäts- oder Musikdienst bei der Bundeswehr bewerbe können.

Die gesellschaftliche Diskussion um eine Gleichberechtigung der Fraue machte in den 90er Jahren auch nicht vor der Bundeswehr halt. Imme wieder wurde die Frage debattiert, ob Frauen nicht auf freiwilliger Basi in die Bundeswehr aufgenommen werden könnten. Eine abgelehnt Bewerberin strengte mit Unterstützung der Jugendorganisation der FDP der Jungen Liberalen, ein Verfahren vor dem Europäischen Gerichtshof an Dieser stellte am 11. Januar 2000 fest, dass der allgemeine Ausschluss vo Frauen vom militärischen Dienst mit dem Recht der Europäischen Unio nicht im Einklang stehe. Daraufhin änder te der Deutsche Bundestag am 27. Ok tober 2000 den Artikel 12a des Grundge setzes in die Formulierung: »Sie« – di Frauen – »dürfen auf keinen Fall zun Dienst mit der Waffe verpflichtet wer den.« Damit dürfen Frauen in allen Berei chen der Bundeswehr Dienst tun, aber si unterliegen nicht der Wehrpflicht.

Nach dem Entscheid des Europäische Gerichtshofs wurden in der Bundesweh schon die entsprechenden Vorbereitun gen getroffen, sodass nach der Änderun des Grundgesetzes bereits zwei Monat später, am 1. Januar 2001, die ersten Frau en zur Grundausbildung in der Bundes wehr einrückten.

Seit dem 01.01.2001 stehen für Frauen alle Dienstbereiche der Streitkräfte offen.

Vereidigung der ersten Soldatinnen

Soldatinnen der Bundeswehr haben die gleichen Rechte und Pflichten wie ihre Kameraden. Sie selbst legen großen Wert darauf, nach denselben Kriterien ausgewählt, ausgebildet, ge- und befördert, eingesetzt und besoldet zu werden. Im Jahr 2005 dienten rund 11.000 Soldatinnen in der Bundeswehr. Sie stellen damit einen Anteil von knapp sechs Prozent. Nach den Planungen der Bundeswehr werden ca. im Jahr 2006 die ersten Frauen zum Kompaniechef, 2014 die ersten zum Bataillonskommandeur ernannt werden. Die früher eingestellten Ärztinnen haben bereits hohe Ränge, bis hinauf zum Generalarzt, erreicht.

Schon bei den Einsätzen der Bundeswehr in Kambodscha, Somalia und auf dem Balkan haben sich die lediglich bei der Sanitätstruppe eingesetzten Soldatinnen bewährt. Sie begleiteten als Sanitäter die Patrouillen und mussten verletzte Soldaten aus Minenfeldern bergen.

Diese Entwicklung führte, wie jede Reform, zu Diskussionen in den Streitkräften. Dass Frauen nun nicht nur im Sanitätsdienst und bei der Militärmusik in die »Männergesellschaft Bundeswehr« eindringen würden, war für viele Soldaten zunächst schwer vorstellbar. Aber sie beeinflussten das Klima innerhalb der Truppe durchaus positiv.

In Kasernen wurden sanitäre Einrichtungen und die Unterkünfte neu organisiert oder umgebaut. Dass sich Einheitsführer nunmehr auch mit den Fragen der Gleichberechtigung sowie den Schutzgesetzen z.B. für Mütter beschäftigen mussten, war ungewohnt: Elternurlaub z.B. hatten zuvor männliche Soldaten so gut wie nicht in Anspruch genommen. 2004 wurde ein Gleichstellungsgesetz für die Bundeswehr verabschiedet. Trotz der Bedenken und Vorbehalte verlief der Übergang dann doch recht reibungslos.

In der DDR war trotz der unterschiedlichen Verfassungslage die Zahl der weiblichen Soldaten verhältnismäßig gering gewesen. Sie wurden vornehmlich in der Fernmelde- und Sanitätstruppe eingesetzt. Mit der Vereinigung mussten die NVA-Soldatinnen entlassen werden, da die Rechtslage in der Bundesrepublik noch nicht verändert war.

11. Die Militärseelsorge

Auch unter den besonderen Bedingungen des militärischen Dienstes haben Soldaten das Recht auf ungestörte Religionsausübung (Artikel 4 Grundgesetz). Der Respekt vor der Religionsausübung entspricht auch dem Prinzip der Inneren Führung.

Die Bundesregierung ergriff sehr früh die Initiative. Bereits Mitte 1951 begannen die Gespräche der Dienststelle Blank mit beiden großen christlichen Kirchen über die Einrichtung einer Militärseelsorge.

Vorbereitung eines Feldgottesdienstes

Als Ergebnis der Verhandlungen mit der evangelischen Kirche wurden am 29. September 1954 die »Grundzüge der künftigen Militärseelsorge« verabschiedet.

Sie enthielten zugleich die mit dem Katholischen Kirchenbüro abgesprochenen Positionen. Sie orientierten sich an den Bestimmungen des Artikels 27 des Reichskonkordats, das das Deutsche Reich seinerzeit mit dem Vatikan abgeschlossen hatte.

Kirche und Staat tragen demnach gemeinsam die Verantwortung dafür, dass die Soldaten seelsorgerisch betreut werden. Der Staat sorgt für den organisatorischen Aufbau und trägt die Kosten. Die kirchliche Leitung obliegt einem Militärbischof, der im Einvernehmen mit der Bundesregierung vom Heiligen Stuhl bzw. dem Rat der Evangelischen Kirche in Deutschland (EKD) ernannt wird. Die Militärbischöfe stehen in keinem Dienstverhältnis zum Staat. Sie sind allein ihren Kirchen verantwortlich, nach deren Vorschriften sich Lehre und Gottesdienstordnung innerhalb der Militärseelsorge richten. Die Militärgeistlichen sind von staatlichen Weisungen unabhängig. Sie sind keine Soldaten. Im Einsatz tragen sie Uniform, mit einem Kreuz statt der Dienstgradabzeichen auf der Schulterklappe.

Die Grundlagen der Militärseelsorge sind in staatskirchenrechtlichen Vereinbarungen niedergelegt sowie im »Gesetz über die Militärseelsorge« vom 26. Juli 1957 geregelt.

Um die Arbeitsfähigkeit der Militärseelsorge innerhalb der neuen Streitkräfte sicherzustellen, erließ das Verteidigungsministerium am 28. August 1956 die Zentrale Dienstvorschrift (ZDv) 66/1 »Militärseelsorge«. Dort ist u.a. die Zusammenarbeit der Militärpfarrer mit den Kommandeuren geregelt.

Nach der Wiedervereinigung stand die Militärseelsorge vor dem Problem, dass es in der NVA eine Regelung für Militärseelsorge nicht gab und dass die meisten Soldaten, auch die Grundwehrdienstleistenden, nicht getauft waren. Die Nachfrage nach Militärseelsorge war daher zunächst gering.

Die mit der katholischen Kirche getroffenen Vereinbarungen wurden sofort auf Ostdeutschland ausgeweitet. Bereits am 23. November 1989 vereinbarten die katholische Kirche und die Bundeswehr, dass die Bestimmungen mit dem Einigungsvertrag auch in den neuen Bundesländern gelten sollten. Entsprechend erfolgte der Aufbau der katholischen Militärseelsorge in den neuen Bundesländern.

Die evangelische Kirche zögerte, in den Kasernen der neuen Länder ebenso zu verfahren wie in den alten. Die acht ostdeutschen Landeskirchen lehnten eine Militärseelsorge zunächst ab. Hier spielten auch Erfahrungen mit der NVA eine Rolle. Um die zunächst unbefriedigende Situation der Seelsorge für evangelische Soldaten in den neuen Bundesländern zu verbessern, schloss die Bundeswehr mit der Evangelischen Kirche in Deutschland (EKD) eine Rahmenvereinbarung, nach der die für West-

Feldgottesdienst beim Einsatz in Kroatien

deutschland gültigen Regelungen zunächst für eine Übergangszeit in Kraft gesetzt wurden.

Es stellte sich schnell heraus, dass dieses kirchliche Angebot von zahlreichen Soldaten gesucht wurde, selbst von solchen, die keiner christlichen Kirche angehörten. Auch für die christliche Minderheit unter den Soldaten wurde dies ein wichtiger Bestandteil ihrer Religionsausübung. Deshalb hat die evangelische Kirche nach Ablauf der Übergangszeit den Militärseelsorgevertrag auf ganz Deutschland ausgedehnt.

Die Bedeutung der Militärseelsorger wurde im Einsatz immer größer, zumal sie – außerhalb der militärischen Hierarchie stehend – hohes persönliches Vertrauen genossen. Sie wurden während der Auslandseinsätze zum Ansprechpartner für manches Problem eines Soldaten: Beziehungsfragen, Heimweh oder auch ganz praktische Probleme wurden mit dem Militärseelsorger besprochen.

Vor allem traumatische Erfahrungen durch die Konfrontation mit Hass, Gewalt, Armut, Unterdrückung, Tod und Verwundung arbeiteten die Soldaten schon im Einsatzland mit den Militärgeistlichen auf. Im Kosovo mussten die Soldaten mit ansehen, wie Massengräber ausgehoben werden. In Afghanistan wurden sie durch die Unfälle mit Todesfolge und den Selbstmordanschlag in Kabul erschüttert, um nur einige Beispiele zu nennen. Nach den Beobachtungen der Militärgeistlichen wuchs während der Auslandseinsätze der Zuspruch zu den dort abgehaltenen Gottesdiensten deutlich an. Der »Seelsorger« bekam unter diesen Bedingungen einen besonderen Stellenwert.

12. Tradition in der Bundeswehr

Tradition und Geschichte sind inhaltlich voneinander zu unterscheiden: Geschichte ist nicht veränderbar, sie ist vorgegeben durch die Abläufe der Ereignisse. Tradition hingegen kann und muss gestaltet werden. Sie orientiert sich an Werten und Normen, die zum Maßstab für das eigene Handeln und Denken werden. Sie bildet den Rahmen, in dem sich die Bundeswehr bewegt. Voraussetzung für gelebte Tradition ist die wertorientierte Auseinandersetzung mit der Vergangenheit.

Damit ist die Traditionspflege eine wertegebundene Auswahl aus der Geschichte. Sie ist Teil der soldatischen Erziehung und vermittelt sittliche Maßstäbe für staatsbürgerliches Engagement und soldatisches Handeln.

Trotz der Orientierung an heutigen Wertmaßstäben ist die Tradition eine Verbindung der Generationen über die Zeit hinweg. Angesichts der Fehlentwicklungen, Brüche und Katastrophen in der deutschen Geschichte muss genau geprüft werden, was traditionswürdig ist. Der Missbrauch militärischer Macht zu Angriffskriegen und insbesondere bei den Verbrechen der nationalsozialistischen Diktatur kann keine Tradition für die Bundeswehr begründen. Deshalb gibt es keine ungebrochene deutsche militärische Tradition. Traditionspflege muss sich diesem Bruch in der deutschen Geschichte stellen. Offenheit und Mut zur Bildung neuer Traditionen sind wichtige Elemente, um deren Rahmen zu bestimmen.

Der zentrale Orientierungsrahmen für das Traditionsverständnis der Bundeswehr ist zunächst die Werteordnung des Grundgesetzes. Die Verankerung der Bundeswehr in der demokratischen Ordnung ist eine feste Größe im Wertgefüge der deutschen Streitkräfte. Für die Soldaten der Bundeswehr ist das Primat der Politik heute kein Diskussionsgegenstand mehr. Das ist unbestritten. In Zeiten, da die Bundeswehr immer mehr zu einem Instrument der Außenpolitik wird, müssen sich die Soldaten darauf verlassen können, dass Politiker sorgsam mit der Bundeswehr umgehen. Die bisherigen Erfahrungen zeigen, dass dies gewährleistet ist. Diese Tradition hat sich vor allem in den letzten 15 Jahren herausgebildet.

Wie groß muss der Spielraum sein, vorbildliche soldatische Haltung und militärische Leistung aus allen Epochen der deutschen Militärgeschichte in die Tradition der Bundeswehr zu übernehmen? Kann eine militärische Leistung auch dann Tradition begründen, wenn derjenige, der sie erbringt, dies in einem politischen Rahmen tut, der nicht traditionswürdig ist? Kann ein Soldat »nur seinem Handwerk« nachgehen, ohne das politische Umfeld zu beachten? Diese Fragen haben die Bundeswehr immer beschäftigt. Seit 50 Jahren hat sich in der Bundeswehr eine Ordnung herausgebildet, die das Handeln der Soldaten an die Werte der Gesellschaft bindet. Die Soldaten werden politisch weitergebildet, damit ihnen immer wieder deutlich wird, vor welchem politischen Hintergrund sie handeln. Dass menschenverachtende oder rechtswidrige Befehle nicht gegeben werden dürfen, zeigt wie selbstverständlich heute soldatisches Handeln an Freiheit, Recht und Würde als Werte der Gesellschaft gebunden ist.

Deshalb kann die Wehrmacht als Institution für die Bundeswehr keine Tradition begründen. Es ist angemessen, denen Respekt entgegenzubringen, die in gutem Glauben ehrenhaft gekämpft haben. Aber dieser Respekt kann nur dann zur Tradition werden, wenn die beschriebene Bindung auch im jetzt gültigen Wertesystem Bestand haben kann.

Gedenkstätte im Hof des Bendler-Blocks für die dort hingerichteten Offiziere des Widerstandes.

»Die Generale Graf Baudissin, Heusinger und de Maizière waren tapfere und persönlich ehrenhafte Soldaten der Wehrmacht. Sie sind heute Vorbilder für die Soldaten der Bundeswehr, weil sie die richtigen Schlüsse aus der Geschichte gezogen haben. Diese Offiziere haben sich entschieden für die Demokratie eingesetzt und die Konzeption der Inneren Führung mit dem Leitbild des Staatsbürgers in Uniform entwickelt und mit Leben erfüllt. Sie haben damit wesentlich beigetragen zu einer Bundeswehr, wie sie heute ist – eine von Verbündeten und Partnern geachtete und über die Wehrpflicht in der Bevölkerung verankerte Armee in der Demokratie. Und diese drei Offiziere sind heute Teil der nahezu 45-jährigen eigenen Tradition unserer Bundeswehr, auf die die Streitkräfte zu Recht stolz sein können«.

Bundesminister der Verteidigung, Rudolf Scharping, anlässlich der Umbenennung der Rüdel-Kaserne in Feldwebel-Schmid-Kaserne am 8. Mai 2000 in Rendsburg

Die Bundeswehr sieht sich insbesondere auch in der Tradition jener, die vergeblich versucht haben, den Verbrechen und dem sinnlosen Krieg ein Ende zu setzen. Dazu gehören die Männer und Frauen des 20. Juli 1944 um Graf Schenk von Stauffenberg, dessen Name die Straße trägt, die heute Postanschrift des zweiten Dienstsitzes des Verteidigungsministeriums in Berlin ist. Dass das Verteidigungsministerium in Berlin heute im Bendler-Block untergebracht ist, in dessen Hof Oberst Graf Stauffenberg und andere Opfer der Willkürherrschaft hingerichtet wurden, unterstreicht diese Wertbindung. Traditionsbegründend sind auch diejenigen, die aus Menschlichkeit den Bedrängten und Verfolgten beistanden und nicht selten dafür mit dem Leben bezahlten.

Die Bundeswehr kann zudem auf eine eigene erfolgreiche 50-jährige Geschichte zurückblicken und daraus eine eigene Tradition ableiten. Sie hat sich über fünf Jahrzehnte an der Sicherung des Friedens, zunächst in Europa, später in der Welt, beteiligt. Der Bogen reicht von den Einsätzen auf dem Balkan oder in Afghanistan über die Flutkatastrophe in Hamburg, dem Einsatz gegen das Hochwasser der Oder und der Elbe bis zur Erdbebenhilfe in Italien und anderen Ländern und zur Hilfe in Mosambik und bei der Tsunami-Katastrophe in Südostasien. Damit ist die Tradition der Bundeswehr auch eine Tradition des Helfens.

Seit ihrer Aufstellung ist die Bundeswehr eine Bündnisarmee. Gerade durch die Auslandseinsätze der vergangen Jahre wurde sie stärker in multinationale Strukturen eingebunden. Insofern gehört auch der Beitrag zur Nordatlantischen Allianz und zu anderen internationalen Organisationen zur Tradition der Bundeswehr. Sie bindet damit ihre Handlungen auch in eine durch die UNO, NATO und EU definierte Wertordnung ein. Dazu gehören das Selbstbestimmungsrecht der Menschen, die Wahrung der Menschenrechte, Rechtsstaatlichkeit und das Gewaltmonopol der internationalen Institutionen.

Die Bundeswehr lebt in dem Selbstbewusstsein, dass sie als erste Wehrpflichtarmee in einer Demokratie in Deutschland nun länger existiert als Reichswehr und Wehrmacht zusammen.

Das Ringen um den richtigen Umgang mit Tradition hat die Bundeswehr seit ihrer Gründung begleitet. Die Ernsthaftigkeit dieses Ringens macht deutlich, wie sorgsam aus der Geschichte, der jüngeren wie der älteren, jenes herausgefiltert wird, was als Maßstab für die Bundeswehr gelten kann. Die Ergebnisse dieses Ringens fanden ihren Niederschlag in den »Richtlinien zum Traditionsverständnis und zur Traditionspflege in der Bundeswehr« vom 20. September 1982 und in deren Weiterentwicklung durch Reden und Schriften der politischen Leitung, der militärischen Führung und der militärhistorisch-wissenschaftlichen Auseinandersetzung.

Die Bundeswehr knüpft in ihrem Selbstverständnis ausdrücklich an die Zielsetzung der Reformen der Preußischen Armee, die Generalleutnant

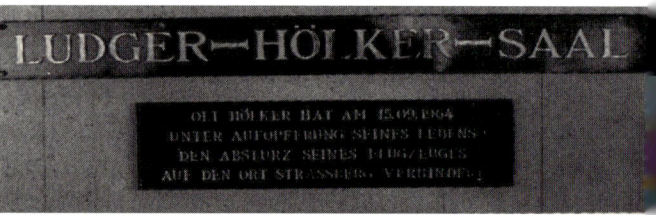

*Oberleutnant Ludger Hölker, Jahrgang 1934, Pilot beim Geschwader 32 in Lechfeld. Am 15. September 1964 stürzte er mit seiner Düsenmaschine bei Straßberg nahe Augsburg tödlich ab. Nach Ausfall des Triebwerkes und dem vergeblichen Versuch, es wieder durchzustarten, hätte er sich rechtzeitig mit dem Fallschirm in Sicherheit bringen können. Er verließ seine Maschine nicht, da er sich gerade über der Gemeinde Straßberg befand. Unter Aufopferung seines Lebens verhinderte er den Absturz seines Flugzeuges auf den Ort.
Die Luftwaffe benannte den großen Hörsaal der Offizierschule der Luftwaffe, Fürstenfeldbruck, nach Ludger Hölker.*

147

Unstrittig ist, dass die mit der Vereinigung Deutschlands aufgelöste Nationale Volksarmee wegen ihres Charakters als Partei- und Klassenarmee eines kommunistischen Systems keine Tradition für die Bundeswehr stiften kann. (ZDV 10/1)

Gerhard v. Scharnhorst formulierte. Deshalb wurde der Gründungstag der Bundeswehr auf dessen 200. Geburtstag festgesetzt und mit dem so gewählten Beginn auch der erste Baustein der Tradition gelegt. Scharnhorst wollte den Bürger an den Staat binden. Auch die Armee muss in die Gesellschaft eingebunden sein. Das Leitbild vom Staatsbürger in Uniform ist die aktuelle Umsetzung dieses Gedankens. Mit der Vereinigung Deutschlands stellte sich die Frage, ob die NVA ein Element für die Tradition der Bundeswehr sein kann. Die Bundeswehr hat diese Frage eindeutig beantwortet.

Das bedeutet keineswegs eine generelle Distanzierung von den Soldaten den NVA. Diese Bestimmung schließt ausdrücklich nicht aus, dass Soldaten, die in der NVA gedient und sich menschlich respektabel verhalten haben, Achtung verdienen und in geeigneten Fällen auch als Vorbild einbezogen werden können.

13. Katastrophenhilfe in Deutschland

In der Nacht zum 17. Februar 1962 drückten Orkanböen das Elbwasser mit ungeheurer Wucht von der Mündung zurück in Richtung Hamburger Hafen. Als die Flut kam, barsten die Deiche. Ein Fünftel der Stadtfläche stand unter Wasser. 315 Männer, Frauen und Kinder starben allein in der Hansestadt, 35 weitere Menschen kamen im übrigen Norddeutschland ums Leben. Mehr als 60.000 Hamburger waren tagelang von der Außenwelt abgeschnitten, mehr als 15.000 wurden obdachlos. Noch in der Nacht der Katastrophe übernahm der damalige Innensenator Helmut Schmidt die

Flutkatastrophe Hamburg 1962

Helmut Schmidt verleiht an 400 Soldaten des Lehrbataillons der HOS 2 die Gedenkmedaille der Stadt Hamburg.

Koordination. Er steuerte den Einsatz der zahllosen freiwilligen Helfer, aber vor allen Dingen auch der Bundeswehr. Unermüdlich waren die mehr als 40.000 Bundeswehrsoldaten mit 85 Hubschraubern und zahllosen Fahrzeugen im Einsatz. Unterstützt wurden sie von Kameraden der amerikanischen, britischen, niederländischen, belgischen und dänischen Streitkräfte. Sie bargen rund 1.200 Menschen, häufig in letzter Minute, wobei neun Soldaten ihr Leben verloren. Sie retteten, was vom Hausrat übrig geblieben war oder die vom Wasser eingeschlossenen Haustiere. »Rettende Engel« wurden die Bundeswehrsoldaten genannt und erwarben sich durch ihren Kampf gegen die Naturgewalt großes und bleibendes Ansehen.

Es war der erste große Katastropheneinsatz der Bundeswehr. Vieles, was in den dramatischen Stunden im Hamburger Rathaus zwischen den Beamten der Innenbehörde und den Kommandeuren der eingesetzten Bundeswehreinheiten beschlossen und verabredet wurde, hatte Bestand und diente bei weiteren Katastropheneinsätzen als Vorbild.

Keine andere Institution in der Bundesrepublik kann so schnell so viele Menschen an einen Ort in Deutschland bringen, damit sie dort gezielt hel-

Soldaten transportieren Versorgungsgüter während
der Schneekatastrophe 1979.

Elektronische Untersuchung des
Oder-Deiches auf bruchgefährdete Stellen
durch Luftaufnahmen.

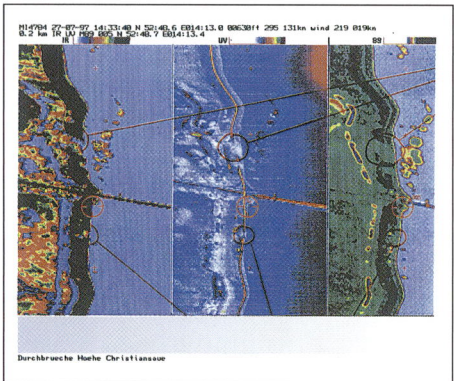

fen. Die Bundeswehr hat Spezialisten und Spezialfahrzeuge, die in dieser
Menge nirgendwo verfügbar sind. Das zeigte sich auch 1975, als im August
in Niedersachsen ein Wald- und Heidebrand außer Kontrolle geriet. 8.000
Soldaten kamen zu Hilfe, Transportflugzeuge von Typ Transall und Hubschrauber flogen Löscheinsätze über der Lüneburger Heide.

Vier Jahre später lösten Temperaturstürze von mehr als 20 Grad zwischen
Nord- und Süddeutschland eine Schneekatastrophe in Schleswig-Holstein
aus. Die zivilen Hilfsorganisationen waren überfordert, vor allen Dingen
blieben ihre Fahrzeuge in den Schneemassen stecken. Die Bundeswehr kam
mit Bergepanzern, Mannschaftstransportpanzern und anderen Kettenfahr-
zeugen, mit Feldarbeitsgerät, mit schweren und leichten Lastwagen sowie
Hubschraubern zu Hilfe.

Beim Jahrhunderthochwasser 1995 an Rhein, Mosel, Saar und Nahe half
sie mit Schlauchbooten und Spezialfahrzeugen. Erneut zwei Jahre später,
im Juli und August 1997, ließen anhaltende Regenfälle die Oder anstei-
gen. Die höchste Flutwelle seit dem Zweiten Weltkrieg bedrohte das
Gebiet vom Zusammenfluss von Oder und Neiße bis zum nördlichen

Soldaten verstärken Deiche

*Bergung gefährdeter Menschen
beim Elbehochwasser*

Oderbruch. Der damalige Kommandeur des IV. Korps in Potsdam, Generalleutnant von Kirchbach, wurde zum »Deichgrafen«. Unter seinem Kommando verteidigten rund 15.000 Soldaten die Deiche an der Oder.

Von Kirchbach wurde 1999 Generalinspekteur, schied aber aus dem Amt aus, weil er mit dem Verteidigungsminister hinsichtlich der damaligen Bundeswehrreform im Dissens war. Seine Erfahrungen an der Oder brachte er in neue Aufgaben als Präsident des Johanniter-Hilfsdienstes und als Vorsitzender der Expertenkommission ein, die nach der Elbeflut die Ursachen für das Versagen des Katastrophenschutzes untersuchte. Die Bevölkerung lobte den unermüdlichen Einsatz der Soldaten, und die Beamten und Politiker betonten die Fähigkeiten des Generals und seines Stabes, ganze Heerscharen von Helfern zu organisieren.

Nach Ende des Kalten Krieges war nicht nur die Bundeswehr abgerüstet worden. Plötzlich galt auch im Bereich des Katastrophenschutzes vieles als nicht mehr so vordringlich. Geräte und Fahrzeuge wurden nicht mehr erneuert. Bei zivilen Katastrophenschutzbehörden ging immer mehr die Fähigkeit verloren, Großeinsätze zu führen.

Noch deutlicher wurde dieser Mangel fünf Jahre später bei der Hochwasserkatastrophe 2002 an der Elbe. Weite Landstriche standen unter Wasser. In den flussnahen Städten und Gemeinden entstanden Schäden in Milliardenhöhe. Soldaten retteten Menschen, verstärkten Deiche oder bargen in Dresden unersetzliche Kulturgüter. Das Aufklärungsgeschwader Immelmann flog mit seinen RECCE-Tornados die Region ab, um gefährdete Abschnitte in den Deichen zu identifizieren.

14. Humanitäre Einsätze im Ausland

Humanitäre Hilfe beim Erdbeben in Algerien 1965

Ihre Fähigkeit, schnell viele Menschen und geeignetes Gerät zur Katastrophenhilfe in Marsch zu setzen, konnte die Bundeswehr auch viele Male im Ausland beweisen. Bereits 1960 leisteten Heer und Luftwaffe erstmals Hilfe für die Menschen, die in Agadir von einem schweren Erdbeben betroffen waren.

Erdbeben sind in der Geschichte der Bundeswehr immer wieder Grund für Hilfseinsätze gewesen. So flog die Luftwaffe 1965 Hilfsgüter für Erdbebenopfer nach Algerien, 1976 war sie im Großeinsatz im italienischen Friaul, 1990 im Iran. Diese Liste ließe sich fortsetzen bis zu der Hilfe, die sie bei der durch ein Seebeben in Südostasien verursachten Tsunami-Katastrophe zur Jahreswende 2004/2005 leistete.

Die Bundeswehr beteiligte sich 1983 bei der Bekämpfung von Wald- und Flächenbränden in Sardinien. In den darauffolgenden Jahren flog sie Hilfsgüter in die hungergeplagten Regionen Äthiopiens und des Sudan. Unmittelbar nach der deutschen Einheit, als Russland einen schweren Hungerwinter erlebte, flog die Bundeswehr in dieser neuen Phase der internationalen Politik immer wieder Hilfsgüter in die Gebiete Russlands, die vom Hunger am meisten betroffen waren.

Die größte Hilfsaktion ihrer Geschichte startete die Bundeswehr im April/Mai 1991 in der Türkei. Nach dem Irak-Krieg vertrieb das Regime Saddam Husseins die Kurden. Große Flüchtlingsströme ergossen sich in die Türkei und in den Iran. Knapp 200 Soldaten der Bundeswehr waren mit 20 Transporthubschraubern im Einsatz. Die Heeresflieger transportierten 780 Tonnen Hilfsgüter zur Versorgung der kurdischen Flüchtlinge in Anatolien.

Ebenfalls im Zusammenhang mit einem Krieg stand die Luftbrücke, die die Staatengemeinschaft für die bosnische Hauptstadt Sarajevo im Juli 1992 einrichtete. Die Bundeswehr war mit den Transall-Transportmaschinen dabei. Viele Soldaten erinnerten sich damals an die Luftbrücke, mit der die westlichen Kriegsalliierten 1948/49 West-Berlin versorgt hatten. Die Luftbrücke für Sarajevo wurde bis zum 9. Januar 1996 aufrechterhalten.

Die Bundeswehr hat ihre humanitären Einsätze weltweit geleistet. So steht auch Mozambik im südlichen Afrika in den Annalen der Bundeswehr, als dort bei einer verheerenden Flutkatastrophe geholfen wurde, und

Abwurf von Versorgungsgütern für die notleidende Bevölkerung in Bosnien-Herzegowina.

Ruanda, wo immer wieder Hungersnöte ausbrachen. Über diese Einsätze gab es weder in der Bundeswehr noch in der Öffentlichkeit jemals eine Diskussion: Solange die Streitkräfte nicht für militärische Einsatzaufgaben gebraucht werden, sollen sie sich an Hilfsleistungen beteiligen. Auch daraus gewinnen die Soldaten Motivation für ihren Dienst.

Versorgung kurdischer Flüchtlinge

15. Einsätze und Familien

Sprache wirkt manchmal verschleiernd: »Die Bundeswehr« geht in einen Einsatz. Dass sich dahinter Menschen verbergen, die für eine längere Zeit in manchmal gefährliche Missionen geschickt werden, vergessen jene leicht, die sich so äußern. Die Soldaten werden aus ihrem sozialen Umfeld herausgerissen, von ihren Familien getrennt. Dass dies nicht ohne Auswirkungen auf die Ehe, auf die Kinder, auf soziale Bindungen bleibt, liegt auf der Hand. Vor allem die Militärgeistlichen können davon ein Lied singen. Sie helfen den Soldaten am Einsatzort.

Der Abschied ist schwer – für den Vater und die Familie.

*Familienbetreuungszentren (FBZ) sind
für die Daheimgebliebenen da.*

Aber auch die Familien zu Hause bedürfen der Betreuung. Da gibt es immer wieder Meldungen über Unfälle oder gar Anschläge im Einsatzgebiet. Die Angehörigen müssen schnell informiert werden, ob ihr Vater, Ehemann, Bruder oder Schwester davon betroffen ist. Zwar hat die Bundeswehr sich zum Ziel gesetzt, solche Ereignisse immer erst dann öffentlich zu machen, wenn die Angehörigen der Betroffenen informiert sind, was dann im Umkehrschluss heißt, dass die nicht Informierten auch nicht betroffen sind. Aber zum einen lässt sich das nicht immer durchhalten, weil beispielsweise die allgegenwärtigen Medien über solche Ereignisse sofort berichten und nicht auf eine Freigabe der Nachricht seitens der Bundeswehr warten. Zum anderen bleibt immer, wenn über Zwischenfälle berichtet wird, ein unsicheres Gefühl.

Zunächst versuchte die Bundeswehr, dies über die Stammeinheiten der eingesetzten Soldaten am Heimatstandort zu regeln. Das reichte aber nicht aus. Deshalb wurden Familienbetreuungszentren eingerichtet, die als Anlaufstelle für die Familien der Soldaten im Einsatz dienen. Neben der ständigen und zuverlässigen Information über das, was im Einsatz geschieht, leisten die Soldaten in den Betreuungszentren auch ganz prak tische Hilfe. Beispielsweise, wenn ein Beihilfeantrag ausgefüllt und einzureichen ist, eine Aufgabe, die der Soldat seiner Frau oft abgenommen hatte und die sie nun plötzlich selbst übernehmen muss. Es gibt auch Aufgaben in der Wohnung oder im Haus, die »Männersache« sind. Wer führt die aus? Es kann schließlich nicht alles ein halbes Jahr lang liegen bleiben. Zum Angebot der Bundeswehr gehört, dass die Mitarbeiter der Betreuungszentren auch solche Aufgaben wahrnehmen.

Zudem treffen sich dort auch immer wieder Angehörige der Einsatzsoldaten. Dabei können Erfahrungen ausgetauscht werden, man kann miteinander reden, sich Tipps geben und feststellen, dass andere dieselben Sorgen und Probleme haben. Dies soll helfen, die Zeit der Trennung zu überbrücken.

Trotz dieser Hilfe ist für viele Familien die Zeit der Trennung auch schmerzlich verlaufen. Manche Beziehung überstand die lange Zeit nicht. Manch ein Soldat kam aufgrund der Erfahrungen, die er im Einsatz gemacht hat, psychisch verändert zurück. Es gibt zwar hierfür eine Nachbetreuung durch die Bundeswehr, auch für die Familien, doch die Betroffenen müssen zunächst selbst mit dieser Erfahrung fertig werden.

Als die Bundeswehr in die Einsätze ging, hatte man anfänglich diese Dimension noch nicht vollständig überblickt. Aber sie hat sich mit den Instrumenten »Familienbetreuung« und »psychologische Nachsorge« inzwischen auf die neue Situation eingestellt.

16. Affären in der Bundeswehr

Affären sind die Schattenseiten von Organisationen. Es kommt darauf an, ob man aus ihnen lernt. In der Bundesrepublik wurden die Affären, die die Bundeswehr erschütterten, in der und von der Öffentlichkeit aufmerksam beobachtet und aufgearbeitet. Nicht selten hat ein Parlamentarischer Untersuchungsausschuss die Arbeit vor aller Öffentlichkeit geleistet.

Die ersten Affären belasteten die Bundeswehr sehr schnell nach ihrer Gründung. »Fallschirmjäger sind Diamanten, und Diamanten müssen geschliffen werden« war das völlig überzogene Motto von Ausbildern der 1. Luftlandedivision in Nagold. Am 24. Juli 1963 wurden junge Soldaten der Ausbildungskompanie 6/9 bei großer Hitze mit Sturmgepäck auf einen 15 Kilometer langen Gewöhnungsmarsch geschickt. Der 19jährige Rekrut Gerd Trimborn brach auf diesem Marsch zusammen, aber er wurde unbarmherzig weitergetrieben. Er starb am 1. August an einem Nieren- und Leberdefekt. Der verantwortliche Ausbilder machte als »Schleifer von Nagold« Schlagzeilen, die Kompanie wurde noch im selben Monat aufgelöst. Nagold, eine kleine Stadt im Schwarzwald, wurde zum Synonym für Schleifermethoden. Die Ausbilder dort kamen aus dem Bundesgrenzschutz und hatten die Prinzipien der Inneren Führung noch nicht verinnerlicht. Durch diesen tragischen Vorfall wurde vielen anderen Ausbildern deutlich, wie sie Soldaten zu behandeln hatten.

Als 2004 in Coesfeld erneut schikanöse Ausbildungsmethoden bekannt wurden, fiel manch einem wieder der Vorfall von Nagold ein. Sofort wurden Maßnahmen ergriffen – durch die Bundeswehr, aber auch durch die Staatsanwaltschaft –, um deutlich zu machen, dass weder Gesellschaft noch Bundeswehr derartige Auswüchse hinzunehmen bereit sind. In Coesfeld wurden die Vorgänge damit begründet, dass man sich in der Ausbildung an den Einsätzen dieser Zeit orientieren müsse. Das war aber nicht überzeugend: Die verantwortlichen Ausbilder hatten die Menschenwürde der Soldaten missachtet. In beiden Fällen reagierte die Bundeswehrführung hart und klar. So blieb es bei den Einzelfällen.

Auch bei der Ausrüstung der Bundeswehr gab es Skandale. Als Verteidigungsminister Strauß den von der US-Firma Lockheed gebauten Starfighter in modifizierter Form für die Bundeswehr anschaffte, kritisierten die viele, weil sie meinten, die französische Mirage sei technisch eindeutig bes

159

ser. Waren da sachfremde Entscheidungsgründe im Spiel? Dies wurde nie ganz aufgeklärt. Frankreich, so die offizielle Begründung für die Anschaffung des Starfighters, sei nicht bereit gewesen, im Ernstfall Nuklearwaffen bereitzustellen. Das bundesdeutsche Kampfflugzeug sollte aber auch als Trägersystem für Nuklearwaffen ausgelegt sein. Als bekannt wurde, dass Strauß unter merkwürdigen Umständen die Firma Lockheed besucht hatte, führte dies zu vieldeutigen Spekulationen.

Als die Bundeswehr den Schützenkampfwagen HS 30 beschaffte, soll die Entscheidung für dieses Waffensystem bereits gefallen sein, als nur ein

Holzmodell des Panzerfahrzeugs verfügbar war, an dem sich Strauß und Bundeskanzler Adenauer fotografieren ließen. 50 Millionen Mark soll die Herstellerfirma für Provisionen und Schmiergelder ausgegeben haben.

1961 empfahl Verteidigungsminister Strauß seinem US-Kollegen Gates die Finanzbau Aktiengesellschaft (FIBAG), um in 47 Orten der Bundesrepublik 5.334 Wohnungen für die 7. US-Armee zu bauen. Das Geschäft kam zwar nicht zustande, aber die FIBAG gehörte einem Passauer Verleger. Die »Bayern-Connection« handelte Strauß dennoch den Vorwurf der Vorteilsnahme im Amt ein.

Als am 8. Oktober 1962 das Nachrichtenmagazin »Der Spiegel« über die Ergebnisse des NATO-Manövers FALLEX 62 berichtete und zu dem Ergebnis

Schützenkampfwagen HS 30

kam, die Bundeswehr sei nur »bedingt abwehrbereit«, witterte Bundeskanzler Adenauer einen »Abgrund an Hochverrat«. Die Bundesregierung schaltete die Bundesanwaltschaft ein. Redaktionsräume des »Spiegel« wurden durchsucht, Redakteure festgenommen. Der Spiegel-Herausgeber Rudolf Augstein stellte sich selbst, sein stellvertretender Chefredakteur, Conrad Ahlers, wurde in Spanien festgenommen. Sogar Innenminister Höcherl, wie Strauß Mitglied der CSU, sprach von einem Vorgehen »etwas außerhalb der Legalität«. Der Vorfall wurde von vielen als Angriff auf die Pressefreiheit gewertet.

Durch Rücktritt der fünf FDP-Minister wurde Adenauer genötigt, Strauß fallen zu lassen und sein Kabinett umzubilden. Strauß schaffte jedoch später ein Comeback: In der Großen Koalition wurde er Finanzminister – und nun traf er auf der Regierungsbank Conrad Ahlers wieder, der stellvertretender Regierungssprecher wurde. Weitere Beschaffungsvorhaben wurden genauer beobachtet.

Das Misstrauen der Öffentlichkeit war geweckt. Zudem achtete man in Zukunft auch darauf, dass die Presse kritisch berichten darf.

Immer wieder einmal haben Soldaten auch falsch verstandene Kameradschaft bewiesen. Manch ein durch die NS-Zeit vorbelasteter Offizier wurde dennoch militärisch geehrt. Bei offiziellen Anlässen und Begräbnissen wurden ihnen Ehren erwiesen, die sich mit dem Geist der Bundeswehr nicht mehr vereinbaren ließen. Die Luftwaffengenerale Krupinski und Franke rechtfertigten Auftritte des rechtsextremistischen Obersten aus dem Zweiten Weltkrieg, Rudel, der als ein »Fliegerdenkmal« galt. Sie verloren ihre Ämter. General Hildebrandt saß bei einer Parade der Faschisten in Spanien auf der Ehrentribüne. Diese Vorgänge führten zu heftigen Dikussionen und beschädigten die jeweiligen Minister, unter deren politischer Verantwortung dies geschah.

Auch die Namensgeber für Kasernen wurden nicht immer mit Bedacht ausgewählt. Es wurde der Fehler gemacht, dass oft nur ihre rein militärische Leistung gewertet wurde. Das politische Denken der Betroffenen blieb unbeachtet. Noch in den 90er Jahren fielen zahlreiche Traditionsräume auf, bei deren Gestaltung solche Unbedachtsamkeiten begangen worden waren. Einige Soldaten vertraten auch rechtsradikale Thesen und gaben sie an Kameraden weiter. Die politische Führung musste immer wieder eingreifen und die Soldaten an ihre politische Verantwortung erinnern, der sie in der Bundeswehr gerecht zu werden haben.

Trotzdem wäre es ungerechtfertigt, in der Bundeswehr einen Hort rechter Gesinnung zu vermuten. Ein Parlamentarischer Untersuchungsausschuss erwies in den 90er Jahren, dass es Grauzonen zwar gab, dass diese aber zum einen oft auf Unbedarftheit und Unkenntnis der Geschichte beruhten, zum anderen von den Soldaten nicht breit getragen wurden.

Unaufmerksam war beispielsweise die Leitung der Führungsakademie in Hamburg, als sie den Rechtsradikalen Röder zu einem Vortrag einlud und ihm Sachmittel aus den Beständen der Bundeswehr überließ. Der Kommandeur des Kommandos Spezialkräfte (KSK), General Günzel, beglückwünschte den später aus der CDU ausgeschlossenen Bundestagsabgeordneten Hohmann zu einer als antisemitisch empfundenen Rede unter dem dienstlichen Briefkopf der KSK. Günzel wurde aus der Bundeswehr entlassen.

In solchen Fällen griff die Bundeswehrführung sehr schnell und konsequent durch. 2004 noch verbot sie dem Verband Deutscher Soldaten (VDS), Bundeswehreinrichtungen zu nutzen, nachdem in dessen Mitteilungsblatt der stellvertretende Vorsitzende der nationalsozialistischen Partei der USA einen Artikel ohne weiteren Kommentar veröffentlichen konnte. Der Trennstrich wurde immer schärfer gezogen, je mehr Erfahrung man mit solchen Vorgängen hatte.

Eine der schlagzeilenträchtigsten war wohl die »Kießling-Affäre«. Verteidigungsminister Manfred Wörner hatte 1984 Informationen erhalten nach denen er dem Vier-Sterne-General Kießling, damals stellvertretender NATO-Oberbefehlshaber Europa, die erforderliche Sicherheitsbescheinigung nicht geben konnte: Kießling soll sich dadurch erpressbar gemacht haben, dass er eine angebliche homosexuelle Neigung verbarg. Dies bedeutete für den General, dass er entlassen werden musste.

Sehr schnell entstand der Eindruck, Kießling werde wegen seiner angeblichen Veranlagung entlassen. Wörner machte bei der Aufarbeitung dieser Affäre gravierende Fehler und büßte einen beträchtlichen Teil seiner Beliebtheit ein. Kießling wurde jedoch rehabilitiert und mit allen Ehren und einem Großen Zapfenstreich in den Ruhestand verabschiedet. Wörner bot dem Kanzler seinen Rücktritt an, dieser hielt ihn jedoch im Amt. Manfred Wörner wurde später zum Generalsekretär der NATO berufen und gewann hohe internationale Reputation. Die Frage der sexuellen Neigungen spielt heute in der Bundeswehr keine Rolle mehr, und der Generalinspekteur hat dazu einen eindeutigen Erlass herausgegeben.

General Kießling wird mit dem Großen Zapfenstreich verabschiedet.

1. Die Anfangsjahre

Die Ausrüstung der Bundeswehr erfolgte in drei Phasen, wobei deren letzte jetzt bei Erscheinen des Buches begonnen hat. Zunächst wurde in den 50er und 60er Jahren die Erstausstattung gekauft, die dann bereits in den 70er und 80er Jahren grundlegend erneuert werden musste. Die 90er Jahre zeichneten sich dadurch aus, dass – im Wesentlichen nach der deutschen Wiedervereinigung und der vertraglich vereinbarten Verkleinerung der neuen Bundeswehr – überzähliges Wehrmaterial verkauft oder verschrottet werden musste. Zwar war damals bereits absehbar, dass neue Aufgaben auf die Streitkräfte zukamen, doch es fehlte der politische Wille, absehbar notwendige Beschaffungsvorhaben durchzusetzen. Alle Parteien wollten nach Überwindung des Ost-West-Gegensatzes eine »Friedensdividende« einfahren.

Nach dem Regierungswechsel 1998, und nachdem die Kommission »Gemeinsame Sicherheit und Zukunft der Bundeswehr« unter Leitung von Richard von Weizsäcker ihren Bericht vorgelegt hatte, war jedoch offensichtlich, dass die deutschen Streitkräfte für die neuen Aufgaben unzureichend gerüstet waren. Gleichzeitig musste die Bundeswehr im Rahmen der Haushaltskonsolidierungsrunden jeweils ihren Beitrag leisten.

Da die Bundeswehr ursprünglich sehr schnell aufgestellt werden musste, wurde für die Erstausstattung auf sofort verfügbares Gerät zurückgegriffen, das nicht in jedem Fall dem neuesten technologischen Stand entsprach. Vom Ausland, vor allen Dingen von den USA, wurde Großgerät im Wert von über vier Milliarden Mark übernommen.

Für das Heer waren das die Kampfpanzer M47/M48, der Fla-Panzer M 42 sowie Geschütze verschiedener Kaliber. Die Luftwaffe wurde mit Kampf- und Aufklärungsflugzeugen F-84 ausgestattet. Die Marine bekam Zerstörer der »FLETCHER«-Klasse, Fregatten der Baujahre 1939 bis 1945, die für Schulzwecke genutzt wurden, sowie Landungsboote. Die Schnellboote der Klasse 149 waren nach Kriegsende von der Royal Navy beschlagnahmt und zunächst für den Bundesgrenzschutz freigegeben worden. Die Bundesmarine übernahm dann die Boote.

Kampfpanzer M48

Mannschaftstransportwagen M 113

Panzerhaubitze M 109

Kampfflugzeug STARFIGHTER

Transportflugzeug TRANSALL

Flugabwehrsystem HAWK

Großgerät der Bundeswehr

(Stand 31. Dezember 1969)
Heer:
1.462 Kampfpanzer M48
1.838 Kampfpanzer LEOPARD
  770 Kanonen-Jagdpanzer
  316 Raketen-Jagdpanzer
1.768 Schützenkampfwagen HS 30
1.608 Schützenpanzer HOTCHKISS
3.139 Mannschaftstransportwagen M113
  496 Fla-Panzer M42
   77 203-mm-Haubitzen auf Selbstfahrlafette M110
  347 155-mm-Panzerhaubitzen M109 G
  272 Haubitzen 105 mm
  360 120-mm-Mörser
       Lenkraketenwerfer SERGEANT
       Raketenwerfer HONEST JOHN
   81 leichte Verbindungsflugzeuge Do-27
  231 leichte Transporthubschrauber UH-1D, H-34 VERTOL
  226 Verbindungshubschrauber ALOUETTE II

Luftwaffe:
  511 Kampfflugzeuge F-104 G, STARFIGHTER
  119 Kampf- und Übungsflugzeuge TF-104 G
   21 Übungsflugzeuge STARFIGHTER F-104 F
  310 leichte Kampfflugzeuge FIAT G-91 R/3
   40 leichte Kampf- und Übungsflugzeuge G-91 T3
  179 Transportflugzeuge NORATLAS
   32 Transportflugzeuge TRANSALL
    4 schwere Transportflugzeuge BOEING 707
  130 leichte Verbindungsflugzeuge Do-27
  113 leichte Transporthubschrauber UH-1D
   54 leichte Verbindungshubschrauber ALOUETTE II, BELL 47
       FlaRaketen-Rampen NIKE
       FlaRaketen-Rampen HAWK
       Flugkörper-Strartrampen PERSHING
       Luftverteidigungs-Großradargeräte

Zerstörer ROMMEL

Stapellauf U 1

Schulschiff DEUTSCHLAND

Marine:

11	*Zerstörer*
6	*Fregatten*
40	*Schnellboote*
11	*Unterseeboote*
30	*schnelle Minensuchboote*
24	*Küstenminensuchboote*
103	*Kampf-Aufklärungsflugzeuge* STARFIGHTER F-104 G *und* TF-104 G
23	*Hubschrauber S-58 SAR*
5	*Flugboote* ALBATROS SAR
18	*Binnenminensuchboote*
24	*Landungsboote Schulschiff* DEUTSCHLAND
40	*Tender, Versorger, Transporter*
20	*U-Jagd- und Aufklärungsflugzeuge* BRÉGUET ATLANTIC
40	*Verbindungsflugzeuge verschiedener Typen.*

(Quelle: Weißbuch 1970)

Zu Beginn der 70er Jahre mussten Ausrüstung und Bewaffnung grundlegend erneuert werden. Die Erstausstattung war mittlerweile technologisch veraltet, und die Lebensdauer des Geräts war in vielen Fällen abgelaufen oder näherte sich ihrem Ende. Die Aufwendungen für den Erhalt und die Instandsetzung war wirtschaftlich nicht vertretbar. Dieses Problem stellte sich Ende des letzten und Anfang dieses Jahrhunderts erneut. Zudem war die Bewaffnung und Ausrüstung auf die alte NATO-Strategie der »Massiven Vergeltung« abgestimmt und passte nicht in das strategische Konzept der »Flexiblen Reaktion«. Auch dass Ausrüstung und Bewaffnung nicht in das geltende strategische Konzept passten, wiederholte sich.

Ein Beispiel war damals der STARFIGHTER. Optimiert war der F-104 G STARFIGHTER für Angriffe mit Nuklearwaffen und für die Luftverteidigung. Er eignete sich nur eingeschränkt für Erdkampfunterstützung. Der Tiefflug belastete das Flugzeug wesentlich stärker als der Flug in großen Höhen. Bei seiner Einführung hatte es eine ganze Serie von Abstürzen gegeben. Die bei der Bundeswehr geflogene Version eines allwetterfähigen Flugzeuges, das auch Nuklearwaffen tragen konnte, war ohne ausreichende Erprobung an die Truppe übergeben worden, und die Piloten hatten zu wenig Flugstunden, um sich mit dem Flugzeugmuster vertraut zu machen. Zudem verfügte die Maschine nur über ein Triebwerk.

Bei der Beschaffung der Erstausstattung waren von der damaligen Bundesregierung Risiken in Kauf genommen worden. Ein Beispiel dafür ist die Beschaffung der ersten U-Boote. Nachdem in den 60er Jahren eine erste Serie in Auftrag gegeben worden war, stellte sich heraus, dass der verwendete amagnetische Stahl nicht seewasserbeständig war. Aus Gründen der

Geheimhaltung hatte man den Stahl beschafft, ohne den Hersteller über den Verwendungszweck zu informieren. Entsprechend konnte dieser auch keinen Hinweis darauf geben, dass der Stahl für Schiffsbau ungeeignet war. Zwei Boote wurden mit normalem Schiffsbaustahl umgerüstet und waren nicht mehr amagnetisch und deshalb leicht zu orten. Bei den Booten U 4 bis U 8 wurde ein Zinkschutz eingebaut, was jedoch die Tauchtiefe drastisch verminderte. Lediglich die Boote U 9 bis U 12 wurden aus amagnetischem Stahl gebaut und standen der Flotte zur Verfügung.

Bereits die Beschaffung des HS 30 hatte zu einer Affäre geführt, die von einem Untersuchungsausschuss des Bundestages aufgearbeitet wurde. Zudem wurde der Schützenpanzer ohne ausreichende Erprobung eingeführt, sodass die Truppe die Kinderkrankheiten kurieren musste, bis er in den 70er Jahren durch den Schützenpanzer MARDER ersetzt wurde.

In den 70er Jahren ging es nicht mehr nur darum, altes und untaugliches Gerät zu ersetzen. Die neue NATO-Strategie erforderte eine andere Art der Ausrüstung und Bewaffnung. Das Heer brauchte mehr Beweglichkeit, eine höhere konventionelle Feuerkraft und eine verbesserte Tieffliegerabwehr. Die Luftwaffe musste ihre Aufklärungskapazität erhöhen, die Fähigkeit zum Erfassen und Bekämpfen von Tieffliegern verbessern und die Luftunterstützung für das Heer verstärken.

Deshalb wurden 1971 die ersten Aufklärungsflugzeuge vom Typ RF-4 E PHANTOM an die Truppe übergeben. Sie verfügten unter anderem über ein deutlich verbessertes Radar. Ende der 70er Jahre löste das leichte Kampfflugzeug ALPHA-JET die FIAT G-91 ab. Die deutsche Version des ALPHA-JET wurde zur Luftnahunterstützung und zur Gefechtsfeldaufklärung eingesetzt. Zu Beginn der 70er Jahre begann die Planung und Beschaffung des MRCA (Multi-Role Combat Airkraft) TORNADO, der Mitte der 70er Jahre zu seinem Erstflug abhob. Nicht zuletzt das geforderte breite Einsatzspektrum des Flugzeuges führte zu einer Kostenexplosion. Kritiker verspotteten den TORNADO als »Eier legende Wollmilchsau«, die so teuer geworden sei, weil zu viele Militärs aus zu vielen Staaten zu viel von dem Flugzeug verlangt hätten. Gedacht war der TORNADO in den 70er Jahren, in Zeiten des Kalten Krieges, als Allwetterflugzeug zur Erdkampfunterstützung und zur Erkämpfung der Luftüberlegenheit. Das Flugzeug war für den extremen Tiefflug optimiert. Als der TORNADO Jahrzehnte später während

PHANTOM RF-4E

des Kosovokrieges in der ECR-Version zur Unterdrückung der gegnerischen Luftverteidigung und in der Aufklärungsversion RECCE eingesetzt wurde, war nicht in erster Linie seine Tiefflugfähigkeit gefordert, doch er bewährte sich im Einsatz im mittleren Höhenbereich. Das breite Einsatzspektrum machte sich also bezahlt.

Das Heer brauchte in den 70er Jahren – entsprechend der NATO-Strategie der Flexiblen Reaktion – bewegliche Kräfte. Sie mussten in der Lage sein, schnell Schwerpunkte zu bilden, Einbrüche des Gegners in die eigene Front abzuriegeln und Land zurückzugewinnen.

Die Streitkräfte des Warschauer Paktes waren den NATO-Armeen zahlenmäßig überlegen. Dies musste durch hohe Beweglichkeit, starke Feuerkraft und ein reaktionsschnelles Führungssystem des Heeres ausgeglichen werden. Genügend hochmoderne Kampfpanzer, unterstützt von Panzergrenadieren und einer modernen weit reichenden Artillerie, sollten den Angriff einer zahlenmäßig stärkeren Panzerarmee aufhalten und zurückwerfen können. Entsprechend dieser Konzeption wurden Ende der 60er Jahre der neue Kampfpanzer LEOPARD, ein Transportpanzer, der Spähpanzer LUCHS, der Flugabwehrkanonenpanzer GEPARD, die Feldhaubitze 155-1 und der mittlere Transporthubschrauber CH-53 eingeführt.

Übernahme des ersten LEOPARD-Panzers durch Verteidigungsminister Kai-Uwe von Hassel.

2. Neuorientierung der Ausrüstungsplanung für den weltweiten Einsatz

Diese Waffensysteme wurden in den folgenden Jahren zwar immer wieder modernisiert und auch durch weitere ergänzt, doch mit dieser Ausstattung marschierte das Heer in das 21. Jahrhundert. Für den schnellen weltweiten Einsatz war sie nicht geplant und nur bedingt geeignet. Vor allem waren die gesamte Versorgung und Logistik der Bundeswehr nur auf die Landesverteidigung zugeschnitten.

Die Marine konzentrierte sich in den 70er Jahren weitgehend auf die küstennahe Verteidigung. Vor allem ihre Boote waren nur für den Einsatz in Nord- und Ostsee optimiert. Beim Einsatz des Minenabwehrverbandes »Südflanke« während des ersten Irak-Krieges und später im Persischen Golf fehlten ausreichende Klimaanlagen. Erst durch die Modernisierung seit den 90er Jahren bekam die Marine ausreichende Fähigkeiten für den weltweiten Einsatz.

Die Beschränkung auf die Landesverteidigung in den 70er Jahren wurde auch im Sanitätswesen deutlich. Für den Einsatz in grenznahen Zonen verfügte der Sanitätsdienst über mobile Einrichtungen der einzelnen Teilstreitkräfte. Im Wesentlichen sollten die Soldaten aber in ortsfesten Lazaretten und Bundeswehrkrankenhäusern versorgt werden. Eines der wenigen Feldlazarette wurde in den 90er Jahren nach Kambodscha verlegt. Tropentaugliche Bekleidung musste nachträglich beschafft werden. Seit dem UN-Einsatz in Kambodscha wurde das Sanitätswesen der Bundeswehr mobiler. Die Grundsatzentscheidung der 90er Jahre, die Soldaten im Einsatz auf dem Standard eines deutschen Kreiskrankenhauses versorgen zu wollen, stellte die Weichen in die richtige Richtung und begründete den guten Ruf der Bundeswehrsanitäter.

In den 70er Jahren gab es in Deutschland wieder eine leistungsfähige wehrtechnische Industrie. Für Großprojekte setzte die Bundesregierung auf internationale Zusammenarbeit. *»Die Kombination der technischen Fähigkeiten der Bündnisstaaten sorgt für eine qualitativ ausreichende Ausrüstung der Streitkräfte. Die Entwicklung größerer Projekte wird die Bundeswehr allein nur dann aufnehmen«*, heißt es im Weißbuch 1973/1974, *»wenn die Möglichkeiten gemeinschaftlichen Handelns ausgeschöpft sind. Es ist weder politisch noch wirtschaftlich zu* *vertreten, dass fast identische Waffensysteme in mehreren Bündnisstaaten entwickelt werden.«*

Auf der Ebene der NATO und im Kreis der europäischen Partner suchte die Bundeswehr die Kooperation. So richtig die Entscheidung im Grundsatz war, so problematisch konnte diese Orientierung im Einzelfall werden. Die Zusammenarbeit mit verschiedenen Partnern ließ die Anforderungen wachsen, was den Beschaffungsprozess insgesamt gelegentlich verlängerte und die ursprünglich geschätzten Kosten in die Höhe trieb. Neben ökonomischen Gründen erforderte auch die Teilnahme am multinationalen Einsatz eine stärkere Zusammenarbeit bei der Beschaffung. Ein multinationaler Verband, der mit höchst unterschiedlichen Systemen in den Einsatz geschickt wird, lässt sich kaum noch zu vertretbaren Kosten versorgen und ist vor allem nicht in der Lage, abgestimmt und wirkungsvoll zu handeln.

Heeresflieger im Irak im Einsatz für die UN

Mit der Einführung immer modernerer und komplexerer Systeme wuchsen naturgemäß auch die Anforderungen an die Bediener. Deshalb legte die Bundeswehr Wert auf eine zivilberufliche Vorbildung, die militärisch genutzt werden konnte. Eine aufwändige Fachausbildung in den Streitkräften musste hinzutreten. Dafür wurden länger dienende Freiwillige gebraucht, denn in den 70er Jahren war die Dauer des Grundwehrdienstes auf 15 Monate gesenkt worden. Kurz ausgebildete Soldaten konnten jedoch nur für Randfunktionen bei der Bedienung komplexer Systeme eingesetzt werden. Dieses grundsätzliche Problem wuchs mit der weiteren Verkürzung des Grundwehrdienstes auf zwölf und später auf neun Monate. Allerdings schöpfte die Bundeswehr die zivilberuflichen Vorqualifikationen ihrer Grundwehrdienst leistenden Soldaten noch zu unsystematisch aus.

Mit den ersten Auslandseinsätzen während der 90er Jahre ergab sich sofort die Notwendigkeit, die Ausrüstung der Bundeswehr zu ergänzen. Beispielsweise musste für den Einsatz der Heeresflieger im Irak, wo sie die UN-Inspekteure unterstützten, GPS-Systeme kurzfristig beschafft werden. Auch die Fernmeldeausrüstung für den Somaliaeinsatz erwies sich als unzureichend. Sofortbeschaffungen und große Bereitschaft zur Improvisation begleiteten viele Jahre die ins Ausland entsandten Einheiten.

Die Änderung des Aufgabenspektrums der Bundeswehr zeichnete sich damals bereits ab. Verteidigungsminister Volker Rühe unterschied zwischen Hauptverteidigungs- und Krisenreaktionskräften, wobei letztere über die jeweils modernste Ausrüstung und Bewaffnung verfügen sollten. Nach dem Prinzip, dass künftig die Investitionen auf neue Aufgaben konzentriert werden sollten, leitete er eine vorsichtige Neuorientierung der Investitionsplanung ein. Allerdings wurden aufgrund des Sparkurses von Finanzminister Theo Waigel diese Planungen immer wieder über den Haufen geworfen. Teilweise musste in laufende Haushalte eingegriffen werden, was eine langfristig angelegte Planung erschwerte.

Mit der Neuorientierung der Bundeswehr zu Beginn der rot-grünen Regierungskoalition wurde auch die vorliegende Investitionsplanung angepasst

Dabei setzte Verteidigungsminister Rudolf Scharping auf eine gemeinsame Planung und Beschaffung durch alle Teilstreitkräfte. Die elektronische Datenverarbeitung hatte zwar in vielen Bereichen Einzug in die Bundeswehr gefunden, doch gab es zahllose »Insellösungen«, die keinen Datenverbund erlaubten.

Auch die Kommunikation zwischen Heer, Luftwaffe und Marine entsprach nicht den Anforderungen des neuen strategischen Konzeptes. Schließlich mussten die Schwerpunkte der Beschaffungsplanung radikal neu gesetzt werden. Die Bundeswehr brauchte weniger schwer gepanzerte Verbände, dafür aber mehr schnell verlegbare Einheiten. Dies führte zu harten Einschnitten bei allen Teilstreitkräften.

Nach der Vorlage der »Verteidigungspolitischen Richtlinien« (VPR) passte Verteidigungsminister Peter Struck die Ausrüstungsplanung den neuen Anforderungen und den haushaltspolitischen Möglichkeiten an. Dabei strich er Anmeldungen für Neubeschaffungen, die aufgrund der neuen Ausrichtung nicht mehr erforderlich waren oder aufgrund des finanziellen Rahmens nicht vordringlich realisiert werden konnten. Die Material- und Ausrüstungsplanung wurde auf die Anforderungen für militärische Einsätze zugeschnitten und, wo immer möglich, streitkräftegemeinsam betrieben.

Die gesamte Planung richtete Struck an sechs miteinander verzahnten Kategorien aus:
- Führungsfähigkeit,
- Nachrichtengewinnung und Aufklärung,
- Mobilität,
- Wirksamkeit im Einsatz,
- Unterstützung und Durchhaltefähigkeit sowie
- Überlebensfähigkeit und Schutz.

Um die Führungsfähigkeit zu verbessern, wurde in einer ersten Ausbaustufe ein Führungsinformationssystem beschafft. Damit erwarb die Bundeswehr in einem ersten Schritt die Fähigkeit zur »vernetzten Operationsführung«. Das bereits bestehende Führungsinformationssystem des Heeres wurde nicht weiter ausgebaut, sondern die vorhandenen Elemente in das neue integriert.

Um die Aufklärungsfähigkeit zu verbessern, leitete Verteidigungsminister Struck die Beschaffung des Systems SAR-LUPE und des Maritime Patrol Aircraft (MPA) P3C »ORION« ein, wie auch des Bodenaufklärungssystems AGS (Alliance Ground Surveillance). Vordringlich betrieb er zudem die Beschaffung geschützter Mannschafts-Transportfahrzeuge, wie DURO, DINGO und MUNGO sowie des GTK (Geschützes Transportkraftfahrzeug), das bereits seit Jahren geplant war. Dafür stellte er den Kauf von ungepanzerten LKWs zurück.

Ebenfalls zum Schutz bei Auslandseinsätzen soll das Luftverteidigungssystem Medium Extended Air Defence System (MEADS) dienen, das zusammen mit Italien und den USA als Nachfolgemodell für das PATRIOT-

System entwickelt wird. Dem neuen Szenario angemessen, entschied er sich für den Schützenpanzer PUMA, der allerdings nicht mehr in der Stückzahl bestellt wurde wie ursprünglich von Heer gefordert worden war. Das Gleiche traf für den Kampfhubschrauber TIGER zu, der mit dem Panzerabwehrflugkörper PARS 3 (LR) ausgestattet werden soll. Zudem soll die Ausrüstung der Infanteristen nach dem Modell »INFANTERIST DER ZUKUNFT« verbessert werden. Dies soll dessen Operationsmöglichkeiten erweitern, aber auch seinen Schutz im Einsatz verbessern.

An der Beschaffung des neuen Hubschraubers NH 90 hielt der Minister unverändert fest, weil dieser den neuen Anforderungen Rechnung trägt.

Die Marine war in den zurückliegenden Jahren weitgehend modernisiert worden und damit in der Lage, weltweit zu operieren. Die neuen U-Boote 212A können auch weit entfernt von ihren Stützpunkten eingesetzt werden, Küsten und Wasserstraßen beobachten sowie Spezialkräfte an ihren Einsatzort bringen. Die Beschaffung weiterer Fregatten der Klasse 125 trieb Minister Struck weiter voran, wenngleich er die Zahl der Schiffe reduzierte. Für die Fregatte 124 wurde die Bewaffnung mit dem Schiff/Luftflugkörper Standard Missile 2 (SM2) realisiert, um die Hauptaufgabe Flugabwehr im Verbandsschutz zu verwirklichen. Die Luftwaffe konnte den beschlossenen EUROFIGHTER einführen und erhält, wie grundsätzlich von Strucks Vorgänger beschlossen, das neue Transportflugzeug A 400M.

Wenn diese Planung realisiert sein wird, verfügt die Bundeswehr über eine moderne Ausrüstung und Bewaffnung und ist den neuen sicherheitspolitischen Herausforderungen gewachsen.

Moderne Waffensysteme für die Bundeswehr

Unterstützungshubschrauber TIGER

Der TIGER, eine deutsch-französische Gemeinschaftsentwicklung, kann bei nahezu jedem Wetter und auch bei Nacht eingesetzt werden. In der Bundeswehr ersetzt er den Panzerabwehrhubschrauber BO 105. Der TIGER ist rund 14 Meter lang, wiegt leer 3,4 Tonnen und wird von zwei Turbinen mit jeweils 956 kW angetrieben. Sie verleihen ihm eine Höchstgeschwindigkeit von knapp 300 Stundenkilometern.
Seine Bewaffnung ist der jeweiligen Mission anpassbar. Zu den möglichen Bewaffnungssystemen zählen Luft/Luft-Flugkörper Stinger, Panzerabwehrkörper HOT 3, PARS 3, ungelenkte Raketen mit verschiedenen Gefechtsköpfen und zwei Bordkanonen.

Panzerabwehrraketensystem (PARS) 3

Das Panzerabwehrraketensystem der dritten Generation (PARS 3) wird die Hauptwaffe des Kampfhubschraubers TIGER gegen gepanzerte Bodenziele sein. Darüber hinaus wird es auch so genannte Sekundärziele wie Kampfhubschrauber und teilgehärtete Fahrzeuge bekämpfen und zerstören können. PARS 3 funktioniert nach dem Prinzip »fire and forget«: Sensoren und moderne Elektronik steuern den 41 Kilogramm schweren Flugkörper bis zu fünf Kilometer weit in das anvisierte Ziel.

DURO

Der DURO ist ein modernes, gepanzertes Mehrzweckfahrzeug mit Sechsradantrieb. Er soll die bisherigen ungepanzerten Trägerfahrzeuge ergänzen und einen wesentlichen Beitrag zur Sicherheit der Soldaten im Einsatz leisten. Seinen bis zu 14 Besatzungsmitgliedern bietet der DURO Schutz gegen Splitter, Beschuss, Minen und ABC-Kampfstoffe. Bei einem Gesamtgewicht von zwölf Tonnen kann der DURO in der TRANSALL und im Nachfolgemodell A400 M transportiert werden.

Schützenpanzer PUMA

Der PUMA ist Nachfolger des nicht mehr anforderungsgerechten Schützenpanzers MARDER. Anders als dieser kann die Basisversion des PUMA mit dem künftigen Transportflugzeug A400 M an den Einsatzort gebracht werden.

Je nach Ausstattung und Schutzmodulen wiegt das Fahrzeug zwischen 31,5 und 43 Tonnen. Bewaffnet ist der PUMA mit einer 30-Millimeter-Kanone, angetrieben wird er von einem 800-Kilowatt-Triebwerk.

DINGO

Der DINGO ist ein leichtes, teilgehärtetes Transportfahrzeug. Es kann bis zu fünf Soldaten oder eine Nutzlast von 1,4 Tonnen transportieren. Das Gesamtgewicht des DINGO liegt bei 8,8 Tonnen. Basierend auf dem UNIMOG, kann der DINGO per Flugzeug transportiert werden.

MUNGO

Das Luftlandefahrzeug MUNGO kann bis zu zehn Soldaten gegen Splitter, Beschuss mit Infanteriemunition und gegen Anti-Personen-Minen schützen. Trotzdem ist der MUNGO lufttransportfähig. Er kann rund zwei Tonnen Nutzlast transportieren. Allradantrieb, Differenzialsperre und ein Kriechgang sorgen für eine hohe Geländegängigkeit. Angetrieben wird der MUNGO von einem Turbodiesel mit 78 Kilowatt Leistung.

Gepanzertes Transport-Kraftfahrzeug (GTK)

Das gepanzerte Transport-Kraftfahrzeug wird in der Bundeswehr teilweise den Transportpanzer FUCHS und den Mannschaftstransportwagen M 113 ersetzen. Die GTK-Variante BOXER wiegt bis zu 29 Tonnen, hat eine Reichweite von bis zu 1.100 Kilometern, ist luftverlastbar und bietet Platz für bis zu 11 voll ausgerüstete Soldaten.

Multi 2 (A3)

Das Fahrerhaus des Multi 2 ist eine geschottete Panzerstahl-Dickblechkonstruktion. Es soll die Besatzung vor dem Beschuss mit Infanteriemunition und vor Artilleriesplittern sowie auch vor der

Wirkung von Panzerminen schützen. Durch das verwendete Schottsystem verfügt der Multi 2 auch über einem Eigenschutz gegen binäre und chemische Kampfstoffe. Zur Selbstverteidigung besitzt das Transportfahrzeug eine Lafette auf den

Dach des Führerhauses. Dort können ein MG 3 (Kal. 7,62 mm), ein schweres MG Browning (Kal. 12,7 mm) oder eine Granatmaschinenwaffe (Kal. 40 mm) installiert werden.

TAIFUN

Mit der Drohne TAIFUN, einem ferngesteuerten, unbemannten Luftfahrzeug zur Bekämpfung von Einzelzielen, kann das deutsche Heer in Breite und Tiefe des gegnerischen Raumes wirken. Die Ziele können, bevor sie für die eigene Truppe zu einer Bedrohung werden, bekämpft werden.

A 400M

Der »Militär-Airbus« A 400 ist eine europäische Gemeinschaftsentwicklung. Der Erstflug ist für 2008 vorgesehen, die ersten Auslieferungen sollen 2009 erfolgen, und erste Maschinen soll die deutsche Luftwaffe ab 2010 erhalten. Der A 400 M kann mit 37 Tonnen Fracht nonstop 7.250 Kilometer weit fliegen.

LEOPARD 2 A6

Die Weiterentwicklung des derzeitigen Standard-Kampfpanzers der Bundeswehr LEOPARD 2 A5 hat dank einer leistungsstärkeren Munition eine höhere Feuerkraft als sein Vorläufer. Das Rohr des »A6« ist länger.

FENNEK

Der FENNEK ist ein leistungsfähiges und hoch geländegängiges, gepanzertes Spähfahrzeug der Bundeswehr. Die deutsch-niederländische Entwicklung soll den bisherigen Spähpanzer LUCHS ablösen. Der FENNEK soll unabhängig (bis zu fünf Tage) im Einsatzgebiet operieren und gegnerische Truppenbewegungen beobachten und melden. Das bis zu 115 Stundenkilometer schnelle Spähfahrzeug verfügt über eine Granatpistole (Kal. 40 mm) und Nebelgranaten. Er hat einen Bewegungsradius von rund 860 Kilometern auf der Straße und 400 Kilometern im Geländeeinsatz.

WIESEL 2

Der WIESEL 2 ist eine Weiterentwicklung des bereits vorhandenen luftbeweglichen Kleinfahrzeugs der Luftlandetruppe. Der gegenüber seinem Vorgänger vergrößerte WIESEL 2 wird in verschiedenen Spezifikationen zum Einsatz kommen. Neben einem Luftlandepanzer mit einer bisher nicht vorhandenen Luftabwehrkapazität sind auch Aufklärungs- und Pioniervarianten geplant.

MEADS

Das Medium Extended Air Defense System (MEADS) ist das einzige transatlantische Rüstungsprojekt, an dem Deutschland beteiligt ist. Das Luftabwehrsystem soll mit seiner zentimetergenauen Treffsicherheit in der Lage sein, angreifende Raketen im Anflug zu zerstören.

MARITIME PATROL AIRCRAFT (MPA) P – 3C ORION

Ausgestattet mit moderner Elektronik, dient die ORION als Seefernaufklärer und als »U-Boot-Jäger«. Die knapp 36 Meter lange Maschine wurde bisher von den Niederlanden genutzt. Sie hat vier Turbo-Prop-Triebwerke und eine Reichweite von gut 3.500 Kilometern.

SAR-LUPE

SAR-LUPE ist ein allwetterfähiges Radarsatellitensystem, bestehend aus fünf Kleinsatelliten, die jeden Ort der Erde innerhalb

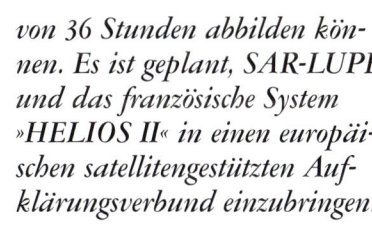

von 36 Stunden abbilden können. Es ist geplant, SAR-LUPE und das französische System »HELIOS II« in einen europäischen satellitengestützten Aufklärungsverbund einzubringen.

SATCOM Bw Stufe 2

Mit diesem Programm erhält die Bundeswehr ein neues satellitengestütztes Kommunikationssystem.

ALLIANCE GROUND SURVEILLANCE (AGS)

Bis 2010 will die NATO eine eigene Kernfähigkeit zur weiträumigen abbildenden Aufklärung am Boden mittels Radar entwickeln. Das System soll einen Mix aus bemannten und unbemannten Aufklärungsmitteln in der Luft und Aufklärungssystemen am Boden umfassen.

NH 90

Der Transporthubschrauber NH 90 soll in der Bundeswehr die BELL UH 1 D ablösen. Er ist für »normale« Transportaufgaben, aber auch für Sondereinsätze wie luftgestützte Operationen geeignet. Der NH 90 hat ein maximales Startgewicht von rund zehn Tonnen. Er kann,

außer den zwei Piloten, zwanzig Soldaten oder vier Tonnen Material mit einer Höchstgeschwindigkeit von knapp 300 Stundenkilometern transportieren. Seine Reichweite beträgt bei maximalem Abfluggewicht 880 Kilometer.

PATRIOT

Das Flugabwehrraketensystem PATRIOT schützt die eigene Truppe vor Luftangriffen aus mittleren bis großen Höhen. Es kann Ziele in einer Entfernung von mehr als 100 Kilometern erfassen und mehrere Ziele gleichzeitig bekämpfen.

MARS

Das Mittlere Artillerie Raketen System (MARS) ist eine Waffe der Artillerie. Das leicht gepanzerte Kettenfahrzeug kann Minen verlegen und halbharte Ziele bekämpfen. Jedes Fahrzeug hat eine Navigationsanlage, einen Feuerleitrechner und zwölf Raketen, die gegen Flächenziele in einer Entfernung von bis zu 40 Kilometern eingesetzt werden können.

INFANTERIST DER ZUKUNFT (IdZ)

Karte und Kompass haben ausgedient. Das Heer stattet seine Infanterieeinheiten mit neuer Ausrüstung aus. Hierzu zählen, neben der ballistischen Schutzweste, der tragbare Kleincomputer (Palmtop) mit satellitengestützter Global Positioning System (GPS)-Anbindung beispielsweise Restlichtverstärker, Laserentfernungsmesser und Wärmebildgeräte, Granatwerferanbau, Gehör- und ABC/F-Schutz.

U 212A

Die Unterseeboote der Klasse U 212A gehören zu den modernsten U-Booten der Welt. Als einziger U-Boot-Typ mit nicht nuklearem Antrieb verfügen die Boote dieser Klasse über einen außenluftunabhängigen Antrieb. Durch die Brennstoffzelle wird der Aktionsradius deutlich erhöht. Außerdem ermöglicht dieser zukunftsweisende Antrieb eine nahezu lautlose Bewegung unter Wasser, sodass Unterseeboote der Klasse und U 212A nur schwer zu orten sind.

FREGATTE F 124

Die FREGATTE F 124, zurzeit das größte und modernste Überwasserschiff der Marine, beim Abschuss einer SM 2.

Standard Missile 2 (SM2)

Die Standard Missile 2 ist ein Flugkörper, mit der anfliegende Luftfahrzeuge und gegnerische Flugkörper von Marineeinheiten auf große Entfernung bekämpft werden können.

EINSATZGRUPPENVERSORGER

Der EINSATZGRUPPENVERSORGER (EGV) Klasse 702 ist ein Versorgungsschiff, das in der Lage ist, größere Marineverbände über einen längeren Zeitraum zu begleiten. Neben der logistischen Unterstützung des gesamten Verbandes verfügt der EGV über eine eigenständige medizinische Komponente, die die sanitätsdienstliche Versorgung sicherstellt.

EUROFIGHTER

Der EUROFIGHTER – internationale Exportbezeichnung TYPHOON – wurde in deutsch-britisch-italienischer Kooperation entwickelt. Der Jet besitzt ein Leergewicht von 9,9 Tonnen, ein maximales Startgewicht von 21,0 Tonnen

und erreicht eine maximale Geschwindigkeit von Mach 2.0. Die Spannweite beträgt 10,95, die Länge 15,96 und die Höhe 5,28 Meter. Das Strahlflugzeug hat eine Reichweite von 1.389 Kilometern.
Bewaffnung: 1 Bordkanone 27 mm mit 180 Schuss Munition, 15 Außenstationen, unter anderem für vier radargesteuerte Lenkflugkörper mittlerer Reichweite, und zwei Infrarot-Lenkflugkörper kurzer Reichweite IRIS-T

(Quelle: BMVg 11.05.2004)

1. Das Heer

Nachdem am 12. November 1955 die ersten 101 Soldaten ihre Ernennungsurkunden erhalten hatten, wurden Anfang 1956 sieben Lehrkompanien des Heeres in Andernach/Rhein aufgestellt. Ab 1. Juli 1957 folgte dann der Aufbau der ersten zwölf Truppenschulen.

In der Himmeroder Denkschrift, die die ersten Überlegungen für die Bundeswehr formulierte, wurde das Heer nur in groben Skizzen gezeichnet. Es sollte 12 Divisionen umfassen. Offen blieb, ob es über die Heeresflieger hinaus eine eigenständige Luftwaffe geben solle.

Da die Alliierten einer Aufstellung der Bundeswehr vor allem deswegen zustimmten, weil sie damit die konventionelle Verteidigungsfähigkeit in Europa stärken wollten, legten sie Wert auf eine möglichst schnelle Bereitstellung von Heereskräften. Auf die schnelle Aufstellung dieser Verbände war die Heeresstruktur I ausgerichtet, deren Verwirklichung Verteidigungsminister Strauß sofort nach Amtsantritt einleitete. Ende 1956 wurde die Stärke des Feldheeres auf zunächst 195.000 Soldaten festgelegt.

Die Politik hatte also ein großes Interesse an einer schnellen Erfüllung der ersten Bündnisverpflichtungen. So stand vor allem das Heer unter einem erheblichen Druck, die Verbände und Großverbände, die der NATO assigniert werden konnten, möglichst schnell aufzustellen. Von Anfang an waren 12 Divisionen vorgesehen. Die damaligen Planer fanden, dass dies am schnellsten durch eine immerwährende Teilung der aufgestellten Verbände erreichbar wäre: Jeder aufgestellte Verband wurde sechs Monate nach seiner Aufstellung geteilt. So entstanden daraus zwei neue Verbände.

Es ist leicht vorstellbar, dass damit nur formal den Anforderungen der NATO entsprochen werden konnte. Die Einsatzfähigkeit war nicht gegeben, denn die Hälfte dieser Verbände stand eigentlich nur auf dem Papier, weil sie gerade aufgestellt wurden. Die NATO-Unterstellung der 12 Divisionen konnte also 1959 nicht vollständig abgeschlossen werden.

Aufgabe des Heeres war es, einen ins NATO-Gebiet eingedrungenen Gegner aufzuhalten, zurückzuwerfen und verlorenes Gebiet wieder zurückzuerobern. Das sollte immer im Verbund mit den Verbündeten geschehen. Deren Operationsfreiheit zu sichern, war eine weitere Aufgabe des

Soldaten in der Geländeausbildung

deutschen Heeres. Neben den Einsatzverbänden, die sich selbst an der Verteidigung beteiligten, wurde diese Sicherung der Operationsfreiheit durch Verbände organisiert, die dem so genannten Territorialheer zugerechnet wurden. Als oberste Führungsebene des »Terr-Heeres«, wie es im alltäglichen Sprachgebrauch hieß, wurde das »Amt für territoriale Verteidigung« später »Kommando Territoriale Verteidigung«, aufgestellt. Die Gliederung unterhalb dieser Kommandoebene hatte noch lange Bestand: Es wurden Wehrbereichs- und Verteidigungsbezirkskommandos gebildet. Allerdings wurden mit den letzten Reformen diese Kommandos reduziert und die Verteidigungsbezirkskommandos aufgelöst. Die neuen Bezirkskommandos müssen wesentlich größere Gebiete »verwalten«. An dieser Stelle greifen die Kritiker der heutigen Struktur an, wenn sie anmahnen, dass für die Territorialverteidigung nicht mehr ausreichend getan werde. Zudem stünde die Bundeswehr in der Fläche auch für den Katastrophenschutz nicht mehr schnell zur Verfügung.

Der schnelle Aufbau des Heeres hatte auch Auswirkungen auf die Ausrüstung (siehe auch: Ausrüstung und Bewaffnung der Bundeswehr) Die ersten Soldaten wurden an US-amerikanischen Waffensystemen ausgebildet. Der Kampfpanzer M 47 war in der Anfangszeit das Hauptwaffensystem des Heeres. Das deutsche Maschinengewehr MG 42, das im Zweiten Weltkrieg schon genutzt worden war, konnte unter der Bezeichnung MG 3 wieder eingeführt werden, nachdem es auf das einheitliche NATO-Kaliber umgerüstet worden war.

Sehr schnell führten die sowjetischen Streitkräfte nukleare Gefechtsfeldwaffen ein und stationierten sie auch in der DDR. Darauf musste sich die Bundeswehr einstellen. Ihre Struktur musste überdacht werden. Es wuchs die Erkenntnis, dass die Divisionen mit jeweils 28.000 Mann einerseits sehr groß, andererseits in der Führung aber auch sehr schwerfällig waren. Sie wurden den neuen sicherheitspolitischen Herausforderungen damit nicht mehr gerecht. Kleinere Verbände sollten für jene Auflockerung sorgen, die die Wirkungsmöglichkeiten der östlichen Nuklearwaffen reduzierte. In der Strategie der flexiblen Erwiderung suchte die Bundeswehr nach einem Weg, die Verteidigung mit beweglich geführten Verbänden, die zu schnellen Gegenangriffen fähig waren, zu organisieren.

So kam es schon 1959 zur Heeresstruktur 2. Zum ersten Mal sprach die Bundeswehr vom »Gefecht der verbundenen Waffen«, also dem koordinierten Zusammenwirken der Truppengattungen (Panzer, Panzergrenadiere, Flugabwehr, Artillerie und Pioniere). Dadurch sollte es möglich werden, über mehrere Tage beweglich und in wechselnden Gefechtsarten den Kampf zu führen. Dies machte erforderlich, dass unterhalb der Divi-

Deutsche KFOR-Truppe im Einsatz

sionsebene Brigaden eingeführt wurden, die als unterste Ebene zu diesem Gefecht der verbundenen Waffen befähigt waren.

Jetzt war auch eine bessere Aufgliederung nach den Kampfarten möglich. So wurden Panzerbrigaden gebildet, die sich aus einem Panzergrenadierbataillon, zwei Panzerbataillonen, einem Panzerartilleriebataillon und einem Versorgungsbataillon zusammensetzten. Zudem wurden Grenadierbrigaden aufgestellt, die sich aus jeweils einem motorisierten Grenadierbataillon, zwei Panzergrenadierbataillonen, einem Panzerbataillon, einem Feldartilleriebataillon sowie wiederum einem Versorgungsbataillon zusammensetzten.

Nachdem sich diese Struktur in einer Lehr- und Versuchsübung im Herbst 1958 bewährt hatte, wurde das Heer ab Frühjahr 1959 umgegliedert. Ende 1959 war die Bilanz dann schon besser: Elf Divisionen mit 27 Brigaden waren aufgestellt, der Umfang des Heeres war auf 148.000 Mann angewachsen.

Mit der Verschärfung des Kalten Kriegs durch den Mauerbau und den Aufbau der »Grenzsicherungsanlagen« an der innerdeutschen Grenze durch die DDR wurde die Notwendigkeit, den deutschen Beitrag möglichst schnell und vollständig in das Bündnis einzubringen, noch dringender. Als die 12. Panzerdivision am 10. April 1965 der NATO assigniert wurde, hatte die Bundesrepublik Deutschland ihre Bündnisverpflichtung erfüllt: Der bundesdeutsche Beitrag zur Verteidigung Westeuropas stand. Der Umfang des Heeres war mittlerweile auf 305.000 Mann angewachsen.

Im Rahmen der NATO-Strategie der flexiblen Erwiderung musste auch das Heer in die Lage versetzt werden, einen Beitrag zur Eskalationsleiter der Waffensysteme zu leisten. Deswegen wurde es mit Trägern für Nuklearwaffen ausgerüstet. Bei den Korps waren drei Raketenartilleriebataillone SERGEANT und bei den Divisionen elf Raketenartilleriebataillone HONEST JOHN aufgestellt worden. Die englischen Namen der Waffensysteme symbolisierten, dass diese Verbände nicht ohne enge Anbindung an die US-Streitkräfte operieren konnten: Das Heer hatte zwar Trägersysteme und Abschussanlagen, aber es verfügte nicht über nukleare Sprengköpfe. Diese sollten erst im Einsatzfall von den USA übergeben werden, die auch die Hoheit über deren Einsatz behalten hätten.

Anfang der 60er Jahre stellte das Heer die so genannte Territoriale Wehrorganisation auf. Aufgabe dieses Teils der Landstreitkräfte war es, in einem Krisen- oder Verteidigungsfall die Infrastruktur der Bundesrepublik zu schützen. Dazu gehörten der Objektschutz, der Raumschutz und die Sicherstellung der Bewegungsmöglichkeiten, also dass der Verkehr weiter rollen konnte, im Verteidigungsfall vor allem der militärische Verkehr der Bundeswehr und der Verbündeten. Zu diesem Zweck wurden Jägerbataillone und Sicherungskompanien aufgestellt, die überwiegend nichtaktiv waren. Sie sollten durch Verbandsteilung – wie seinerzeit bei der Gründung der Bundeswehr – und durch die Einberufung von Reservisten im Ernstfal aktiviert werden. 1969 wurde das Kommando Territoriale Verteidigung aufgelöst und durch drei regionale Territorialkommandos ersetzt: die Territorialkommandos Nord, Süd und Schleswig-Holstein.

Mit der Zeit wurde auch der Aufbau der Ausrüstung der Bundeswehr intensiviert. Die Panzerkompanien erhielten den US-amerikanischen Kampfpanzer M 48. Der Schützenkampfwagen HS 30 wurde in den Panzergrenadierkompanien eingesetzt. Ab Mitte der 60er Jahre kamen dann die ersten bundesdeutschen Waffensysteme in die Truppe: der Kampfpanzer LEOPARD, der Schützenpanzer MARDER, sowie die US-amerikanischen Entwicklungen Mannschaftstransportpanzer M 113 und der Transporthubschrauber BELL UH-1D, Systeme, die bis heute in der Bundeswehreingesetzt werden.

Als die NATO die Strategie der flexiblen Erwiderung einführte, musste die Bundeswehr ihre konventionellen Streitkräfte direkt an der innerdeutschen Grenze und an der Systemgrenze zu den anderen Staaten des Warschauer Paktes aufbauen. Das Prinzip der Vorneverteidigung bedeutete, dass der Angreifer direkt an der Grenze gestoppt werden sollte. Ziel war, die innerdeutsche Grenze, die zugleich die Systemgrenze darstellte, bestimmten Verbänden der Bundeswehr und der Verbündeten zuzuweisen. Dieses Ziel wurde nie völlig erreicht. Die Einsatzräume des westdeutschen Feldheeres waren alle »vorne« und im Detail definiert. Das Rational dieser Planung war es, dass ein möglicher Angreifer immer damit rechnen musste, sehr schnell auf Streitkräfte mehrerer NATO-Staaten zu treffen. Wegen der unterschiedlichen Färbung dieser Verbände auf den entsprechenden Karten wurde diese Organisation der Verteidigung im Volksmund »Schichttorte« genannt.

In diese Zeit fiel der Einmarsch der Warschauer-Pakt-Truppen in die CSSR, durch den die Reformbewegung in unserem Nachbarland niedergeschlagen wurde. Mit Ausnahme einer zeitweisen Anordnung besonderer Bereitschaft der NATO-Streitkräfte hatte dies keine direkten Auswirkungen auf das Heer und seine Struktur.

Der neuen NATO-Strategie wurde ab 1970 mit der Heeresstruktur 3 Rechnung getragen. Das Gebiet der innerdeutschen Grenze ist auf der Seite der Bundesrepublik in weiten Teilen geprägt von Gelände, das für Panzer wenig gut geeignet ist. In diesem Gebiet sollten Jägerbrigaden den Gegner aufhalten. Die 2. und die 4. Panzergrenadierdivision wurden in Jägerdivisionen umgewandelt. Auf der Korpsebene wurden Panzerregimenter als Einsatzreserve vorgehalten. Beim I. und II. Korps wurde diese Umwandlung zum 1. April 1970 vollzogen, im III. Korps wurde dies nie umgesetzt. Hinzu bekamen die Korps jeweils eine Luftlandebrigade. Die Korps verfügten damit zum ersten Mal über eine eigene Reserve. Sie wurden damit für den Einsatzfall autarker.

Ende 1971 war das Heer umgegliedert. Vier Panzer-, vier Panzergrenadier-, zwei Jäger-, eine Gebirgs- und eine Luftlandedivision bildeten nun

Appell in Kabul beim ISAF-Kommando

die Einsatzkräfte des Feldheeres. Diese umfassten 13 Panzer-, elf Panzer grenadier-, vier Jäger-, drei Fallschirmjäger- und zwei Gebirgsbrigaden. El Feldartilleriebataillone waren mit nuklearfähigen Trägersystemen ausge stattet.

Ins Territorialheer wurden die Verbände aufgenommen, die durch die Umgliederung der Jägerdivisionen frei geworden waren. Sie wurden in der vier Territorialkommandos zu Heimatschutzkommandos zusammenge fasst, die nun erstmals auch über gepanzerte Gefechtsfahrzeuge verfügten

Erneut wurde die Ausrüstung des Heeres modernisiert. In der zweiter Hälfte der 70er Jahre wurden die Panzerabwehrlenkraketen HOT und MILAN, der Flugabwehrkanonenpanzer GEPARD, der Kampfpanze LEOPARD II, der Flugabwehrpanzer ROLAND und der Panzerabwehr hubschrauber entwickelt und eingeführt.

In den 70er Jahren verbesserte der Warschauer Pakt seine Nuklearfähig keit, was dann zum NATO-Doppelbeschluss führte (siehe dort). Auch in konventionellen Bereich holte der Warschauer Pakt auf. Der bisherige qualitative Vorsprung der NATO schmolz dahin, als der Warschauer Pak moderne Kampf- und Schützenpanzer, neue Panzerhaubitzen und gepan zerte Fugabwehrwaffen einführte. Zu der schon bestehenden quantitativen Überlegenheit trat also das qualitative Aufholen hinzu, wodurch die nukleare Komponente der NATO-Strategie eine neue Bedeutung erfuhr.

Kaum war die Heeresstruktur 3 überall eingenommen, begannen die Planungen für die Heeresstruktur 4. Die Flexibilität der Streitkräfte sollte weiter erhöht werden. Damit sollten Schwerpunkte in einem möglichen Gefecht schneller gebildet und verlagert werden können. Am 1. Oktober 1980 begann die Umgliederung des Heeres, Ende 1981 war sie bereits abgeschlossen. Ziel war es, kleinere und mehr Kampfverbände und -einheiten zu bilden. Die Führerdichte in der Truppe sollte infolgedessen zunehmen. In den Brigaden erhöhte sich im Zuge dieser Umgliederung die Zahl der Kampftruppenbataillone von drei auf vier. Es wurden gemischte Panzer- und Panzergrenadierbataillone gebildet.

Das Feldheer umfasste nun drei Korps mit zwölf Divisionen. Die 2. und 4. Jägerdivision wurden zu Panzergrenadierdivisionen, die 1. und 7. Panzergrenadierdivision zu Panzerdivisionen. Das Heer umfasste 36 aktive Brigaden: 17 Panzer-, 15 Panzergrenadier-, drei Luftlande- und eine Gebirgsbrigade.

Das Territorialheer blieb bei seiner Gliederung in drei Territorialkommandos mit fünf Wehrbereichskommandos. Unterhalb der Wehrbereichskommandos wurden 29 Verteidigungsbezirks- und 80 Verteidigungskreiskommandos eingerichtet. Damit war der Heimatschutz noch dezentraler organisiert. Die seit 1970 bestehenden teilaktiven Heimatschutzkommandos wurden in Brigaden umgewandelt. Sechs weitere Heimatschutzbrigaden wurden aufgestellt. Mit dieser Umstrukturierung erreichte das Territorialheer 1985 seinen größten Umfang. Nach einer Mobilmachung wäre es auf 450.000 Soldaten angewachsen. Im Frieden allerdings waren nur 45.000 Soldaten, also rund zehn Prozent, aktiv in der Truppe. Um die US-Streitkräfte in Europa im Spannungs- oder Verteidigungsfall zu unterstützen, wurden so genannte »Unterstützungskommandos WHNS (Wartime Host Nation Support) gebildet.

Die bei Abrüstungsverhandlungen und die im Zwei-Plus-Vier-Vertrag getroffenen Entscheidungen führten zu einer Reduzierung der Bundeswehr. Die alte Heeresstruktur konnte da keinen Bestand mehr haben. Hinzu kam, dass sich auch die Aufgaben wandelten. Die »Schichttorte« war überholt. Einsätze, vor allem im Ausland, wurden der neue Fokus der Bundeswehr. Damit wurden drei wesentliche Elemente für die Struktur des Heeres verändert: Auftrag, Einsatzorte und Stärke. Die Heeresstruktur 5 wurde entworfen.

Das Heer musste sehr schnell erfahren, was es bedeutete, dass die Bedrohung in Mitteleuropa abnahm, dass dafür aber zusätzliche Risiken den Einsatz im Ausland erforderlich machten, der vor allen Dingen vom Heer zu tragen war. Diese neuen Aufgaben machten die Trennung in Territorial- und Feldheer überflüssig. Sie sollten deswegen zusammengelegt werden, was aber nicht geschah. Langfristig ungeplante Kürzungen im Verteidigungshaushalt und die Bildung multinationaler Korpsstäbe machten Ende 1992 ein Nachsteuern der Heeresstruktur 5 erforderlich. Dabei wurden die Territorialkommandos einfach aufgelöst. Fusioniert wurden die Wehrbereichs- und Divisionskommandos (acht blieben bestehen) sowie zwei zusätzliche operative Divisionsstäbe. Die Anzahl der Brigaden wurde von 48 auf 26 reduziert. Davon waren nicht mehr alle vollständig präsent. Nachdem die NATO die nuklearen Gefechtsfeldwaffen aus ihren strategischen Planungen gestrichen hatte, konnte auch das Heer die Verbände mit den Trägersystemen auflösen.

Auch die Führungsstruktur des Heeres wurde umgebaut. Der Stab des bisherigen III. Korps in Koblenz wurde zum Heeresführungskommando, das die kommenden Einsätze planen, vorbereiten und leiten sollte. Das Heeresunterstützungskommando sollte Einsätze unterstützen und alle zentral zu lösenden Aufgaben in der Logistik, Rüstung und beim Sanitätsdienst übernehmen. Für die grundlegenden Aufgaben des Heeres bei der Ausbildung blieb das Heeresamt zuständig. Dort sollte auch die konzeptionelle Weiterentwicklung in den Bereichen Führungsunterstützung, Kampf, Kampfunterstützung und Einsatzunterstützung geleistet werden.

In diese Phase fiel 1990 die deutsche Einheit. Damit mussten Soldaten der aufgelösten Nationalen Volksarmee der DDR aufgenommen werden. 302.000 Bundeswehr-Heeressoldaten und 58.000 NVA-Heeressoldaten brachten das neue Heer auf eine Stärke von rund 360.000 Soldaten. Nach den internationalen Vereinbarungen durfte es aber künftig nur noch 255.000 Soldaten umfassen.

Während einer Übung im Rahmen des Programms »Partnership for Peace«

In der Zeit bis 1994 mussten also 105.000 Soldaten ihre Uniform ausziehen. Die Bundeswehr hatte ihren Aufbau in den neuen Bundesländern zu leisten. Hinzu kam noch die Verwertung des Materials. All das zusammen bedeutete für das Heer massive Einschnitte.

Zu Beginn der 90er Jahre standen alle Armeen in Europa vor dem Problem, dass ihnen einerseits neue Aufgaben zuwuchsen, zum anderen aber Personal und Mittel reduziert wurden. Um dennoch operativ einsetzbare Großverbände zu erhalten, wurde der Weg in die Multinationalität gewählt. Das Eurokorps, das deutsch-niederländische Korps, zwei deutsch-amerikanische Korps sowie das später gegründete trinationale Korps unter Beteiligung Dänemarks, Polens und Deutschlands sind die Beispiele für diese multinationale Organisation der Führungsebenen des Heeres. Dieser Ansatz diente neben der Ressourceneinsparung auch dem strategischen Ziel, den Zusammenhalt des Bündnisses in der neuen Zeit durch feste Strukturen zu stabilisieren. Dem trug die erwähnte Nachsteuerung ab 1992 Rechung.

Als die Auslandseinsätze konkreter wurden und die Anfragen nach deutscher Beteiligung an solchen Missionen zunahmen, wurde schnell klar, dass die modifizierte Heeresstruktur 5 die so genannte Krisenreaktionsfähigkeit noch nicht gewährleisten konnte. Zunächst wurden die Einsatzverbände noch aus dem gesamten Heer je nach Mission zusammengestellt. Das erwies sich als wenig praktikabel.

Also wurde erneut nachgesteuert: 1994 wurden die Kategorien »Krisenreaktionskräfte« und »Hauptverteidigungskräfte« eingeführt. Zu den Krisenreaktionskräften gehörten 37.000 Heeressoldaten. Diese waren nach entsprechender Vorwarnzeit sehr schnell einsetzbar. Für die Aufgaben der Landesverteidigung mit mittlerweile langer Warnzeit und die Unterstützung von Einsätzen mit größerer Dauer wurden die Hauptverteidigungskräfte geschaffen.

Auch diese Struktur war auf Dauer nicht geeignet, die schneller als erwartet wachsenden Einsatzerfordernisse zu erfüllen. Die Reform des Jahres 2000 gab diese Unterscheidung wieder auf und machte das ganze Heer zu Einsatzkräften. Wesentliche Teile der streitkräftegemeinsam zu leistenden Logistik- und Unterstützungsaufgaben wurden an die »Streitkräftebasis« abgegeben.

Neue Einsparerfordernisse, neu geschaffene Eingreiftruppen von NATO und EU sowie weitere Einsatzoptionen führten 2004 zu einer erneuten Umsteuerung. Die Unterscheidung in »Eingreifkräfte«, »Stabilisierungskräfte« und »Unterstützungskräfte« wurde wie in der ganzen Bundeswehr auch im Heer umgesetzt. Die Einnahme dieser Struktur ist bei Erscheinen dieser Chronik entschieden, aber noch nicht begonnen worden.

2. Die Luftwaffe

Die Verfasser der Himmeroder Denkschrift, die die ersten Grundlagen für die spätere Bundeswehr schuf, waren sehr zurückhaltend bei der Frage, ob eine eigenständige Luftwaffe aufgebaut werden sollte. Es gab Überlegungen, die in der neu geschaffenen westdeutschen Streitmacht nur eine erweiterte Heeresfliegerei enthalten sehen wollten. Das setzte sich aber nicht durch.

Bereits im Amt Blank bereitete die Unterabteilung II/6 den Aufbau einer Luftwaffe vor. Aus ihr ging am 1. Juli 1957 der Führungsstab der Luftwaffe (Fü L) hervor. Auf der Korpsebene unterhalb dieser höchsten Führungsleiste entstanden seit 1956 zunächst das Kommando der Schulen (KdS), das Materialkommando und zwei Fliegerkorpsstäbe.

Die Masse der fliegenden Verbände und der übrigen Kampfverbände, darunter hauptsächlich Luftwaffen-Flugabwehr-Bataillone, folgte in den Jahren 1957 bis 1960. Aufgrund personeller, infrastruktureller und finanzieller Schwierigkeiten konnten die ursprünglichen Planungen nicht zeitgerecht erfüllt werden.

Für die Aufstellung der Jabo- und Aufklärungsverbände wurden, neben Schul- und Verbindungsflugzeugen 282 Jagdbomber F-84 THUNDER-STREAK und 55 Aufklärer RF-83 THUNDERFLASH aus US-amerikanischer Produktion übernommen. Für die Jagdgeschwader beschaffte die Luftwaffe zunächst 72 Flugzeuge F-86 SABRE 5. Sie wurden später von 225 Maschinen des weiterentwickelten kanadischen Typs SABRE 6 bzw. 88 Maschinen des Typs F-86 »K« abgelöst.

Die ersten Flugabwehrverbände waren u.a. mit dem 40-mm-Geschütz BOFORS L 70 ausgerüstet. Noch vor Abschluss der Aufbau- und ersten Ausbildungsphase der Luftwaffe fiel die Entscheidung für das Waffensystem STARFIGHTER F-104 G. Zahlreiche Abstürze des STARFIGHTERS belasteten die Luftwaffe bis Anfang der achtziger Jahre.

Für die Heeresunterstützung beschaffte die Luftwaffenführung das Kampfflugzeug FIAT G-91. Mit der Indienststellung von Luftabwehrraketen vom Typ NIKE-HERKULES, NIKE-AJAX und HAWK wurden die Möglichkeiten zur Flugabwehr erheblich gesteigert.

Landung einer TRANSALL der Luftwaffe in Kabul

Der Personalumfang der Luftwaffe war bis 1962 auf 92.000 Mann angestiegen. In den Jahren 1963 bis 1967 erhöhte sich der Personalbestand lediglich auf insgesamt 97.800 Soldaten.

Unter ihrem Inspekteur Generalleutnant Johannes Steinhoff (1966 bis 1971) gelang es der Luftwaffe, die Absturzserie der F-104 G STARFIGHTER zu stoppen. Danach konnte sie sich auf die notwendigen Reformen konzentrieren. Auch die Luftwaffe musste die konventionelle Verteidigung zu ihrem Schwerpunkt machen und gleichzeitig die Fähigkeit zu nuklearen Einsätzen behalten. Die regionale Aufgabenverteilung zwischen den Luftwaffengruppen Nord und Süd wich einer auftragsbezogenen Gliederung in Luftflottenkommando, Luftwaffenamt und Luftwaffenunterstützungskommando.

Für die fliegenden Verbände wurde das US-Waffensystem PHANTOM beschafft, das in verschiedenen Einsatzversionen geflogen werden konnte. Damit konnte 1971 die »Aufklärungslücke« geschlossen werden. Den Sprung in die 80er Jahre schaffte die Luftwaffe mit der Einführung der Waffensysteme TORNADO und ALPHAJET. Insbesondere der TORNADO mit einem Systempreis von etwa 110 Millionen Mark zeigte aber auch die Grenzen künftiger Beschaffungsvorhaben. Die Kostenexplosion führte zu Beginn der achtziger Jahre zu einer öffentlichen Debatte und beeinträchtigte andere wichtige Rüstungsvorhaben (z.B. den Objektschutz der Flugplätze).

Der Luftverteidigungsriegel der Luftwaffe stützte sich auf 24 NIKE- und 36 HAWK-Batterien, die in den Jahren 1975 bis 1978 auf das modernisierte System I-(Improved) HAWK umgerüstet wurden. Im Januar 1985 beschloss der Deutsche Bundestag, die Waffensysteme PATRIOT und ROLAND zu beschaffen, die von Januar 1987 an eingeführt wurden. Damit sollten der Luftverteidigungsgürtel verstärkt und die Lücke im Objektschutz geschlossen werden. Die in den siebziger Jahren modernisierte bodengestützte Luftverteidigung der NATO wurde in den achtziger Jahren durch das Frühwarnsystem E-3A der NATO (AWACS) ergänzt.

Die Umrüstung der acht Staffeln der Boden-Boden-Flugkörpergeschwader auf das Waffensystem PERSHING-Ia erfolgte 1982. Der Personalumfang der Luftwaffe wuchs bis zum Ende der 70er Jahre auf etwa 110.000 Soldaten an.

Die Kampfkraft der bodengestützten Luftverteidigung wurde beträchtlich gesteigert: Die Zahl der Kampfeinheiten erhöhte sich um ca. 40 Prozent, wobei die Feuerkraft aufgrund der verfügbaren Flugkörper sowie deren Fähigkeit, mehrere Ziele gleichzeitig zu bekämpfen, sich um ein Vielfaches erhöhte.

Neue Aufgaben und neue Technologien erforderten eine neue Struktur der Luftwaffe für die 90er Jahre. Als erster Schritt zur Verwirklichung der Luftwaffenstruktur 3 wurden Anfang 1987 die Flugabwehrraketenkräfte umgegliedert.

Aufgrund der hohen Beweglichkeit der Waffensysteme PATRIOT und HAWK sollten bereits mit der Friedensstationierung die Voraussetzungen für den Cluster-Einsatz (gebündelter Einsatz) geschaffen werden.

Auch für die ROLAND-Kräfte sollte deren hohe Beweglichkeit genutzt werden. Zudem sollte die Stationierung so geplant werden, dass Investitionen in die Infrastruktur gering gehalten werden konnten.

Die Luftwaffe war von Anfang an fest in die NATO-Führungsstruktur eingebunden. Dies blieb bis heute so. Zu den erweiterten Aufgaben gehörten die hoheitliche Luftraumsicherung mit Jagdflugzeugen sowie der Such- und Rettungsdienst in der größer gewordenen Bundesrepublik.

Mit dem sicherheitspolitischen Wandel zu Beginn der 90er Jahre und als Folge des Streitkräfteabbaus entwickelte die Luftwaffe die Luftwaffenstruktur 4. Sie sah eine Verringerung der Luftangriffskapazitäten, eine Stärkung der »fliegenden« Luftverteidigung, deutlichen Personalabbau in der bodengebundenen Luftverteidigung und eine Ausdehnung der Luftwaffe auf die neuen Länder vor. Zugleich wurde die Kommandostruktur den veränderten Bedingungen angepasst.

Die Nachrichtengewinnung und Aufklärung bekam im Rahmen der neuen Aufgaben Krisenbewältigung und Verifikation des Abrüstungsprozesses eine höhere Bedeutung.

Dazu benötigte die Luftverteidigung eine ausgewogene Mischung von bodengebundener Flugabwehr und fliegenden Waffensystemen. Die Luftwaffe hielt am EUROFIGHTER fest. Ebenso wurden die Modernisierung von PATRIOT und ROLAND sowie die Planungen für ein taktisches Luftverteidigungssystem mittlerer Reichweite fortgesetzt.

TORNADOS im Einsatz

Das Waffensystem TORNADO blieb das Arbeitspferd der Luftwaffe. Um die neuen Aufgaben wahrnehmen zu können, wurde es immer dringlicher, ein neues Transportflugzeug zu beschaffen. Von 2008 an beginnt die Auslieferung der insgesamt 60 A 400 M (AIRBUS) an die Truppe. Bereits im April letzten Jahres begann die Auslieferung des EUROFIGHTERS. Insgesamt werden 180 EF 2000 TYPHOON beschafft, wie das Kampfflugzeug international heißt. Die Flugzeuge sollen mit den Präzisionsflugkörpern IRIS-T und METEOR sowie mit modernen Luft-Luft-Raketen bewaffnet werden. Die Luftwaffe verfügt über drei Luftwaffendivisionen. Das Luftwaffentransportkommando soll aufgelöst werden, sobald die Voraussetzungen für die Übernahme seiner Aufgaben durch das Europäische Luftwaffentransportkommando geschaffen sind.

Den Kern der nationalen bodengebundenen Fähigkeiten im Rahmen der erweiterten Luftverteidigung bilden drei Flugabwehrraketengeschwader. Die Zahl der Einsatzführungsverbände wird auf drei reduziert, und eine verlegbare Luftraumüberwachungsfähigkeit wird aufgebaut. Das Luftwaffenführungskommando führt die Divisionen, ist für die Einsatzausbildung, Übungen und Einsatzvorbereitung verantwortlich und stellt den Anteil der Luftwaffe für den Einsatz bereit. Die Führungszentrale Nationale Luftverteidigung führt Einsätze zur Gewährleistung der Sicherheit im Luftraum.

Das Luftwaffenamt führt das Luftwaffenausbildungskommando mit den Ausbildungsverbänden und Schulen, das Luftwaffenmaterialkommando und, in einem besonderen Aufgabenbereich Ausbildung, das deutsche Luftwaffenkommando USA/CA.

3. Die Marine

Noch immer hat sich nicht überall die Überzeugung durchgesetzt, dass die Bundesrepublik Deutschland nicht nur eine Landmacht ist, sondern auch maritime Interessen hat. Allerdings wurde mit dem Hineinwachsen der bundesdeutschen Wirtschaft in die Weltwirtschaft die Abhängigkeit von Transportwegen immer deutlicher. Deutschland ist zwar hochindustrialisiert, aber rohstoffarm. Zum einen müssen Rohstoffe in unser Land gebracht werden, zum andern müssen die Fertigprodukte zu den weltweiten Absatzmärkten gebracht werden. Über 90 Prozent des Welthandels, fast 95 Prozent des Außenhandels der Europäischen Union und nahezu 70 Prozent des deutschen Im- und Exports werden über See abgewickelt. Damit bildet die See einen der wichtigsten Versorgungswege Deutschlands.

Wir sind kein Binnenland. Die politische Sicherung der Seeverkehrswege ist entscheidend für unser auf die Weltwirtschaft angewiesenes Land. Die militärische Sicherung der atlantischen Zugänge nach Europa ist für die Bundesrepublik Deutschland eine Lebensfrage.
Bundespräsident Walter Scheel 1975

Die Anfänge waren für die Marine nicht einfach. Während des Zweiten Weltkrieges hatten alle Kriegsparteien in europäischen Gewässern rund 580.000 Minen versenkt. Nach der deutschen Kapitulation und dem Ende des Zweiten Weltkriegs mussten diese geräumt werden. Weder die entstehende Bundesrepublik noch die DDR in ihrer Gründungsphase verfügten anfangs über eine Marine, die diese Aufgabe wahrnehmen konnte. In den Gewässern der Bundesrepublik begannen ein Minenräumkommando unter britischer Führung mit Sitz in Cuxhaven und eine Marinedienstgruppe unter US-Führung mit Sitz in Bremerhaven mit dem Minenräumen. Bis zum Frühjahr 1948 waren rund 5.600 qsm in der Nordsee und rund 450 qsm in der Ostsee freigeräumt. Die Machthaber in der sowjetisch besetzten Zone kümmerten sich zunächst nicht um die Minengefahr in ihren Gewässern.

Teilweise wechselten 1948 die Verbände unter britischer und US-Führung zum Bundesgrenzschutz See, teilweise zu einer Arbeitsgruppe der USA, der Labour Service Unit. Später wurde aus diesen Verbänden die erste Ausrüstung der Bundesmarine übernommen: sieben britische Fregatten und sechs US-amerikanische Zerstörer der FLETCHER-Klasse aus dem Zweiten Weltkrieg. Zu dieser Erstausstattung gehörten auch Hochseeminensuch- und -Räumboote der ehemaligen Kriegsmarine.

Im Gebiet der DDR begann man erst nach der Gründung maritimer Polizeikräfte damit, die Zugänge zu den Seehäfen in Ostdeutschland wieder verkehrssicher zu machen. Erst nach der Niederschlagung des Aufstandes vom 17. Juni 1953 wurden die Schiffseinheiten in die Volkspolizei See eingegliedert. Da begann die DDR auch mit dem Küstenschutz. 1956 wurde dann die Volksmarine der Nationalen Volksarmee gegründet. Gemeinsam mit den anderen »sozialistischen Ostseeflotten« hatte die Volksmarine den Auftrag, die Seegrenzen der sozialistischen Ostseeanrainer zu sichern und »jede Aggression abzuwehren«.

Obwohl die Entwicklungen in der DDR und der Bundesrepublik parallel verliefen, leitete die DDR die Aufgaben der Volksmarine aus der Strategie der NATO und den materiellen und operative Möglichkeiten der Bundesmarine ab.

Bereits in der Himmeroder Denkschrift, in der im Oktober 1950 die Grundlagen für die Bundeswehr in der Bundesrepublik formuliert worden waren, wurde von der Notwendigkeit gesprochen, die offene Nordflanke Zentraleuropas in der Ostsee zu sichern und die zivilen Zufuhren durch die Nordsee zu sichern. Allerdings war dort von einer Küstenvorfeldstreitmacht die Rede. Auch bei der Vorbereitung auf die Europäische Verteidigungsgemeinschaft wurde ein Marinebeitrag der Bundesrepublik geplant. Dieses Konzept wurde später, als die Bundesrepublik 1955 Mitglied der NATO wurde, einfach übernommen. Die Aufgabenpalette umfasste die Sicherung der Ostseezugänge, die Bekämpfung feindlicher Seestreitkräfte und des gegnerischen Nachschubs, die Sicherung der eigenen Handelswege in der Nordsee, dem Skagerrak, Kattegatt sowie der westlichen Ostsee gegen Flugzeuge, U-Boote und Minen, eine beschränkte Beteiligung an der Sicherung der Seewege über den Atlantik sowie der Unterstützung des Heeres durch amphibische Operationen. An diesem Auftrag hat sich bis in die 80er Jahre nichts verändert.

Die Marine wuchs schnell in die Aufgabe als »Botschafter in Blau« hinein. Auf zahllosen Truppenbesuchen, oft in Verbindung mit Ausbildungsfahrten, repräsentierte sie die Bundesrepublik Deutschland nicht nur in den Häfen der Verbündeten.

Mit dem Fortschreiten der Integration der Bundeswehr in das NATO-Bündnis hinein wuchs auch der Auftrag der Bundesmarine als Teil der Bündnisstrategie. Ihr Zuständigkeitsgebiet wurden immer tiefer in die

Nord- und Ostsee ausgeweitet. Sie beteiligte sich ständig an NATO-Manövern und NATO-Verbänden.

Ähnlich wuchs auch die Volksmarine in die Strukturen des Warschauer Paktes hinein. Ab 1957 übte sie mit der baltischen Flotte der UdSSR und der polnischen Seekriegsflotte. Ihre Aufgaben klangen jedoch anders als in der der westdeutschen Marine: Kampf um die Seeherrschaft vor der eigenen Küste, Raketen- und Torpedovorstöße in die Kieler Bucht – um dort operierende Seestreitkräfte der NATO zu bekämpfen –, Minenlegen und -räumen an den Ostseeausgängen. Weiter sollte das eigene Küstenvorfeld gesichert und Handelsschiffen Geleitschutz gegeben werden. Der Kieler Kanal sollte für groß angelegte Landungsoperationen befahrbar gehalten werden. Dazu sollte die Volksmarine diesen Kanal dann auch betreiben.

Von 1961 an machte die Volksmarine in ihrem Seegebiet Jagd auf so genannte Republikflüchtlinge. Insgesamt war sie über zwei Jahrzehnte auf den recht engen Raum der Ostsee begrenzt. Erst seit 1970 unternahm sie Ausbildungsreisen ins europäische Nordmeer, in den Atlantik ins Mittelmeer und ins Schwarze Meer.

Die Kommandostrukturen der bundesdeutschen Marine waren mehrfachen Veränderungen unterworfen. So wurde 1961 das deutsch-dänische NATO-Kommando BALTAP (Baltic Approaches) gebildet. In das Flottenkommando wurde der Stab des Befehlshabers der Seestreitkräfte Ostsee (BSO) eingegliedert. 1965 wurde die Führung weiter gestrafft. Nur noch das Marineamt und das Flottenkommando blieben als höhere Kommandobehörden erhalten. Die Unterstützungskräfte der Marine wurden dem Befehlshaber der Flotte 1964 unterstellt.

Die Seestreitkräfte wurden in so genannte Typkommandos und Geschwader gegliedert. Dadurch sollten eine bessere Führung und Ausbildung möglich sein.

Mittlerweile hatte die Bundesmarine auch eigenes Material bekommen. 1957 wurden das in der Bundesrepublik konstruierte Schnellboot JAGUAR, 1958 da

U 212 A

Fregatten der Klasse 124

erste Segelschulschiff GORCH FOCK und 1961 die erste Fregatte, die KÖLN, in Dienst gestellt. Die weitere Ausrüstung der Bundesmarine verzögerte sich, weil in dieser Anfangsphase technische Probleme auftraten.

Von 1957 an wurden die Seeluftstreitkräfte aufgestellt. Nach einem Jahr schon verfügte die Bundesmarine über zwei Marinefliegergruppen – später Marinefliegergeschwader – als Kampfverbände und eine Marineseenot- und Rettungskomponente. Die Flugzeuge kamen aus britischer Produktion: der Marinejagdbomber SEA HAWK, das U-Jagdflugzeug FAIREY GANNET und der Hubschrauber SYKAMORE. Anfang 1963 wurden die Marineflieger mit dem STARFIGHTER und ab 1986 mit dem Tornado ausgerüstet. 1965 wurde die FAIREY GANNET durch das Seeraumüberwachungs- und U-Jagdflugzeug BREGUET ATLANTIC ersetzt. Die Marinefliegerjagdbomber wurden 2005 von der Luftwaffe übernommen.

1965 zog der Bundestag die Konsequenzen aus den erweiterten Aufgaben, die der Marine der Bundeswehr im Rahmen der NATO zugewiesen wurden. Über die bisherigen Planungen hinaus wurden 1969/70 drei Lenkwaffenzerstörer, die LÜTJENS, MÖLDERS und ROMMEL in den USA gekauft, zehn Schnellboote mit Flugkörperbewaffnung neu gebaut und zehn Schnellboote der ZOBEL-Klasse umgerüstet.

Die Personalstärke stieg von 28.000 Mann 1962 auf 33.000 im Jahr 1965 an. Infrastruktur und Versorgung auf See wurden den neuen Anforderungen angepasst.

Das Jahr 1972 bedeutete für die Marine eine Zäsur. Die UdSSR war zur zweitstärksten Seemacht aufgestiegen. Von der Halbinsel Kola aus bedrohte sie vor allem die Nordflanke der NATO. Zudem machten sich zum ersten Mal finanzielle Engpässe bemerkbar. Darauf musste die Marine mit einer veränderten Konzeption reagieren. Die nationalen Einsatzbeschränkungen – die Bundesrepublik hatte ihre Marine nicht auf allen Meeren kreuzen lassen – wurden aufgehoben. Die Marine musste nun auch in der Norwegensee operieren. Weitere konzeptionelle Krisenfallplanungen der NATO kamen 1982 und 1984 hinzu.

Diese Erweiterung des Einsatzspektrums in den 70er und 80er Jahren erforderte eine Modernisierung der Ausrüstung. Deshalb beschaffte die Bundesmarine 1974 und 1977 die Zerstörer der HAMBURG-Klasse auf Flugkörpersystembasis. In den 80er Jahren kamen acht Mehrzweckfregatten (Klasse 122) sowie der neue Bordhubschrauber SEA LYNX hinzu. Die Fähigkeit zur Minenjagd und zum Minenräumen wurde weiter ausgebaut – eine der Spezialitäten, mit denen sich die Marine bis heute in der Spitze der NATO-Marinen behauptet. In dieser Zeit wurde bei den Marinefliegern der STARFIGHTER durch den TORNADO ersetzt.

Ein weiterer Schwerpunkt der bundesdeutschen Marine war die U-Boot-Flotte. Sechs Boote der Klasse 205 wurden von 1966 bis 1968 eingeführt. Es folgten 1971 bis 1975 die Boote der Klasse 206, die von 1987 an modernisiert wurden.

Mitte der 80er Jahre hatte die Marine der Bundesrepublik ihre Stärke von 38.000 Mann erreicht. Drei höhere Kommandobehörden waren unterhalb des Inspekteurs zur Führung der Seestreitkräfte eingerichtet: das Flottenkommando, das Marineamt und das Marineunterstützungskommando. Darunter war die Marine nach Typkommandos organisiert: Zerstörerflottille, Schnellbootflottille, Flottille der Minenstreitkräfte, U-Bootflottille, amphibische Gruppe, Marinefliegerdivision und Marineführungsdienstkommando.

Nach der Vereinigung verordnete der damalige Inspekteur, Admiral Mann, der Marine eine neue Struktur. Dabei richtete er die deutschen Seestreitkräfte auf die neuen Anforderungen aus. Ausschlaggebend für seine Planung waren sowohl der sich abzeichnende neue Auftrag wie auch die Finanzknappheit. Die Flotte wurde entsprechend reduziert und unter der Devise »Entregionalisierung« uneingeschränkt hochseefähig gemacht. Die bisherige Ostseeoptimierung von Flotteneinheiten wurde beendet. Das neue Stationierungskonzept – u.a. die Verlegung der Schnellbootflottille nach Warnemünde, des Marineamts nach Rostock und der Marinetechnikschule nach Stralsund – diente dem Ziel, dass die Marine in den drei größten Küstenländern Niedersachsen, Schleswig-Holstein und Mecklenburg-Vorpommern gleichwertig präsent ist.

Als die Bundeswehr nach der Vereinigung Deutschlands in Auslandseinsätze geschickt wurde, war die Marine immer wieder mit dabei. Sie musste den schnellen Abzug der Bundeswehr aus Somalia gewährleisten. Während des ersten Irak-Kriegs sicherten Marineverbände im Mittelmeer im Rahmen einer NATO-Operation das dortige Seegebiet vor einer möglichen Ausweitung des Konflikts. Nach dem Irak-Krieg half die Marine im Persischen Golf beim Minenräumen. Später beteiligte sie sich an der Embargoüberwachung gegen Jugoslawien mit Marinefliegern (BREGUET ATLANTIC) und mit Fregatten in der Adria.

Die Ausrichtung auf die neuen Aufgaben war für die Marine keine große Umstellung. Sie war schon immer auf den Weltmeeren, damit oft auch »out of area« unterwegs.

4. Der Sanitätsdienst

Aufgabe des Sanitäts- und Gesundheitswesens der Bundeswehr ist seit Aufstellung der bundesdeutschen Streitkräfte, die Gesundheit aller Angehörigen der Bundeswehr im In- und Ausland zu schützen, zu erhalten und wiederherzustellen.

Die Verantwortung für den Sanitätsdienst lag zunächst für lange Zeit bei den Teilstreitkräften. Die fachdienstliche Führung des Sanitätsdienstes der Bundeswehr wurde anfänglich aus dem Führungsstab der Streitkräfte sichergestellt. Seit 1957 gab es die »Inspektion des Sanitäts- und Gesundheitswesens« (InSan), an deren Spitze zunächst ein Inspizient, später ein Inspekteur stand. Er hatte die fachdienstliche Verantwortung und stellte die einheitliche Führung und Ausbildung sicher. Allerdings waren die Sanitätssoldaten Angehörige ihrer jeweiligen Teilstreitkraft. Der Inspekteur des Sanitätsdienstes war fachdienstlicher Vorgesetzter der jeweiligen Admiral- und Generalärzte der Teilstreitkräfte. Die Teilstreitkräfte verfügten über eigene Sanitätstruppenteile. Der Truppensanitätsdienst war organischer Teil der Verbände und Dienststellen.

1956 wurde bereits das »Wehrmedizinalamt« gegründet, das 1965 in »Sanitätsamt der Bundeswehr« umbenannt wurde. Damit alle Angehörigen des Sanitätsdienstes eine einheitliche Ausbildung erhalten, wurde 1956 die Sanitätstruppenschule in München aufgestellt, die später in »Akademie des Sanitäts- und Gesundheitswesens der Bundeswehr« umgegliedert wurde.

Das Sanitätswesen der Bundeswehr litt immer unter Ärztemangel. Da die Soldaten freie Heilsfürsorge genießen, ist der Truppenarzt ihr »Hausarzt«. Dabei gab es immer Probleme in der ärztlichen Versorgung. Ein wirkliches Vertrauensverhältnis zwischen Arzt und Patient wie im Zivilleben konnte nicht aufgebaut werden. Die Offiziere wurden häufig versetzt. Auch die Sanitätsoffiziere, also die Ärzte, unterlagen demselben Versetzungsrhythmus. Medizinstudenten wurde die Möglichkeit eröffnet, erst nach Beendigung ihres Studiums ihren Grundwehrdienst als Truppenarzt zu absolvieren. Dies führte jedoch dazu, dass in vielen Einheiten und Verbänden junge und oft unerfahrene Ärzte ihren Dienst versahen. Seitdem Sanitätsoffiziere immer häufiger in Auslandseinsätze geschickt wurden verstärkte sich dieses Problem. Die neue Stationierungsplanung verspricht nun, dass dies abgemildert wird, denn mit ihr wird das Ziel verfolgt, möglichst viele Verbände regional zusammenzuziehen. Die Versetzungshäufigkeit soll damit verringert werden.

Aufgrund der gestiegenen Bedeutung Deutschlands im Bündnis wurde im Juli 1965 die 2. Kompanie des gemischten Sanitätslehrbataillons 865 beauftragt, den NATO-Eingreifverband AMF – ACE (Allied Command Europe) Mobile Force – sanitätsdienstlich zu versorgen. Dieser Eingreifverband sollte im Spannungsfall die Geschlossenheit und Reaktionsfähigkeit des Bündnisses demonstrieren.

Mit der Neuordnung der Zuständigkeiten in der militärischen Führung durch den Blankeneser Erlass, den Verteidigungsminister Helmut Schmidt 1970 erließ, wurden im März 1970 das Sanitätsamt der Bundeswehr (SanABw), die Akademie des Sanitäts- und Gesundheitswesens (SanAkBw) sowie alle Lazarette, Institute und Sanitätsdienstlichen Untersuchungsstellen im Organisationsbereich Zentrale Sanitätsdienststellen der Bundeswehr zusammengefasst. Sanitätstruppe und Truppensanitätsdienst verblieben unverändert bei den Teilstreitkräften. Im selben Jahr wurden die bisherigen Lazarette in Bundeswehrkrankenhäuser umbenannt und für die Versorgung von zivilen Patienten geöffnet. An den Bundeswehrkrankenhäusern Hamburg, Koblenz, Gießen, Osnabrück und Ulm wurden zusätzlich Rettungszentren eingerichtet, die sich mit Notarztwagen und/oder Rettungshubschraubern und Personal am zivilen Rettungsdienst beteiligten.

1975 wurde die Laufbahn der Sanitätsoffiziere als erster Bereich der Bundeswehr für Frauen geöffnet. Die Integration der Frauen in den Sanitätsdienst wurde eine Erfolgsgeschichte, sodass die Bewerberzahlen in den letzten Jahren die 50-Prozent-Marke erreichten.

Von 1980 an entspannte sich die Personalsituation. Die Attraktivität des Sanitätsdienstes konnte durch die interne Umgliederung der Bundeswehrkrankenhäuser zusätzlich gesteigert werden.

Als die Bundeswehr nach 1990 immer mehr in Kriseneinsätze entsandt wurde, stiegen die Anforderungen an den Sanitätsdienst erneut. Damit wurde der Sanitätsdienst vor ganz neue Herausforderungen gestellt, was schon beim ersten Auslandseinsatz der Bundeswehr in Kambodscha deutlich wurde: Dorthin wurde ein Sanitätsverband entsandt.

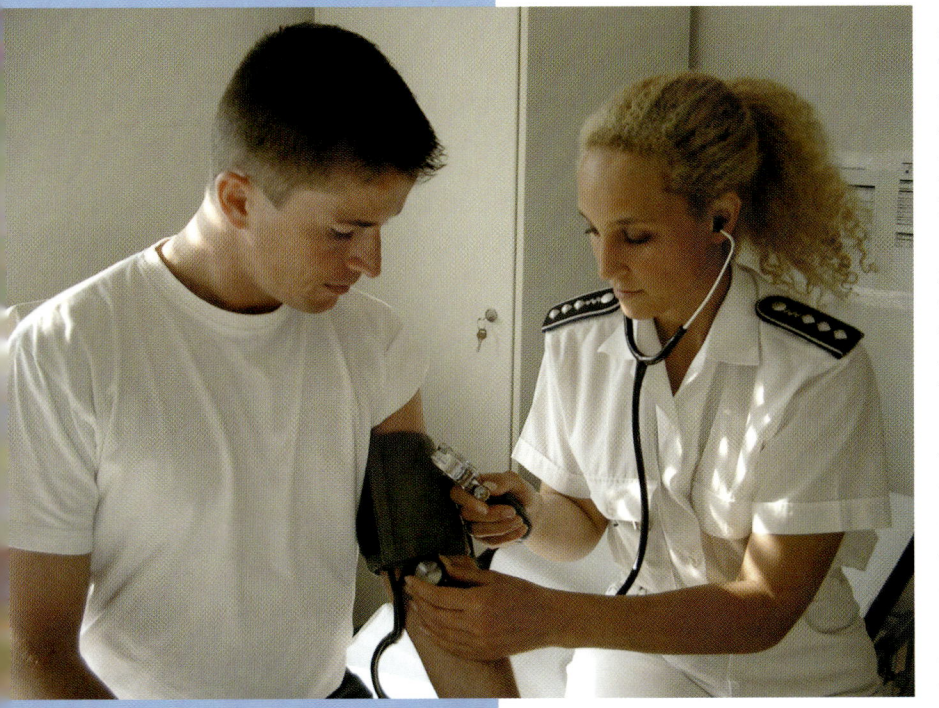

Truppenärztin – »Hausarzt« der Soldaten

Damit sollte die damalige Begründung, es handele sich in Kambodscha um einen humanitären Einsatz, glaubwürdig gemacht werden. Die Aufgabe der Bundeswehrärzte dort war die sanitätsdienstliche Versorgung aller UN-Mitarbeiter. Bei freien Kapazitäten konnte auch die Zivilbevölkerung behandelt werden. Dafür wurden in dem deutschen Feldhospital auch Fachärzte benötigt, die bei Streitkräften sonst nicht gebraucht werden, z.B. Frauen- oder Kinderärzte.

Der Inspekteur des Sanitätsdienstes der Bundeswehr, Generalarzt Dr. Desch, hatte in den Fachlichen Leitlinien zur sanitätsdienstlichen Versorgung vom 27.09.1995 Aufgaben und Ausbildung für die neuen Bedingungen festgelegt:

»Die Maxime der sanitätsdienstlichen Auftragserfüllung ist, dass den Soldaten bei einem Einsatz außerhalb des Gebietes der Bundesrepublik Deutschland für den Fall einer Erkrankung, eines Unfalls oder einer Verwundung eine medizinische Versorgung zuteil wird, die im Ergebnis dem fachlichen Standard in der Bundesrepublik entspricht.«

Diese Maxime bestimmt seitdem die sanitätsdienstlichen Einsatzplanungen und wurde von Streitkräften anderer Nationen übernommen. Sie war die Grundlage für eine umfassende Qualifizierung des Sanitätspersonals und Modernisierung der Ausstattung des Sanitätsdienstes.

Nicht erst seit der Erweiterung der militärischen Aufgaben und der Neuorientierung gehören Auslandsmissionen zum normalen Aufgabenspektrum des Sanitätsdienstes. Bereits 1960 leisteten Bundeswehrsanitäter humanitäre Hilfe nach dem verheerenden Erdbeben in Agadir in Marokko. Damit begann eine Serie von Einsätzen bei Katastrophen, deren letzter Höhepunkt die Hilfe nach der Tsumani-Katastrophe im Dezember 2004 in Asien war. Der Sanitätsdienst der Bundeswehr kann somit mittlerweile auf mehr als 45 Jahre Erfahrung in Auslandseinsätzen zurückblicken.

Seit 1991 liegt der Schwerpunkt in der sanitätsdienstlichen Unterstützung von Einsätzen der Bundeswehr im Rahmen von Missionen der UNO, der NATO und der EU. Damit wandelte sich der Auftrag von der Nothilfe zur sanitätsdienstlichen Versorgung der Einsatzkontingente.

Erste Aufgabe des Sanitätsdienstes im Einsatz ist die Erstversorgung des Patienten. Dafür benötigen die Sanitätssoldaten auch die Hilfe der Kameraden aus den Einsatzverbänden, die alle zu Ersthelfern ausgebildet werden, damit sie die Selbst- und Kameradenhilfe leisten können. Die bisher für den Einsatz geplanten Truppenverbandplätze wurden durch mobile Rettungsstationen und -zentren ersetzt.

Die sanitätsdienstliche Versorgung im Einsatz beruht auf einer Rettungskette, die ein geschlossenes System vom Ort des Geschehens bis zur stationären Behandlung in Deutschland umfasst.

Am Beginn dieser Versorgungskette steht die Selbst- und Kameradenhilfe, in der jeder Soldat der deutschen Streitkräfte ausgebildet wird. Das zweite Glied ist die Behandlung durch den Sanitätstrupp, in dem nach zivilen Richtlinien ausgebildete Rettungssanitäter und -assistenten Verwundete weiterversorgen und für einen nötigen Weitertransport vorbereiten.

Das dritte Glied der Kette ist die so genannte Rettungsstation, in der speziell ausgebildete Rettungsmediziner den Verwundeten mit notfallmedizinischen Erstmaßnahmen behandeln.

Die vierte Stufe der Versorgung bildet das Rettungszentrum, in dem dann notwendige Operationen durchgeführt werden können. In den Rettungszentren sind Chirurgen, Anästhesisten und Fachärzte für Innere Medizin tätig. Diese Sanitätseinrichtung ist in Containern und Zelten untergebracht.

MEDEVAC-AIRBUS A310

Die letzte Stufe der Versorgung im Einsatzland findet im so genannten Einsatzlazarett statt. Darin kann die klinische Akutversorgung erfolgen. Deswegen ist die Bandbreite der Fachärzte dort sehr groß.

Wenn diese Maßnahmen noch nicht ausreichen, wird der Verwundete in Bundeswehrkrankenhäuser oder auch in zivile Kliniken in Deutschland verlegt. Beispielsweise für plastische Operationen und Reha-Maßnahmen muss die Bundeswehr zivile Hilfe in Anspruch nehmen.

Um die Glieder dieser Kette lückenlos miteinander zu verbinden, spielt der Verwundetenlufttransport eine wesentliche Rolle in der sanitätsdienstlichen Versorgung. Dazu gehören TRANSALL-Flugzeuge, die auf den Verwundetentransport hin ausgerüstet sind. Besondere Aufmerksamkeit erzielte die Bundeswehr mit dem MEDEVAC-AIRBUS, einem fliegenden Lazarett mit Intensivmedizinmöglichkeiten, der weltweit immer wieder angefordert wird. Der AIRBUS A 310 MEDEVAC (Medical Evacuation) ist eines der modernsten Verwundetenlufttransportmittel. Kernstück dieser MEDEVAC-AIRBUSSE ist die so genannte PTE (Patienten-Transport-Einheit), in der schwerstverletzte und intensivpflichtige Patienten überwacht und behandelt werden können, auch während des Fluges. In der Regel befindet sich ein Airbus in der Medevac-Version plus medizinisches Personal in 24-Stunden-Bereitschaft.

Zur Ausrichtung auf die Einsatzaufgaben und zur die Effizienzsteigerung der Streitkräfte durch entsprechend der 2000 eingeleiteten Bundeswehrreform ist der größte Teil der Kräfte und Mittel des Sanitätsdienstes im Zentralen Sanitätsdienst der Bundeswehr (ZSanDstBw) als neuem Organisationsbereich zusammengefasst worden.

Mit der Neuausrichtung der Bundeswehr wurde der Sanitätsdienst auch organisatorisch auf die Herausforderungen eingestellt. Nur in wenigen Bereichen bleibt die Sanitätsversorgung dezentralisiert. Dazu gehören Spezialverbände, schwimmende Einheiten mit dem schifffahrtmedizinischen Institut, der Flugmedizinische Dienst mit dem Flugmedizinischen Institut sowie Beratungselemente in Stäben und Kommandobehörden ab Brigadeebene.

Das Sanitätsführungskommando und das Sanitätssamt nehmen für den Bereich des Sanitätsdienstes die gleichen Aufgaben wahr wie die entsprechenden Einrichtungen der Teilstreitkräfte. So ist das Sanitätsamt der Bundeswehr (SanABw) verantwortlich für Ausbildung, Weiterentwicklung, Organisation, Rüstung, Präventiv-, Wehr- und Zahnmedizin, Wehrpharmazie, Veterinärwesen und Medizinischen ABC-Schutz.

Das Sanitätsführungskommando (SanFüKdo) mit den unterstellten Kräften stellt die sanitätsdienstliche Versorgung der Soldaten der Bundeswehr im Friedensdienstbetrieb und bei Übungen sicher. Darüber hinaus wird im SanFüKdo die sanitätsdienstliche Versorgung im Einsatz geregelt sowie dafür gesorgt, dass in die Einsatzkontingente immer wieder die erforderliche Zahl Sanitätssoldaten entsandt wird. Es koordiniert und leitet auch die Einsätze des Medevac-Airbusses.

Seine Leistungsfähigkeit auf dem Gebiet STRATAIRMEDEVAC (Strategic Air Medical Evacuation) konnte das Sanitätsführungskommando bei zahlreichen Einsätzen beweisen. So wurden zum Beispiel nach dem Sprengstoffattentat in Kabul vier Schwerstverletzte, neun Mittelschwerverletzte und 15 Leichtverletzte über Pfingsten 2003 nach Deutschland evakuiert. Auch im Rahmen der zivilmilitärischen Zusammenarbeit hat der Sanitätsdienst seine schnelle Reaktionsfähigkeit unter Beweis gestellt. Bei der Evakuierung der Kliniken in Dresden während des Elbehochwassers 2002 wurden 237 Patienten liegend in Flugzeugen der Bundeswehr zur Weiterbehandlung in andere Krankenhäuser verlegt. Der letzte spektakuläre Einsatz war die Repatriierung von mehr als 200 europäischen Verletzten nach der Tsumani-Katastrophe in Asien im Dezember 2004.

Die bisherigen Einsätze haben gezeigt, dass gerade zu deren Beginn kleine luftbewegliche Sanitätseinrichtungen notwendig sind, um frühzeitig erste chirurgische und intensivmedizinische Versorgung sicherstellen zu

Mobiles Feldlazarett

können. Die luftbewegliche Sanitätseinrichtung wird im Verlauf des Einsatzes durch Containersysteme ersetzt. Das Kommando Schnelle Einsatzkräfte verfügt über entsprechende luftverlegbare Luftlanderettungszentren. Im Rahmen des humanitären Hilfseinsatzes in der indonesischen Provinz Banda Aceh 2004 kam solch ein schnell luftverlegbares Luftlanderettungszentrum zum Einsatz und konnte vielen Flutopfern erste medizinische Hilfe geben.

Der Sanitätsdienst der Bundeswehr hat sich – wie erwähnt – immer an den Standards und Entwicklungen des zivilen Gesundheitswesens orientiert. Die Bundeswehrkrankenhäuser wurden z.B. auch so organisiert, dass sie eng mit zivilen Einrichtungen zusammenarbeiten können. Damit öffnete sich der Gesundheitsdienst der Bundeswehr auch den Einflüssen des zivilen Gesundheitswesens. Betriebswirtschaftliche Überlegungen bekamen ein zunehmendes Gewicht. Die Bundeswehr blieb von den Reformen im zivilen Gesundheitswesen nicht verschont. Bei der Bundeswehrplanung des Jahres 2004 wurde auch im Bereich des Sanitätsdienstes ein schmerzhafter Anpassungsprozess vollzogen. Es bleiben nur die Bundeswehrkrankenhäuser in Ulm, Koblenz, Hamburg und Berlin bestehen. Ein weiteres

Krankenhaus wird in enger Kooperation mit einem zivilen Träger in Westerstede/Niedersachsen betrieben.

Für die Vorbereitung und Inübunghaltung von qualifiziertem Personal für die Auslandseinsätze benötigt der Sanitätsdienst der Bundeswehr leistungsfähige und durchhaltefähige Krankenhäuser, um – wie z.B. beim Einsatz in Indonesien – kurzfristig Personal bereitstellen zu können. Mit der Konzentration auf fünf Bundeswehrkrankenhäuser soll gewährleistet werden, dass der Sanitätsdienst der Bundeswehr Fachärzte und Spezialisten für Einsätze einsatzbereit halten kann.

Ein weiteres Beispiel für die Orientierung am zivilen Gesundheitswesen ist, dass auch in der Aus-, Fort- und Weiterbildung der Angehörigen des Sanitätsdienstes zivil anerkannte Abschlüsse gefordert und angeboten werden. Mit der aktuellen Reform der Streitkräfte werden alle Unterofffiziere des Sanitätsdienstes der Bundeswehr in zivil anerkannten Berufen des Gesundheitswesens qualifiziert.

Der Sanitätsdienst hat im Vergleich zu anderen Streitkräften einen sehr hohen Standard, hat sich bei den Einsätzen hohe Anerkennung erworben, und wird von allen Nationen als verlässlicher Partner geschätzt.

5. Die Streitkräftebasis

Die Geschichte der Streitkräftebasis ist sehr jung. Dieser neue Organisationsbereich wurde erst bei der Bundeswehrreform im Jahr 2000, die Verteidigungsminister Scharping veranlasst hatte, geschaffen. Die Basis stellt eine Art Dienstleistungsunternehmen für die Bundeswehr dar. In der

Streitkräftebasis sind viele Aufgaben zusammengefasst, die zuvor von Heer, Luftwaffe und Marine in eigener Regie wahrgenommen wurden. Die Abkürzung SKB für Streitkräftebasis übersetzen viele Soldaten auch mit »Service und Kompetenz in der Bundeswehr«.

Wichtigste Aufgabe der SKB ist die Organisation der Logistik. Aber auch die Beschaffung und Erforschung von Gerät, das nicht streitkräftespezifisch ist, sollen durch die SKB erfolgen. Da der gemeinsame Einsatz von Heer, Luftwaffe und Marine künftig der Normalfall sein wird, müssen die drei Teilstreitkräfte auf eine gemeinsame logistische Basis bauen können. Die Zeiten, in denen jede Teilstreitkraft eigene Wege ging, wie beispielsweise bei der Datenverarbeitung, sollen vorbei sein. Im Ergebnis hatten die zahlreichen Insellösungen bei der IT-Technik dazu geführt, dass die unterschiedlichen Systeme der Teilstreitkräfte nicht oder nur schwer miteinander vernetzt werden konnten. Auch die Teile der Ausbildung, die allen Teilstreitkräften gemeinsam sind, werden durch die SKB gestaltet und durchgeführt.

Durch die Gründung dieser gemeinsamen Basis soll auch Personal gespart werden. Zudem verspricht sich die Bundeswehrführung davon Synergieeffekte und mithin Einsparungen beim Betrieb sowie eine kostengünstigere Beschaffung von Gerät aller Art.

Zunächst als eigener Organisationsbereich mit eigenem Inspekteur installiert, wurde die SKB bald dem Generalinspekteur unterstellt. Der Inspekteur der SKB ist zweiter Stellvertreter des Generalinspekteurs. Eigene Uniformen bekam die SKB nicht. Die Soldaten tragen die Uniform der Teilstreitkraft, aus der sie stammen und in die sie auch wieder zurückkehren können.

Zur SKB gehört auch das Einsatzführungskommando, das Einsätze teilstreitkraftübergreifend führt. Das Streitkräfteunterstützungskommando

Einsatz von Fernmeldesoldaten der SKB bei ISAF.

führt sowohl die SKB-Einheiten, die mit in Einsätze gehen, als auch di Kräfte für den Betrieb im Inland. Als zweite Säule daneben nimmt da Streitkräfteamt Fachaufgaben wahr. Die SKB ist nicht zuletzt auch für de Kontakt zu den Nationen zuständig, mit denen die Bundeswehr in gemein samen Verbänden organisiert ist.

Luftverlastung

Bedeutende Daten für die Bundeswehr

1945

08.05.	Bedingungslose Kapitulation der deutschen Wehrmacht.
17.07.–02.08.	Konferenz von Potsdam.
30.07.	Konstituierende Sitzung des Alliierten Kontrollrates für Deutschland in Berlin.
06.08.	Abwurf der ersten Atombombe über Hiroshima.
14.11.	Beginn der Nürnberger Kriegsverbrecherprozesse.

1946

06.09.	US-Außenminister Byrnes deutet in Stuttgart eine fortdauernde Präsenz der Westalliierten in Deutschland an. Er bekundet die Absicht seiner Regierung, ein föderatives Deutschland aufzubauen.
28.11.	Die Sowjetische Militäradministration in Deutschland (SMAD) verfügt in der Sowjetischen Besatzungszone (SBZ) die Aufstellung einer kasernierten »Deutschen Grenzpolizei«.

1947

04.03.	Vertrag von Dünkirchen; Frankreich und Großbritannien sichern sich Beistand im Falle eines deutschen Angriffs zu.
12.03.	US-Präsident Truman propagiert eine Politik der Eindämmung (Containment) gegenüber dem sich abzeichnenden Ostblock.
01.06.	Zusammenschluss der amerikanischen und der britischen Zone zum »Vereinigten Wirtschaftsgebiet« (Bizone).
05.06.	Marshall-Plan; US-Außenminister George C. Marshall schlägt Programm zur wirtschaftlichen Konsolidierung Europas vor.

1948

17.03.   Brüsseler Vertrag; Benelux-Staaten, Frankreich und Großbritannien vereinbaren die gegenseitige Beistandsverpflichtung im Rahmen der UN-Charta gegen jeden Angriff.

20.03.   Letzte gemeinsame Sitzung des Alliierten Kontrollrates.
Der sowjetische Vertreter verlässt den Rat aus Protest
gegen den Beschluss der Londoner Sechs-Mächte-Kon-
ferenz (USA, Großbritannien, Frankreich und Benelux-
Staaten) über die Gründung eines westdeutschen Bundes-
staates.

18.06.   Beginn der totalen Blockade Berlins, sie dauert bis zum
12.05.49.

21.06.   Währungsreform in den drei Westzonen.

26.06.   Beginn der organisierten Luftversorgung Berlins
(Luftbrücke).

03.07.   Aufstellung der »Kasernierten Bereitschaften« der Volkspolizei in Ostdeutschland durch die sowjetische Besatzungsmacht.

01.09.   Parlamentarischer Rat nimmt in Bonn seine Arbeit auf.
Vorsitzender ist Dr. Konrad Adenauer (CDU).

1949

04.04.   Unterzeichnung des Nordatlantikvertrages (NATO) in
Washington.

06.–08.04.   Deutschlandkonferenz der drei Westmächte erzielt
Einigung über die Fusion der drei Westzonen, ein Besatzungsstatut und die Revision des Demontageprogramms
sowie die Förderung eines Industrieprogramms.

12.05.   Ende der Berlin-Blockade.

23.05.   Verkündung des Grundgesetzes der Bundesrepublik
Deutschland.

29.08.   Erste erfolgreiche Erprobung einsatzfähiger Atomwaffen in
der UdSSR.

07.10.   Proklamation der DDR durch die »Provisorische Volkskammer«.

30.11.   Bundeskanzler Adenauer erklärt in einem Interview die
Bereitschaft zur Stellung eines deutschen Kontingents für
eine europäische Armee.

1950

09.05.	Vorschlag des französischen Außenministers Robert Schuman zur Gründung einer Europäischen Gemeinschaft für Kohle und Stahl (Montan-Union).
Juni	Beginn des Koreakrieges.
19.09.	New Yorker Außenministerkonferenz der drei Westmächte beschließt Aufstellung einer europäischen Streitmacht unter deutscher Beteiligung. Sicherheit der Bundesrepublik Deutschland gegen jeden Angriff wird garantiert.
03.–06.10.	Tagung einer deutschen militärischen Expertenkommission im Eifelkloster Himmerod; Erarbeitung einer »Denkschrift über die Aufstellung eines deutschen Kontingents im Rahmen einer internationalen Streitmacht zur Verteidigung Westeuropas«.
10.10.	Rücktritt Gustav Heinemanns als Innenminister aus der Regierung Adenauer wegen der Wiederbewaffnungspläne.
26.10.	Theodor Blank (CDU) wird zum »Beauftragten des Bundeskanzlers für die mit der Vermehrung der alliierten Truppen zusammenhängenden Fragen« ernannt. Blank beruft die ehemaligen Generale Adolf Heusinger und Hans Speidel als militärische Berater. Das »Amt Blank« wurde zur Keimzelle des späteren Verteidigungsministeriums.
08.11.	Bundestag stimmt dem deutschen Verteidigungsbeitrag auf der Basis des Pleven-Plans zu.

1951

09.01.	Beginn der »Petersberg-Gespräche« über den deutschen Verteidigungsbeitrag.
15.02.	Bundestag verabschiedet Gesetz über den Bundesgrenzschutz, das die Aufstellung von 10.000 Mann vorsieht. Bayern behält eine eigene Grenzpolizei in der Stärke von 2.500 Mann.
05.04.	Ehrenerklärung des Bundeskanzlers für die deutschen Soldaten vor dem Deutschen Bundestag.
18.04.	Vertrag zur Gründung der Europäischen Gemeinschaft für Kohle und Stahl (EGKS, Montanunion) wird unterzeichnet.
09.07.	Die drei Westmächte erklären den Kriegszustand mit Deutschland für beendet.
30.12.	Außenministerbeschluss zur Aufstellung einer europäischen Armee bis zum 30. Juni 1954.

1952

10.03.	Die UdSSR richtet an die Westmächte die Aufforderung, die Frage eines Friedensvertrages mit Gesamtdeutschland, der auch nationale deutsche Streitkräfte vorsieht, zu erörtern (Stalin-Note). Auf ablehnende Antwort der Westalliierten wird ergänzender Vorschlag zu gesamtdeutschen Wahlen vorgelegt.
26.05.	Unterzeichnung des »Vertrages über die Beziehungen der Bundesrepublik Deutschland und der drei Mächte« (Deutschland- oder Generalvertrag).
27.05.	Unterzeichnung des EVG-(Europäische Verteidigungsgemeinschaft-)Vertrages.
13.06.	Dienststelle Blank definiert einen Verteidigungsbeitrag von 500.000 Soldaten (12 Divisionen) bis 1954.
16.06.	Aufstellung der »Kasernierten Volkspolizei«, der »Volkspolizei-See« und der »Volkspolizei-Luft« in der DDR.
09.12.	Das NATO-Dokument MC 14/1 legt die »massive Vergeltung« als Verteidigungskonzept fest.

1953

05.03.	Tod Josef Stalins und Ende der Stalin-Ära.
10.03.	Offizielle Einführung des Begriffs »Innere Führung«.
16./17.06.	Volksaufstand in Ost-Berlin und in der DDR blutig niedergeschlagen.

1954

26.02.	Der Deutsche Bundestag verabschiedet gegen die Stimmen der SPD ein Gesetz zur Ergänzung des Grundgesetzes, das die Wehrhoheit des Bundes begründet.
18.03.	Die Dienststelle Blank veröffentlicht Plan für den deutschen Verteidigungsbeitrag, für den Personalgutachterausschuss, Wehrdienst und Stärken der Teilstreitkräfte.
30.08.	Die französische Nationalversammlung vertagt die Verabschiedung des EVG-Vertrages und bringt ihn damit zum Scheitern.
28.09.–03.10.	Die Londoner Neun-Mächte-Konferenz beschließt den Beitritt der Bundesrepublik Deutschland zum Brüsseler Pakt und zur NATO (Londoner Schlussakte).
23.10.	Pariser Verträge werden unterzeichnet. Sie regeln die endgültige Aufnahme der Bundesrepublik in die NATO und beenden das Besatzungsregime.

1955

05.05. Die Souveränität der Bundesrepublik Deutschland wird proklamiert. Das deutsch-französische Abkommen über die Saar (Saar-Statut) tritt in Kraft. Die Ratifikationsurkunden zum Vertrag über die WEU (Westeuropäische Union) werden hinterlegt.

09.05. Feierliche Aufnahme der Bundesrepublik Deutschland als 15. Mitglied in die Nordatlantische Verteidigungsgemeinschaft (NATO).

15.05. Der Warschauer Pakt wird gegründet.

07.06. Die Dienststelle Blank wird in das Bundesministerium für Verteidigung umgewandelt. Theodor Blank wird erster Verteidigungsminister.

24.10. Erste Bundeswehrverwaltungsstelle beginnt Tätigkeit in Andernach.

12.11. Symbolischer Gründungstag der Bundeswehr: Bundesminister Blank überreicht an Scharnhorsts 200. Geburtstag in der Bonner Ermekeil-Kaserne den ersten 101 Freiwilligen die Ernennungsurkunden, darunter den Generalleutnanten Heusinger und Speidel.

1956

02.01. Dienstantritt der ersten 1.000 Freiwilligen in der Bundeswehr in Andernach (Heer), in Nörvenich (Luftwaffe) und in Wilhelmshaven (Marine).

18.01. Gesetz über die Schaffung der Nationalen Volksarmee (NVA) der DDR.

01.04. Das Gesetz über die Rechtsstellung der Soldaten (SG) tritt in Kraft. Damit erhalten die Streitkräfte auch offiziell die Bezeichnung Bundeswehr.

04.06. Verordnung über die Regelung des militärischen Vorgesetztenverhältnisses (VVO) tritt in Kraft.

07.07. Bundestag beschließt Gesetz über die Einführung der Wehrpflicht für Männer zwischen dem 18. und 45. Lebensjahr. Die Wehrdienstdauer beträgt vorerst 12 Monate.

14.07. Gründung des »Deutschen Bundeswehr-Verbandes e.V.«

21.07. Wehrpflichtgesetz tritt in Kraft.

16.10. Franz Josef Strauß (CSU) wird Bundesminister für Verteidigung.

28.10. Die »Schule der Bundeswehr für Innere Führung« wird in Köln offiziell eröffnet, am 1. Februar 1957 nach Koblenz verlegt.

1957

05.01.	Die ersten drei Divisionen der Bundeswehr werden unter das Kommando der NATO gestellt.
14.01.	US-Präsident Eisenhower stimmt der Atombewaffnung zu.
21.02.	Bundestag setzt Gesetz über die Wehrdisziplinarordnung (WDO) in Kraft.
21.03.	Billigung des NATO-Konzepts der »massiven Vergeltung« auf der Grundlage der »Schwert-Schild-Streitkräfte«.
11.04.	Die ersten 10.000 Wehrpflichtigen rücken bei der Bundeswehr ein.
11.04.	Das Gesetz über den Wehrbeauftragten und das Soldatenversorgungsgesetz werden durch den Bundestag verabschiedet.
01.06.	General Adolf Heusinger wird erster Generalinspekteur der Bundeswehr.
03.06.	15 Grundwehrdienstleistende ertrinken bei einer Übung in der Iller.
29.06.	Verabschiedung des Gesetzes über Vertrauensmänner in der Bundeswehr.
29.07.	Verkündung des Staatskirchenvertrages (ev. Militärseelsorge).
21.09.	Untergang des Frachtseglers PAMIR, der zur Ausbildung des maritimen Nachwuchses diente, südlich der Azoren.
18.10.	Gründung des Soldatenhilfswerks der Bundeswehr.
06.12.	Bericht des Personalgutachterausschusses (Entnazifizierung).

1958

16.01.	Wehrpflichtige rücken erstmals bei Luftwaffe und Marine ein.
30.06.	Bildung des »Beirates für Fragen der Inneren Führung«.
28.11.	Erlass »Erzieherische Maßnahmen«.
09.10.	Erlass über die Einrichtung des Berufsförderungsdienstes.
15.–22.12.	NATO-Rat nimmt Dokument MC 70 an, das die Schaffung von 30 Divisionen in West- und Mitteleuropa vorsieht.

1959

06.02.	BMVg bestellt Starfighter in den USA.
19.02.	GenLt. a.D. Grolmann wird erster Wehrbeauftragter.

1960

26.01.   Gründung des »Verbandes der Reservisten der Deutschen
           Bundeswehr«.
02.03.   Hilfsleistungen der Bundeswehr für die durch ein Erd-
           beben zerstörte Stadt Agadir (Marokko), Luftwaffe und
           Sanitätssoldaten im Einsatz.
20.05.   Gründung des Bundeswehr-Sozialwerks.
03.–24.11. Die ersten deutschen Verbände üben auf dem französi-
           schen Truppenübungsplatz Mourmelon.
13.12.   General Adolf Heusinger wird als erster Deutscher zum
           Vorsitzenden des Militärausschusses der NATO gewählt
           (Amtsantritt am 1. April 1961).

1961

13.08.   Beginn des Mauerbaus in Berlin.
08.11.   Wahl Hellmuth G. Heyes zum Wehrbeauftragten des
           Deutschen Bundestags.
08.12.   Verlängerung des Grundwehrdienstes von 12 auf 18 Monate.

1962

24.01.   Einführung der allgemeinen Wehrpflicht für die Dauer von
           18 Monaten in der DDR.
17.02.   Beginn des Einsatzes von Bundeswehreinheiten während
           der Flutkatastrophe in Hamburg, Schleswig-Holstein und
           Niedersachsen (ca. 40.000 Soldaten im Einsatz, 1.117 Men-
           schen werden gerettet, neun Soldaten kommen ums
           Leben).
23.02.–27.11. Kuba-Krise.
10.11.   Beginn der Spiegel-Affäre.
11.12.   Kai-Uwe von Hassel (CDU) wird Bundesminister der
           Verteidigung.

1963

22.01.   Unterzeichnung des Vertrages über deutsch-französische
           Zusammenarbeit (Elysée-Vertrag).
01.09.   NATO beschließt Strategie der Vorneverteidigung.

1964

10.02.	Umgliederung des BMVtdg in zwei Hauptabteilungen: a) Streitkräfte und b) Verwaltung, Verteidigungswirtschaft und Wehrtechnik.
14.06.	Der Wehrbeauftragte Heye veröffentlicht einen kritischen Bericht über die inneren Verhältnisse der Bundeswehr und tritt dann zurück.

1965

01.07.	Erlass »Bundeswehr und Tradition«.
27.07.	Umgliederung des BMVg in drei Hauptabteilungen: a) Militärangelegenheiten, b) Rüstungsangelegenheiten und c) Administrative Angelegenheiten.
04.09.	Die Bundesrepublik Deutschland erklärt ihre Bereitschaft zur Teilnahme am nuklearen Planungsausschuss der NATO.
19.09.	Der erste Bundeswehrsoldat wird Bundestagsabgeordneter.

1966

18.02.	Konstituierung der Nuklearen Planungsgruppe der NATO.
10.03.	Frankreich erklärt seinen Austritt aus den militärischen Organisationen der NATO.
01.08.	Erlass über das Koalitionsrecht und über gewerkschaftliche Betätigung in den Kasernen.
14.09.	Unterseeboot Hai sinkt in der Nordsee.
01.12.	Gerhard Schröder (CDU) wird Bundesverteidigungsminister.

1967

Januar	Ernennung von hauptamtlichen Jugendoffizieren.
13./14.12.	NATO-Ratstagung berät über den Harmel-Bericht; Übernahme der Strategie der flexiblen Reaktion, Aufrechterhaltung eines angemessenen militärischen Potenzials, Überprüfung des Verhältnisses zu den osteuropäischen Staaten: Signal von Reykjavik.

1968

16.10.	NATO-Strategie »flexible response« wird eingeführt.
30.05.	Bundestag verabschiedet die Notstandsverfassung.
20./21.08.	Truppen des Warschauer Paktes besetzen die Tschechoslowakei.

1969

17.02.   Die Bundesregierung legt das erste Weißbuch zur Verteidigungspolitik der Bundesregierung vor.

21.10.   Helmut Schmidt (SPD) wird Bundesminister der Verteidigung.

28.11.   Die Bundesrepublik Deutschland unterzeichnet den Atomwaffensperrvertrag.

1970

20.05.   Weißbuch der Bundesregierung.

12.08.   Unterzeichnung des deutsch-sowjetischen Gewaltverzichtsabkommens.

07.12.   Bundeskanzler Willy Brandt besucht Polen, Aussöhnung, Kniefall.

1971

18.05.   Gutachten zur Neuordnung der Bildung und Ausbildung in der Bundeswehr (u. a. Vorschlag für Studium der Offiziere).

03.09.   Unterzeichnung des Berlin-Abkommens.

10.09.   Verkürzung der Wehrpflicht von 18 auf 15 Monate zur Erhöhung der Wehrgerechtigkeit.

07.12.   Weißbuch der Bundesregierung.

1972

17.05.   Verabschiedung der Ostverträge im Bundestag.

26.05.   Erstes SALT-Abkommen zwischen den USA und UdSSR.

09.07   Der Bundestag verabschiedet die Reservistenkonzeption. Der Verband der Reservisten der Deutschen Bundeswehr e.V. (VdRBw) erhält den Auftrag, die allgemeine Reservistenarbeit der Bundeswehr durchzuführen.

10.07.   Georg Leber (SPD) wird Bundesminister der Verteidigung.

22.12.   Unterzeichnung des »Vertrags über die Grundlagen der Beziehungen zwischen der Bundesrepublik Deutschland und der Deutschen Demokratischen Republik« (Grundlagenvertrag).

1973

18.09. Die Bundesrepublik Deutschland wird (zusammen mit der DDR) Mitglied der Vereinten Nationen.

01.10. Eröffnung der Bundeswehr-Hochschulen Hamburg und München (1. April 1985 Umbenennung in Universitäten).

30.10. Konferenz über beiderseitige und ausgewogene Verminderung von Truppen und Rüstungen (MBFR) in Wien eröffnet. Teilnehmer sind die sieben Staaten des Warschauer Paktes und die zwölf NATO-Staaten.

1974

15.01. Weißbuch der Bundesregierung.

21.08. Erstflug des Kampfflugzeuges MRCA »Tornado«.

21.08. Die Bundesrepublik Deutschland wird Mitglied der Ständigen Abrüstungskonferenz der UNO in Genf.

1975

09.02. Bundeswehr-Transall stürzt über Kreta ab, alle 42 Insassen kommen ums Leben.

19.02. Das Bundeskabinett stimmt dem Vorschlag des Verteidigungsministers zu, dass Ärztinnen als weibliche Sanitätsoffiziere in die Bundeswehr eintreten können.

01.08. Staats- und Regierungschefs von 35 Ländern unterzeichnen in Helsinki die Schlußakte der »Konferenz über Sicherheit und Zusammenarbeit in Europa« (KSZE).

12.08. Insgesamt 8.000 Soldaten sind im Kampf gegen Waldbrände in Niedersachsen eingesetzt.

1976

August Erdbebenhilfe Friaul.

1977

NATO-Oberbefehlshaber erhält zweiten Stellvertreter, den deutschen General Schmückle.

1978

17.02.	Hans Apel (SPD) wird Bundesminister der Verteidigung.
13.04.	Das Bundesverfassungsgericht erklärt die Änderung des Wehrpflichtgesetzes (Kriegsdienstverweigerung »per Postkarte«) für unvereinbar mit dem Grundgesetz.

1979

Jan./Febr.	Hilfseinsätze der Bundeswehr bei der Schneekatastrophe in Norddeutschland.
08.02.	Die Bundesregierung weist in einer Erklärung zur Sicherheitspolitik darauf hin, dass die NATO nachrüsten müsse, um die Überlegenheit des Warschauer Pakts in Europa auszugleichen.
15.06.–18.06.	Treffen von US-Präsident Carter mit dem sowjetischen Staats- und Parteichef Leonid Breschnew in Wien. Unterzeichnung des SALT-II-Abkommens über die Begrenzung strategischer Nuklearwaffen.
04.09.	Weißbuch der Bundesregierung
12.12.	Der NATO-Rat fasst den Doppelbeschluss Modernisierung der nuklearen Mittelstreckenraketen ab 1983 und Verhandlungsangebot zur beiderseitigen Begrenzung der Mittelstreckensysteme an die UdSSR.
28.12.	Einmarsch sowjetischer Truppen in Afghanistan.

1980

06.05.	Bundespräsident Karl Carstens hält aus Anlass der 25-jährigen Mitgliedschaft der Bundesrepublik Deutschland in der NATO eine Rede bei einem öffentlichen Feierlichen Gelöbnis in Bremen. Dabei kommt es zu schweren Ausschreitungen gegen die Bundeswehr.
20.08.	Aus Anlass des 25-jährigen Bestehens der Bundeswehr (12. November 1980) stiftet der Bundesminister der Verteidigung Hans Apel (SPD), das »Ehrenzeichen der Bundeswehr«.
12.11.	Zum 25-jährigen Bestehen der Bundeswehr wird ein Feierliches Gelöbnis mit Großem Zapfenstreich in Anwesenheit des Bundespräsidenten und des Bundesministers der Verteidigung in Bonn durchgeführt. Wieder kommt es zu Störungen.

1981

22.07. Gemeinsame Erklärung des Deutschen Gewerkschaftsbundes und der Bundeswehr, in der beide Seiten ihre Bereitschaft betonen, die Beziehungen untereinander auszubauen und noch zu verbessern.

1982

20.09. Der Bundesminister der Verteidigung, Dr. Hans Apel, setzt die neuen Traditionsrichtlinien der Bundeswehr in Kraft. Der Erlass »Tradition und Bundeswehr« aus dem Jahre 1965 wird gleichzeitig aufgehoben.

04.10. Manfred Wörner (CDU) wird Bundesminister der Verteidigung.

1983

23.03. US-Präsident Reagan verkündet die Strategische Verteidigungsinitiative.

22.11. Der Bundestag beschließt die Nachrüstung mit Mittelstreckenraketen.

1984

01.01. Die Neuregelung des Kriegsdienstverweigerungsrechts und des Zivildienstes tritt in Kraft.

25.09. Während einer gemeinsamen deutsch-französischen Übung ehren Staatspräsident François Mitterand und Bundeskanzler Helmut Kohl bei Verdun gemeinsam die Toten des Ersten Weltkrieges.

20.12. Das Bundesverfassungsgericht erklärt die Stationierung von Mittelstreckenraketen für mit dem Grundgesetz vereinbar.

1985

10.03. Michail Sergejewitsch Gorbatschow neuer Parteichef der KPdSU.

12.03. Wiederaufnahme der Genfer Rüstungskontrollverhandlungen zwischen der UdSSR und den USA, die nach dem Einmarsch der Sowjetunion in Afghanistan weitgehend zum Erliegen gekommen waren.

19.06. Weißbuch der Bundesregierung

Dezember Die Stationierung von 108 amerikanischen Mittelstreckenraketen »Pershing II« in der Bundesrepublik Deutschland ist abgeschlossen.

1986

22.09. Unterzeichnung KVAE-(Konferenz für Vertrauensbildung und Abrüstung in Europa-)Vertrag in Stockholm.

1987

März Zwei Offiziere der Bundeswehr nehmen erstmals als Beobachter an einem Manöver des Warschauer Paktes in der DDR teil.

25.09. Bundeskanzler Helmut Kohl und Frankreichs Staatspräsident François Mitterand beschließen die Gründung eines gemeinsamen Verteidigungsrates.

08.12. US-Präsident Ronald Reagan und der sowjetische Generalsekretär Michail Gorbatschow unterzeichnen in Washington den INF-Vertrag, mit dem landgestützte nukleare Mittelstreckenraketen weltweit beseitigt werden.

09.12. Der Bundesminister der Verteidigung, Manfred Wörner, wird als erster Deutscher von den NATO-Außenministern einstimmig zum neuen NATO-Generalsekretär gewählt.

1988

22.01. Einrichtung eines Gemeinsamen Sicherheitsrates durch die Regierungen der Bundesrepublik Deutschland und Frankreich. Darüber hinaus unterzeichnen beide Regierungen ein Abkommen über die Aufstellung einer Deutsch-Französischen Brigade.

18.05. Rupert Scholz (CDU) wird Bundesminister der Verteidigung.

01.07. Manfred Wörner tritt sein Amt als NATO-Generalsekretär an.

01.09. Die ersten Pershing-II-Raketen werden gemäß INF-Abkommen von 1987 aus Mutlangen abgezogen.

1989

20.04. Gerhard Stoltenberg (CDU) wird Bundesminister der Verteidigung.

03.–06.05. Admiral Dieter Wellershoff besucht als erster Generalinspekteur der Bundeswehr die Sowjetunion.

01.06. Mit den einberufenen Rekruten treten die ersten 50 weiblichen Sanitätsoffizieranwärterinnen ihren Dienst bei den Streitkräften an.

| 09.11. | Grenzöffnung der DDR nach West-Berlin und zur Bundesrepublik Deutschland. |

1990

11./12.02.	Der Präsident der Sowjetunion, Michail Gorbatschow, erklärt nach Verhandlungen mit Bundeskanzler Kohl sein Einverständnis zu der Wiedervereinigung Deutschlands.
12./13.02.	NATO und Warschauer Pakt einigen sich auf eine Reduzierung ihrer in Mitteleuropa stationierten Soldaten auf jeweils 195.000 Mann.
18.03.	Erste freie Wahlen auf dem Territorium der DDR seit 1932.
27.04.	Die Verteidigungs- bzw. Abrüstungs- und Verteidigungsminister der beiden deutschen Staaten, Gerhard Stoltenberg und Rainer Eppelmann, verständigen sich bei einem Treffen in Köln darauf, dass ein vereintes Deutschland Mitglied der NATO sein solle.
01.07.	Inkrafttreten des Staatsvertrages vom 18.05. zwischen der Bundesrepublik Deutschland und der DDR zur Währungs-, Wirtschafts- und Sozialunion.
15./16.07.	Der Präsident der Sowjetunion, Michail Gorbatschow, und Bundeskanzler Kohl beraten im Kaukasus über die Modalitäten der Wiedervereinigung Deutschlands. Die Reduzierung der Bundeswehr auf eine Stärke von höchstens 370.000 Mann bis Ende 1994 ist Bestandteil der Vereinbarungen.
02.08.	Truppen des Irak besetzen Kuwait.
30.08.	Generalleutnant Jörg Schönbohm wird Befehlshaber des neuen Bundeswehrkommandos Ost in Strausberg. Das Kommando soll als Zentrale Führungseinrichtung aller Truppenteile, Stäbe und Einrichtungen auf dem Gebiet des beigetretenen Teils Deutschlands für eine Übergangszeit von mindestens sechs Monaten arbeiten und die Auflösung der NVA durchführen.
12.09.	Abschluss der 2+4-Verhandlungen in Moskau. Unterzeichnung des Deutschland-Vertrages. Reduzierung der Personalstärke der gesamtdeutschen Land-, Luft- und Seestreitkräfte auf 370.000 Mann innerhalb von drei bis vier Jahren. Gesamtdeutschland Mitglied der NATO.
30.09.	Unterzeichnung des Einigungsvertrages zwischen der Bundesrepublik Deutschland und der DDR.
03.10.	Die Einheit Deutschlands wird durch den Beitritt der DDR zur Bundesrepublik Deutschland hergestellt.

17.10.	Nach zwei Aufbaujahren wird die Deutsch-Französische Brigade in Dienst gestellt.
19.11.	In Paris wird von 22 Staats- und Regierungschefs aus den Ländern der NATO und des Warschauer Paktes der VKSE-Vertrag, der umfassende Abrüstungsschritte vorsieht, unterzeichnet. OSZE-Erklärung zum gegenseitigen Nichtangriff, aus Gegnern werden Partner (Charta von Paris).

1991

17.01.	Beginn des ersten Irakkiegs mit der Operation »Desert Storm«.
25.02.	Die Außen- und Verteidigungsminister des Warschauer Paktes beschließen die Auflösung ihrer Militärorganisation. Am 1. Juli 1991 wird die Auflösungsurkunde unterzeichnet.
16.04.	In Potsdam wird das Korps/Territorialkommando Ost aufgestellt. Erster Befehlshaber ist Generalleutnant Werner von Scheven. Beginn der »Operation Kurdenhilfe« zur Versorgung kurdischer Flüchtlinge in Anatolien
01.07.	Das Bundeswehrkommando Ost wird außer Dienst gestellt. Seine unterstellten Verbände treten unter das Kommando der Teilstreitkräfte.
17.10.	Die Nukleare Planungsgruppe der NATO beschließt in Taormina/Sizilien das größte atomare Abrüstungsprogramm seiner Geschichte. Alle Atomgranaten und Kurzstreckenraketen in Europa und etwa die Hälfte der 1.400 amerikanischen und 200 britischen Atombomben in Europa sollen zerstört werden.
06.11.	Sechs (später 15) deutsche Sanitätsoffiziere und -unteroffiziere werden zur medizinischen Betreuung von UN-Angehörigen nach Kambodscha entsandt.
08.11.	Auf dem NATO-Gipfel in Rom wird eine neue Strategie des Bündnisses beschlossen. Sie setzte auf die Triade von Dialog, Kooperation und Erhaltung der Verteidigungsfähigkeit und löst die Konzeption der »flexible response« ab.
21.–25.12.	Nach Unabhängigkeitserklärungen von Republiken der Sowjetunion hört diese nach 70 Jahren auf zu existieren. Zwei Tage später gründen die Präsidenten von elf bisherigen Sowjetrepubliken die Gemeinschaft Unabhängiger Staaten – GUS. In einer Fernsehrede am 25.12. erklärt der letzte Präsident der Sowjetunion, Michail Gorbatschow, seinen Rücktritt. In der Nacht zum 26. wird die rote Flagge mit Hammer und Sichel über dem Kreml eingeholt.

1992

24.03.	In Wien wird der Vertrag über »Open Skies« unterzeichnet. Luftgestützte Beobachtung soll die Rüstungskontrolle und Krisenüberwachung effektiver machen.
02.04.	Volker Rühe (CDU) wird Bundesminister der Verteidigung.
09.04.	Verabschiedung von rund 140 Sanitätssoldaten der Bundeswehr zu einem humanitären Einsatz von 18-monatiger Dauer im Rahmen der UNO nach Phnom Penh, Kambodscha.
21.–22.05.	Während der 59. Deutsch-Französischen Gipfelkonsultationen in La Rochelle beschließen der französische Staatspräsident François Mitterand und Bundeskanzler Helmut Kohl die Aufstellung eines Eurokorps.
18.07.	Die deutsche Marine unterstützt die Embargoüberwachung gegen Jugoslawien.
03.08.	Deutschland beginnt mit der Verschrottung von ca. 11.000 Waffensystemen entsprechend den Vereinbarungen des KSE-Vertrages.
12.08.	Die Bundesregierung beschließt eine umfassende Hilfeleistung zur Linderung der Hungersnot im Bürgerkriegsland Somalia.
04.09.	In Genf wird eine Konvention zur weltweiten Ächtung und Vernichtung chemischer Waffen beschlossen. Sie wird am 15. Januar 1993 von 130 Staaten unterzeichnet.
02.10.	Verteidigungsminister Volker Rühe ernennt in Leipzig die ersten 20 ehemaligen NVA-Soldaten zu Berufssoldaten der Bundeswehr.

1993

03.01.	Der russische Präsident Boris Jelzin und sein amerikanischer Amtskollege George Bush unterzeichnen in Moskau den START-II-Vertrag. Er sieht die Verringerung der strategischen Nukleararsenale beider Seiten um etwa zwei Drittel des aktuellen Bestandes (mehr als 20.000 Sprengköpfe) vor.
29.03.	Eine deutsche »Transall« wirft gemeinsam mit zwei amerikanischen und einer französischen Maschine erstmals Hilfsgüter über den ostbosnischen Städten Srebrenica und Zepa ab.
30.03.	Verteidigungsminister Volker Rühe und sein niederländischer Amtskollege Relus ter Beek unterzeichnen in Bonn eine »Gemeinsame Erklärung« über die Aufstellung eines Deutsch-Niederländischen Korps.

08.04.	Das Bundesverfassungsgericht lehnt mit fünf gegen drei Stimmen ab, den Einsatz deutscher Soldaten in AWACS-Aufklärungsflugzeugen zur Durchsetzung des Flugverbotes über Bosnien-Herzegowina durch eine einstweilige Verordnung vorläufig zu stoppen. Die Anträge der Bundestagsfraktionen der FDP und der SPD werden abgewiesen. Am 21.04. stimmt der Deutsche Bundestag dem Einsatz zu.
14.04.	Verteidigungsminister Volker Rühe unterzeichnet gemeinsam mit seinem russischen Amtskollegen Pawel Gratschow in Moskau ein Abkommen über militärische Zusammenarbeit.
21.04.	Das Bundeskabinett beschließt die Unterstützung der UN in Somalia durch die Entsendung eines verstärkten Nachschub- und Transportbataillons.
22.04.	Indienststellung eines Amerikanisch-Deutschen und Deutsch-Amerikanischen Korps. Bis auf das Korps-/Territorialkommando Ost sind damit alle deutschen Korps multi- oder binationale Verbände.
01.06.	In Preschen wird das Jagdgeschwader 73 in Dienst gestellt. Der Verband fliegt die MIG 29. Damit wurde erstmalig ein russisches Flugzeug in die Luftwaffe eines NATO-Staates integriert.
23.06.–03.07.	Das Bundesverfassungsgericht weist am 23.06. einen Antrag der SPD auf Erlass einer einstweiligen Anordnung zur Entsendung eines Bundeswehrkontingentes nach Somalia zurück. Am 02.07. stimmt der Deutsche Bundestag dem Einsatz zu. Am 03.07. Beginn der Verlegung des Hauptkontingentes von rund 1.700 Soldaten nach Somalia. Der neu gebildete UNO-SOM-II-Verband errichtet in Belet Uen, ca. 330 km von Mogadischu in Zentralsomalia, das German Field Camp. In Belet Uen versorgt der deutsche Verband ca. 500 italienische Soldaten und leistet unmittelbare humanitäre Hilfe für die Zivilbevölkerung. Im August ist der deutsche Unterstützungsverband in seiner Gesamtstärke einsatzbereit.
13.07.	Nach 42 Jahren Stationierung in Deutschland verabschiedet die Bundeswehr ihre kanadischen Alliierten mit einem Großen Zapfenstreich.
02.09.	Verteidigungsminister Volker Rühe bezieht seinen zweiten Dienstsitz in Berlin im Bendler-Block.
14.10.	Einheimische erschießen in der kambodschanischen Hauptstadt Phnom Penh den deutschen Sanitätsfeldwebel Alexander Arndt. Er ist der erste Soldat der Bundeswehr, der bei einem UNO-Einsatz sein Leben lässt.

05.11.	Mit einem feierlichen Appell wird in Straßburg das Euro-korps in Anwesenheit der Verteidigungsminister Deutschlands, Frankreichs und Belgiens in Dienst gestellt.

1994

10./11.01.	Die Staats- und Regierungschefs der atlantischen Allianz beschließen auf ihrem Gipfeltreffen in Brüssel, den amerikanischen Vorschlag einer »Partnerschaft für den Frieden« anzunehmen. Die NATO lädt damit die Länder des ehemaligen Warschauer Paktes und die Nachfolgestaaten der Sowjetunion zu begrenzter sicherheitspolitischer und militärischer Zusammenarbeit ein. Damit werden die Weichen für eine Epoche der militärischen Zusammenarbeit und eine mögliche Mitgliedschaft gestellt. Bis Oktober 1994 haben 23 Staaten dieses Konzept unterzeichnet.
04.03.	Die Verteidigungsminister Deutschlands, Frankreichs und Polens unterzeichnen in Weimar eine gemeinsame Erklärung zur militärischen Zusammenarbeit (Weimarer Dreieck).
05.04.	Weißbuch der Bundesregierung
12.05.	Die Verteidigungsminister Deutschlands, Polens und Dänemarks, Rühe, Kolodziejczyk und Haekkerup, beschließen in Warnemünde gemeinsame Übungen ihrer Streitkräfte.
08.07.	Das Bundeskabinett verabschiedet die Konzeptionellen Leitlinien zur Bundeswehrplanung. Reduzierung des Friedensumfangs auf 340.000 Soldaten mit der Möglichkeit, bei Bedarf einen Aufwuchs auf 370.000 Soldaten zuzulassen; Festlegung der Krisenreaktionskräfte auf 50.000 Soldaten; mittelfristige Verstetigung des Verteidigungshaushaltes, zehnmonatiger Grundwehrdienst mit anschließender zweimonatiger Verfügungsbereitschaft bzw. freiwilliger zwölfmonatiger Grundwehrdienst in den Krisenreaktionskräften.
12.07.	Das Bundesverfassungsgericht entscheidet, dass deutsche Soldaten ohne Einschränkung an internationalen UNO-Friedensmissionen außerhalb des Bündnisgebietes der NATO teilnehmen können. Auch Kampfeinsätze sind dabei nach dem Grundgesetz zulässig. Voraussetzung ist die Zustimmung des Bundestages in jedem einzelnen Fall mit einfacher Mehrheit. Damit werden Verfassungsklagen gegen die Bundeswehreinsätze im Bereich des ehemaligen Jugoslawien und in Somalia abgewiesen.
14.07.	Bundeswehrsoldaten des Eurokorps nehmen an der traditionellen Militärparade am französischen Nationalfeiertag auf den Champs-Elysées in Paris teil.

31.08.	Die letzten russischen Truppen verlassen Deutschland. Der russische Präsident Boris Jelzin und Bundeskanzler Helmut Kohl nehmen gemeinsam an der militärischen Abschiedszeremonie in Berlin-Treptow teil.
01.09.	Soldaten der Bundeswehr und der polnischen Streitkräfte gedenken in Danzig erstmals gemeinsam der Toten des Zweiten Weltkrieges. General Klaus Naumann und der polnische Stabschef Tadeusz Wielecki legen Kränze am Mahnmal für die Verteidiger der Westerplatte nieder.
05.09.	Mit dem Seemanöver »Baltic Endeavour«, an dem deutsche, dänische und polnische Seestreitkräfte teilnehmen, beginnt die erste im Zusammenhang mit dem Konzept »Partnerschaft für den Frieden« stehende Übung. Es folgen die Übungen »Cooperative Bridge 94« und »Tatra 94« in Polen, »Cooperative Spirit« in den Niederlanden sowie zwei weitere Übungen bis Jahresende.
08.09.	Die Truppen Frankreichs, Großbritanniens und der Vereinigten Staaten werden mit militärischen Ehren feierlich aus Berlin verabschiedet.
14.12.	Generalleutnant Manfred Eisele tritt sein Amt als Beigeordneter Generalsekretär der Vereinten Nationen für friedenserhaltende Maßnahmen in New York an.

1995

05.01.	Die ehemalige Kaserne in Berlin »Quartier Napoleon« wird in Julius-Leber-Kaserne umbenannt und Sitz des Standortkommandanten von Berlin.
03.02.	Mit einem militärischen Zeremoniell ist im Beisein von NATO-Generalsekretär Willy Claes die Eingliederung der Truppenteile der Bundeswehr in den neuen Bundesländern in die Nordatlantische Allianz vollzogen worden. Die integrierte NATO-Luftverteidigung wurde am selben Tag auf ganz Deutschland ausgedehnt.
15.03.	Der Bundesminister der Verteidigung Volker Rühe stellt das Ressortkonzept zur Anpassung der Streitkräftestrukturen, der Territorialen Wehrverwaltung und der Stationierung vor.
20.03.	Zum Auftakt der Konferenz der Organisation für Sicherheit und Zusammenarbeit in Europa (OSZE) in Paris beschließen die Vertreter von 52 Staaten der nördlichen Hemisphäre einen Stabilitätspakt für Europa.
30.03.	Mit Claire Marienfeld wird die erste Frau Wehrbeauftragte des Deutschen Bundestages.

Ende Mai	Sechs Monate früher als im Vertrag über konventionelle Streitkräfte in Europa (KSE) längstens vorgesehen, werden in Charlottenhof die beiden letzten Panzer aus NVA-Beständen verschrottet.
30.06.	Der Deutsche Bundestag beschließt, die Verbände der Vereinten Nationen im ehemaligen Jugoslawien mit speziell dafür ausgestatteten deutschen Kampfflugzeugen vom Typ »Tornado«, Transport- und Aufklärungsflugzeugen sowie Sanitätspersonal zu unterstützen.
30.07.	Aufstellung des deutsch-niederländischen Korps in Münster.
14.12.	Unterzeichnung des Dayton-Friedensvertrags für Bosnien-Herzegowina.

1996

01.01.	Der Grundwehrdienst dauert nur noch zehn Monate.
09.01.	Ende der Luftbrücke für Sarajewo.
19.02.	Das deutsche IFOR-Kontingent (Bosnien-Herzegowina) ist einsatzbereit.
21.07.	Ende der Seeüberwachung des Handelsembargos gegen Ex-Jugoslawien und des vierjährigen Einsatzes deutscher Kriegsschiffe im Mittelmeer.
15.10.	Bundeswehr beendet Nutzung des britischen Truppenübungsplatzes Castlemartin/Wales.

1997

14.03.	Luftevakuierung deutscher und anderer Staatsbürger aus Tirana.
27.05.	Russland und die Nato unterzeichnen in Brüssel eine »Grundakte über gegenseitige Beziehungen, Zusammenarbeit und Sicherheit«.
28.05.	NATO-Gipfel in Madrid lädt Polen, Ungarn und Tschechien zum Beitritt ein.
18.06.	Flutkatastropheneinsatz der »Armee der Einheit« im Oderbruch.
18.09.	Bundesminister Rühe stellt in Laage das Jagdgeschwader 73 mit dem Traditionsnamen »Steinhoff« in Dienst. Mit der MiG 29 und der Phantom F-4F fliegt es als einziges Geschwader Flugzeugtypen russischer und amerikanischer Herkunft zugleich.
11.11.	Abschluss der Verwertung von Rüstungsmaterial der NVA.

1998

01.01.	Abschluss der Vernichtung von Anti-Personenminen. Generalinspekteur Bagger eröffnet in Düsseldorf die Wanderausstellung »Demokratie ist verletzlich« als Teil des Maßnahmenpakets gegen Rechtsextremismus.
03.05.	Offiziersanwärter des Heeres erstmals zur Ausbildung in Israel.
14.09.	Offizierschule des Heeres in Dresden beginnt den Lehrbetrieb.
18.09.	Aufstellung des Multinationalen Korps Nordost (PL, DAN, GE).
28.10.	Rudolf Scharping (SPD) wird nach Regierungswechsel Bundesminister der Verteidigung.

1999

12.03.	Aufnahme Polens, Ungarns und Tschechiens in die NATO.
24.04.	Deutsche Beteiligung an Luftschlägen gegen Serbien mit Tornados.
April	NATO-Gipfel in Washington: 50 Jahre NATO, Verabschiedung des neuen strategischen Konzepts.
03.05.	Berufung der Kommission »Gemeinsame Sicherheit und Zukunft der Bundeswehr«.
10.06.	Einrücken der Friedenstruppe KFOR mit deutscher Beteiligung ins Kosovo.

2000

03.03.	Beteiligung der Bundeswehr am Hilfseinsatz in Mozambique.
15.03.	Unterzeichnung des Rahmenvertrages zur »Innovation, Investition und Wirtschaftlichkeit der Bundeswehr«.
23.05.	Die Kommission »Gemeinsame Sicherheit und Zukunft der Bundeswehr« legt ihren Bericht vor. Sie empfiehlt die Orientierung der Streitkräftestruktur an den wahrscheinlichsten Aufgaben der Krisenvorsorge und Krisenbewältigung.
07.06.	Beschluss zur Änderung des Soldatengesetzes: Öffnung der Bundeswehr in allen Verwendungen für Frauen.
14.06.	Kabinettsbeschluss der »Eckpfeiler für die Erneuerung der Bundeswehr von Grund auf«.

2001

16.02. Bundesminister der Verteidigung Rudolf Scharping entscheidet das Ressortkonzept Stationierung.

09.06. Das Einsatzführungskommando der Bundeswehr wird in Potsdam in Dienst gestellt.

11.09. Terroranschläge in den Vereinigten Staaten, Ziele sind Symbole der wirtschaftlichen und politischen Macht: das World Trade Center in New York und das Pentagon in Washington. Beide Gebäude werden mit entführten Passagiermaschinen attackiert. Der NATO-Rat bewertet den Terrorangriff als Angriff auf alle Bündnispartner im Sinne der Beistandsverpflichtung des Nordatlantikvertrages.

17.10. Der Verteidigungsausschuss billigt einen Gesetzentwurf der Bundesregierung zur Neuausrichtung der Bundeswehr. Vorgesehen ist, den Wehrdienst von 10 auf 9 Monate zu verkürzen.

November Beginn des Einsatzes »Enduring Freedom«.

2002

01.01. Der Grundwehrdienst beträgt neun Monate.

Januar Beteiligung deutscher Soldaten beim Friedenseinsatz in Afghanistan (ISAF).

07.03. Schweres Unglück beim Vernichten von Fundmunition in Kabul. Fünf Soldaten des deutschen Kontingents wurden getötet, acht werden teils schwer verletzt.

19.07. Peter Struck (SPD) wird Bundesminister der Verteidigung.

August/
September Mehrwöchiger Hochwassereinsatz der Bundeswehr. Insgesamt rund 40.000 Soldaten und zivile Mitarbeiter leisten Hilfe.

21.11. Die Staats- und Regierungschefs der NATO beschließen in Prag die umfangreichste Erweiterung in der Geschichte des Bündnisses. Estland, Lettland, Litauen, Bulgarien, Rumänien, die Slowakei und Slowenien werden zu Beitrittsverhandlungen eingeladen.

21.12. In Afghanistan sterben sieben Soldaten beim Absturz eines CH-53-Hubschraubers.

2003

05.01.	Über Frankfurt am Main kreist ein entführtes Kleinflugzeug. Dies entfacht eine Diskussion über den Einsatz der Bundeswehr im Inneren und die Einführung eines Luftsicherheitsgesetzes.
10.02.	Übernahme der Lead-Funktion der ISAF in Afghanistan durch Deutschland und die Niederlande.
20.03.	Beginn des Irak-Krieges.
31.03.	Die EU übernimmt mit dem »Einsatz Concordia« in Mazedonien erstmals einen militärischen Auftrag.
01.05.	US-Präsident Bush erklärt offiziell das Ende des Irak-Krieges.
21.05.	Verteidigungsminister Peter Struck erlässt die verteidigungspolitischen Richtlinien.
07.06.	Bei einem Selbstmordanschlag auf die internationale Schutztruppe (ISAF) in Afghanistan werden vier Bundeswehrsoldaten getötet und 29 zum Teil schwer verletzt.
18.06.	Der Bundestag stimmt einem befristeten Einsatz der Bundeswehr im Kongo zu. Es handelte sich dabei um die erste EU-geführte militärische Operation außerhalb Europas.
02.10.	Verteidigungsminister Peter Struck legt die Weisung für die Weiterentwicklung der Bundeswehr vor.
24.10.	Der Bundestag beschließt eine Erweiterung des Bundeswehr-Mandats für Afghanistan. Demnach sollen deutsche Soldaten nicht nur in Kabul stationiert bleiben, sondern auch in der nordafghanischen Region Kunduz internationale Hilfsorganisationen unterstützen.

2004

30.04.	Die Luftwaffe stellt die ersten EUROFIGHTER offiziell in Dienst.
29.06.	NATO-Gipfel in Istanbul. Die NATO beschließt offiziell das Ende der SFOR-Mission zum 31.12.2004. Danach soll die Europäische Union die Friedenssicherung in Bosnien und Herzegowina übernehmen.
07.07.	Estland, Lettland, Litauen, Rumänien, Bulgarien, Slowakei und Slowenien treten der NATO bei.
04.08.	Die letzten deutschen MiG-29-Kampfflugzeuge werden an Polen übergeben.
02.11.	Verteidigungsminister Peter Struck präsentiert das neue Stationierungskonzept der Bundeswehr.
15.11.	Ein Ausbildungskommando der Bundeswehr reist in die Vereinigten Arabischen Emirate ab. Dort schult es Kraft-

fahrer und Kraftfahrzeugmechaniker der irakischen Streitkräfte.

24.11.   Der Bundestag stimmt dem Gesetz zur Gleichstellung von
Soldatinnen und Soldaten zu.

29.11.   Nach Misshandlungsvorwürfen in Coesfeld kündigt Verteidigungsminister Peter Struck eine konsequente Aufklärung
der Vorgänge an.

02.12.   Die Europäische Union übernimmt von der NATO die
Verantwortung für die Friedensmission in Bosnien und
Herzegowina. Die Operation »Althea« wird künftig von der
European Union Force (EUFOR) durchgeführt.

16.12.   Die Bundeswehr unterstützt im Sudan die Beobachtermis-
sion AMIS (African Union Mission in Sudan).

ab 28.12.   Die Bundeswehr leistet Hilfe nach der Flutkatastrophe in
Südostasien bis 18.03.2005.

2005

Januar   Das »Einsatzversorgungsgesetz« zur Absicherung im Auslandseinsatz verwundeter oder getöteter Soldaten(innen)
oder deren Angehörigentritt in Kraft.

Ausgewählte Dokumente

1. WEU-Vertrag

Vertrag zwischen Belgien, Frankreich, Luxemburg, den Niederlanden und dem Vereinigten Königreich von Großbritannien und Nordirland Brüssel, 17. März 1948

Artikel III

Die Hohen Vertragschließenden Teile werden gemeinsam jede Anstrengung unternehmen, um ihre Völker zu einem besseren Verständnis der Grundsätze, welche die Grundlage ihrer gemeinsamen Zivilisation bilden, zu führen und durch gegenseitige Übereinkommen oder sonstige Mittel den kulturellen Austausch zu fördern.

Artikel IV

Bei der Durchführung des Vertrags arbeiten die Hohen Vertragschließenden Teile und alle von ihnen im Rahmen des Vertrags geschaffenen Organe eng mit der Organisation des Nordatlantikvertrags zusammen. Da der Aufbau einer Parallelorganisation zu den militärischen NATO-Stäben unerwünscht ist, sind der Rat und sein Amt in militärischen Angelegenheiten hinsichtlich Auskunftserteilung und Beratung auf die zuständigen militärischen NATO-Stellen angewiesen.

Artikel V

Sollte einer der Hohen Vertragschließenden Teile das Ziel eines bewaffneten Angriffs in Europa werden, so werden ihm die anderen Hohen Vertragschließenden Teile im Einklang mit den Bestimmungen des Artikels 51 der Satzung der Vereinten Nationen alle in ihrer Macht stehende militärische und sonstige Hilfe und Unterstützung leisten.

Artikel VI

Alle auf Grund des vorstehenden Artikels getroffenen Maßnahmen sind unverzüglich dem Sicherheitsrat zu berichten. Sie werden eingestellt, sobald der Sicherheitsrat die erforderlichen Maßnahmen getroffen hat, um den internationalen Frieden und die internationale Sicherheit aufrechtzuerhalten oder wiederherzustellen. Dieser Vertrag beeinträchtigt in keiner Weise die Verpflichtungen, die sich für die Hohen Vertragschließenden Teile aus den Bestimmungen der Satzung der Vereinten Nationen ergeben. Er darf nicht so ausgelegt werden, als berühre er in irgendeiner Weise die dem Sicherheitsrat auf Grund der Satzung zustehende Befugnis und Verantwortlichkeit, jederzeit die Maßnahmen zu treffen, die er für erforderlich hält, um den internationalen Frieden und die internationale Sicherheit aufrechtzuerhalten oder wiederherzustellen.

Artikel VIII

Um den Frieden und die Sicherheit zu festigen und die Einheit Europas zu fördern und seiner fortschreitenden Integrierung Antrieb zu geben sowie eine engere Zusammenarbeit zwischen den Mitgliedstaaten und mit anderen europäischen Organisationen zu unterstützen, setzen die Hohen Vertragschließenden Teile des Brüsseler Vertrags einen Rat ein, der sich mit der Durchführung dieses Vertrags, seiner Protokolle und deren Anlagen befasst. Der Rat führt die Bezeichnung »Rat der Westeuropäischen Union«; er ist so eingerichtet, dass er ständig tätig sein kann; soweit erforderlich, richtet er nachgeordnete Stellen ein, insbesondere errichtet er unverzüglich ein Amt für Rüstungskontrolle mit den in Protokoll Nr. IV bestimmten Aufgaben. Auf Antrag eines der Hohen Vertragschließenden Teile wird der Rat unverzüglich einberufen, um eine Beratung bei jeder Lage zu ermöglichen, die eine Bedrohung des Friedens, gleichviel in welchem Gebiet, oder eine Gefährdung der wirtschaftlichen Stabilität darstellt. Über Fragen, für die ein anderes Abstimmungsverfahren nicht vereinbart ist oder vereinbart wird, beschließt der Rat einstimmig. In den Fällen der Protokolle Nr. II, III und IV wendet er die verschiedenen darin vorgesehenen Abstimmungsverfahren an – Einstimmigkeit, Zweidrittelmehrheit, einfache Mehrheit. Er entscheidet mit einfacher Mehrheit über Fragen, die ihm vom Amt für Rüstungskontrolle vorgelegt werden.

Artikel IX

Der Rat der Westeuropäischen Union erstattet einer Versammlung, die aus Vertretern der Brüsseler Vertragsmächte bei der Beratenden Versammlung des Europarates besteht, jährlich einen Bericht über seine Tätigkeit, insbesondere über die Rüstungskontrolle.

Artikel X

Getreu ihrem Entschluss, Streitigkeiten nur durch friedliche Mittel beizulegen, werden die Hohen Vertragschließenden Teile bei Streitigkeiten untereinander die folgenden Bestimmungen anwenden: Die Hohen Vertragschließenden Teile werden für die Dauer dieses Vertrags alle unter Artikel 36 Abs. 2 des Statuts des Internationalen Gerichtshofs fallenden Streitigkeiten diesem Gerichtshof unterbreiten; diese Bestimmung gilt lediglich mit der Maßgabe, dass bei jedem der Hohen Vertragschließenden Teile die von diesem Teil bei der Annahme dieser Klausel über die verbindliche Gerichtsbarkeit gemachten Vorbehalte so weit gewahrt bleiben, wie dieser Teil sie aufrechterhalten sollte. Ferner werden die Hohen Vertragschließenden Teile alle nicht unter Artikel 36 Abs. 2 des Statuts des Internationalen Gerichtshofs fallenden Streitigkeiten im Wege des Vergleichsverfahrens regeln. Bei Streitigkeiten, die sowohl Fragen umfassen, die einem Vergleichsverfahren, als auch solche, die einem gerichtlichen Verfahren unterliegen, hat jede der streitenden Parteien das Recht zu verlangen, dass die gerichtliche Entscheidung der Rechtsfragen dem Vergleichsverfahren vorangehen soll. Die vorstehenden Bestimmungen dieses Artikels berühren in keiner Weise die Anwendung von Bestimmungen oder Abkommen, welche irgendein anderes Verfahren für eine friedliche Regelung vorsehen.

Artikel XI

Die Hohen Vertragschließenden Teile können in gegenseitigem Einvernehmen jeden anderen Staat einladen, diesem Vertrag unter den Bedingungen beizutreten, auf die sie sich mit dem eingeladenen Staat geeinigt haben. Jeder so eingeladene Staat kann Mitglied des Vertrags werden, indem er eine Beitrittsurkunde bei der belgischen Regierung hinterlegt. Die belgische Regierung wird jeden der Hohen Vertragschließenden Teile von der Hinterlegung der Beitrittsurkunden in Kenntnis setzen.

Ausgewählte Dokumente

2. »NORDATLANTIKVERTRAG«
Washington DC, 04. April 1949

Die Parteien dieses Vertrags bekräftigen erneut ihren Glauben an die Ziele und Grundsätze der Satzung der Vereinten Nationen und ihren Wunsch, mit allen Völkern und Regierungen in Frieden zu leben. Sie sind entschlossen, die Freiheit, das gemeinsame Erbe und die Zivilisation ihrer Völker, die auf den Grundsätzen der Demokratie, der Freiheit der Person und der Herrschaft des Rechts beruhen, zu gewährleisten. Sie sind bestrebt, die innere Festigkeit und das Wohlergehen im nordatlantischen Gebiet zu fördern.
Sie sind entschlossen, ihre Bemühungen für die gemeinsame Verteidigung und für die Erhaltung des Friedens und der Sicherheit zu vereinigen.
Sie vereinbaren daher diesen Nordatlantikvertrag:

Artikel 1
Die Parteien verpflichten sich, in Übereinstimmung mit der Satzung der Vereinten Nationen, jeden internationalen Streitfall, an dem sie beteiligt sind, auf friedlichem Wege so zu regeln, dass der internationale Friede, die Sicherheit und die Gerechtigkeit nicht gefährdet werden, und sich in ihren internationalen Beziehungen jeder Gewaltandrohung oder Gewaltanwendung zu enthalten, die mit den Zielen der Vereinten Nationen nicht vereinbar sind.

Artikel 2
Die Parteien werden zur weiteren Entwicklung friedlicher und freundschaftlicher internationaler Beziehungen beitragen, indem sie ihre freien Einrichtungen festigen, ein besseres Verständnis für die Grundsätze herbeiführen, auf denen diese Einrichtungen beruhen, und indem sie die Voraussetzungen für die innere Festigkeit und das Wohlergehen fördern. Sie werden bestrebt sein, Gegensätze in ihrer internationalen Wirtschaftspolitik zu beseitigen und die wirtschaftliche Zusammenarbeit zwischen einzelnen oder allen Parteien zu fördern.

Artikel 3
Um die Ziele dieses Vertrags besser zu verwirklichen, werden die Parteien einzeln und gemeinsam durch ständige und wirksame Selbsthilfe und

gegenseitige Unterstützung die eigene und die gemeinsame Widerstandskraft gegen bewaffnete Angriffe erhalten und fortentwickeln.

Artikel 4

Die Parteien werden einander konsultieren, wenn nach Auffassung einer von ihnen die Unversehrtheit des Gebiets, die politische Unabhängigkeit oder die Sicherheit einer der Parteien bedroht ist.

Artikel 5

Die Parteien vereinbaren, dass ein bewaffneter Angriff gegen eine oder mehrere von ihnen in Europa oder Nordamerika als ein Angriff gegen sie alle angesehen wird; sie vereinbaren daher, dass im Falle eines solchen bewaffneten Angriffs jede von ihnen in Ausübung des in Artikel 51 der Satzung der Vereinten Nationen anerkannten Rechts der individuellen oder kollektiven Selbstverteidigung der Partei oder den Parteien, die angegriffen werden, Beistand leistet, indem jede von ihnen unverzüglich für sich und im Zusammenwirken mit den anderen Parteien die Maßnahmen, einschließlich der Anwendung von Waffengewalt, trifft, die sie für erforderlich erachtet, um die Sicherheit des nordatlantischen Gebiets wiederherzustellen und zu erhalten. Vor jedem bewaffneten Angriff und allen daraufhin getroffenen Gegenmaßnahmen ist unverzüglich dem Sicherheitsrat Mitteilung zu machen. Die Maßnahmen sind einzustellen, sobald der Sicherheitsrat diejenigen Schritte unternommen hat, die notwendig sind, um den internationalen Frieden und die internationale Sicherheit wiederherzustellen und zu erhalten.

Artikel 6

Im Sinne des Artikels 5 gilt als bewaffneter Angriff auf eine oder mehrere der Parteien jeder bewaffnete Angriff auf das Gebiet eines dieser Staaten in Europa oder Nordamerika, auf die algerischen Departements Frankreichs, auf das Gebiet der Türkei oder auf die der Gebietshoheit einer der Parteien unterliegenden Inseln im nordatlantischen Gebiet nördlich des Wendekreises des Krebses; auf die Streitkräfte, Schiffe oder Flugzeuge einer der Parteien, wenn sie sich in oder über diesen Gebieten oder irgendeinem anderen europäischen Gebiet, in dem eine der Parteien bei Inkrafttreten des Vertrags eine Besatzung unterhält oder wenn sie sich im Mittelmeer oder im nordatlantischen Gebiet nördlich des Wendekreises des Krebses befinden.
(…)

Artikel 7

Dieser Vertrag berührt weder die Rechte und Pflichten, welche sich für die Parteien, die Mitglieder der Vereinten Nationen sind, aus deren Satzung ergeben, oder die in erster Linie bestehende Verantwortlichkeit des Sicherheitsrats für die Erhaltung des internationalen Friedens und der internationalen Sicherheit, noch kann er in solcher Weise ausgelegt werden.

Artikel 8

Jede Partei erklärt, dass keine der internationalen Verpflichtungen, die gegenwärtig zwischen ihr und einer anderen Partei oder einem dritten Staat bestehen, den Bestimmungen dieses Vertrags widerspricht, und verpflichtet sich, keine diesem Vertrag widersprechende internationale Verpflichtung einzugehen.

Artikel 9

Die Parteien errichten hiermit einen Rat, in dem jede von ihnen vertreten ist, um Fragen zu prüfen, welche die Durchführung dieses Vertrags betreffen. Der Aufbau dieses Rats ist so zu gestalten, dass er jederzeit schnell zusammentreten kann. Der Rat errichtet, soweit erforderlich, nachgeordnete Stellen, insbesondere setzt er unverzüglich einen Verteidigungsausschuss ein, der Maßnahmen zur Durchführung der Artikel 3 und 5 zu empfehlen hat.

Artikel 10

Die Parteien können durch einstimmige Entscheidung jeden anderen europäischen Staat, der in der Lage ist, die Grundsätze dieses Vertrags zu fördern und zur Sicherheit des nordatlantischen Gebiets beizutragen, zum Beitritt einladen. Jeder so eingeladene Staat kann durch Hinterlegung seiner Beitrittsurkunde bei der Regierung der Vereinigten Staaten von Amerika Mitglied dieses Vertrags werden. Die Regierung der Vereinigten Staaten von Amerika unterrichtet jede der Parteien von der Hinterlegung einer solchen Beitrittsurkunde.

Artikel 11

Der Vertrag ist von den Parteien in Übereinstimmung mit ihren verfassungsmäßigen Verfahren zu ratifizieren und in seinen Bestimmungen durchzuführen. Die Ratifikationsurkunden werden so bald wie möglich bei der Regierung der Vereinigten Staaten von Amerika hinterlegt, die alle anderen Unterzeichnerstaaten von jeder Hinterlegung unterrichtet. Der Vertrag tritt zwischen den Staaten, die ihn ratifiziert haben, in Kraft, sobald die Ratifikationsurkunden der Mehrzahl der Unterzeichnerstaaten, einschließlich derjenigen Belgiens, Kanadas, Frankreichs, Luxemburgs, der Niederlande, des Vereinigten Königreichs und der Vereinigten Staaten hinterlegt worden sind; für andere Staaten tritt er am Tage der Hinterlegung ihrer Ratifikationsurkunden in Kraft.

Artikel 12

Nach zehnjähriger Geltungsdauer des Vertrags oder zu jedem späteren Zeitpunkt werden die Parteien auf Verlangen einer von ihnen miteinander beraten, um den Vertrag unter Berücksichtigung der Umstände zu überprüfen, die dann den Frieden und die Sicherheit des nordatlantischen Gebiets berühren, zu denen auch die Entwicklung allgemeiner und regionaler Vereinbarungen gehört, die im Rahmen der Satzung der Vereinten Nationen zur Aufrechterhaltung des internationalen Friedens und der internationalen Sicherheit dienen.

Artikel 13

Nach zwanzigjähriger Geltungsdauer des Vertrags kann jede Partei aus dem Vertrag ausscheiden, und zwar ein Jahr, nachdem sie der Regierung der Vereinigten Staaten von Amerika die Kündigung mitgeteilt hat; diese unterrichtet die Regierungen der anderen Parteien von der Hinterlegung jeder Kündigungsmitteilung.

(…)

3. »Vertrag über die Beziehungen zwischen der Bundesrepublik Deutschland und den Drei Mächten«

Bonn, 26. Mai 1952

Die Bundesrepublik Deutschland einerseits und die Vereinigten Staaten von Amerika, das Vereinigte Königreich von Großbritannien und Nordirland und die Französische Republik andererseits haben in der Erwägung, dass eine friedliche und blühende europäische Völkergemeinschaft, die durch ihr Bekenntnis zu den Grundsätzen der Satzung der Vereinigten Nationen mit den anderen freien Völkern der Welt fest verbunden ist, nur durch vereinte Förderung und Verteidigung der gemeinsamen Freiheit und des gemeinsamen Erbes verwirklicht werden kann;

dass es das gemeinsame Ziel der Unterzeichnerstaaten ist, die Bundesrepublik Deutschland auf der Grundlage der Gleichberechtigung in die europäische Gemeinschaft zu integrieren, die selbst in die sich entwickelnde atlantische Gemeinschaft eingefügt ist;

dass die Wiederherstellung eines völlig freien und vereinigten Deutschlands auf friedlichem Wege und die Herbeiführung einer frei vereinbarten friedensvertraglichen Regelung – mögen auch gegenwärtig außerhalb ihrer Macht liegende Maßnahmen entgegenstehen – ein grundlegendes und gemeinsames Ziel der Unterzeichnerstaaten bleibt;

dass die Aufrechterhaltung des Besatzungsstatuts mit den darin vorgesehenen Eingriffsbefugnissen in die eigenen Angelegenheiten der Bundesrepublik mit dem Zweck der Integration der Bundesrepublik in die europäische Gemeinschaft unvereinbar ist;

dass die Vereinigten Staaten von Amerika, das Vereinigte Königreich von Großbritannien und Nordirland und die Französische Republik (im folgenden als »die Drei Mächte« bezeichnet) daher entschlossen sind, nur die besonderen Rechte aufrechtzuerhalten, deren Beibehaltung im Hinblick auf die Besonderheiten der internationalen Lage Deutschlands im gemeinsamen Interesse der Unterzeichnerstaaten erforderlich ist;

dass die Bundesrepublik auf Freiheit und Verantwortlichkeit gegründete politische Einrichtungen geschaffen hat und entschlossen ist, die in ihrem Grundgesetz verankerte freiheitlich-demokratische und bundesstaatliche Verfassung aufrechtzuerhalten, welche die Menschenrechte gewährleistet;

dass die Bundesrepublik und die Drei Mächte sowohl die neuen Beziehungen, die durch diesen Vertrag und seine Zusatzverträge geschaffen werden, als auch die Verträge zur Bildung einer integrierten europäischen Gemeinschaft, insbesondere den Vertrag über die Gründung der Europäischen Gemeinschaft für Kohle und Stahl und den Vertrag über die Gründung der Europäischen Verteidigungsgemeinschaft, als wesentliche Schritte zur Verwirklichung ihres gemeinsamen Strebens nach einem wiedervereinigten Deutschland anerkennen, das in die europäische Gemeinschaft integriert ist;

zur Festlegung der Grundlagen ihres neuen Verhältnisses den folgenden Vertrag geschlossen:

Artikel 1

(1) Die Bundesrepublik hat volle Macht über ihre inneren und äußeren Angelegenheiten, vorbehaltlich der Bestimmungen dieses Vertrages.

(2) Mit dem Inkrafttreten dieses Vertrages und der in Artikel 8 aufgeführten Verträge (in diesem Vertrag als »Zusatzverträge« bezeichnet) werden die Drei Mächte das Besatzungsstatut aufheben und die Alliierte Hohe Kommission sowie die Dienststellen der Landeskommissare auflösen.

(3) Die Drei Mächte werden künftig ihre Beziehungen mit der Bundesrepublik durch Botschafter unterhalten, die in Angelegenheiten gemeinsam tätig werden, welche die Drei Mächte nach diesem Vertrage und den Zusatzverträgen als sie gemeinsam betreffend ansehen.

Artikel 2

(1) Die Drei Mächte behalten im Hinblick auf die internationale Lage die bisher von ihnen ausgeübten oder innegehabten Rechte in bezug auf (a) die Stationierung von Streitkräften in Deutschland und den Schutz von deren Sicherheit, (b) Berlin und (c) Deutschland als Ganzes einschließlich der Wiedervereinigung Deutschlands und einer friedensvertraglichen Regelung.

(2) Die Bundesrepublik wird sich ihrerseits jeder Maßnahme enthalten, welche diese Rechte beeinträchtigt, und wird mit den Drei Mächten zusammenwirken, um ihnen die Ausübung dieser Rechte zu erleichtern.

Artikel 3

(1) Die Bundesrepublik wird ihre Politik in Einklang mit den Prinzipien der Satzung der Vereinten Nationen und mit den im Statut des Europarates aufgestellten Zielen halten.

(2) Die Bundesrepublik bekräftigt ihre Absicht, sich durch ihre Mitgliedschaft in internationalen Organisationen, die zur Erreichung der gemeinsamen Ziele der freien Welt beitragen, mit der Gemeinschaft der freien Nationen völlig zu verbinden. Die Drei Mächte werden zu gegebener Zeit Anträge der Bundesrepublik unterstützen, die Mitgliedschaft in solchen Organisationen zu erlangen.

(3) Bei Verhandlungen mit Staaten, mit denen die Bundesrepublik keine Beziehungen unterhält, werden die Drei Mächte die Bundesrepublik in Fragen konsultieren, die deren politische Interessen unmittelbar berühren.

(4) Auf Ersuchen der Bundesregierung werden die Drei Mächte die erforderlichen Vorkehrungen treffen, die Interessen der Bundesrepublik in ihren Beziehungen zu anderen Staaten und in gewissen internationalen Organisationen oder Konferenzen zu vertreten, soweit die Bundesrepublik dazu nicht selbst in der Lage ist.

Artikel 4

(1) Die Aufgabe der von den Drei Mächten im Bundesgebiet stationierten Streitkräfte wird die Verteidigung der freien Welt sein, zu der die Bundesrepublik und Berlin gehören.

(2) In bezug auf die Stationierung dieser Streitkräfte im Bundesgebiet werden die Drei Mächte die Bundesrepublik konsultieren, soweit es die militärische Lage erlaubt. Die Bundesrepublik wird, nach Maßgabe dieses Vertrages und der Zusatzverträge, in vollem Umfang mitwirken, um diesen Streitkräften ihre Aufgabe zu erleichtern.

(3) Die Drei Mächte werden nur nach vorheriger Einwilligung der Bundesrepublik Truppen eines Staates, der zur Zeit keine Kontingente stellt, als Teil ihrer Streitkräfte im Bundesgebiet stationieren. Jedoch dürfen solche Kontingente im Falle eines Angriffs oder unmittelbar drohenden Angriffs ohne Einwilligung der Bundesrepublik in das Bundesgebiet gebracht werden, dürfen dagegen nach Beseitigung der Gefahr nur mit Einwilligung der Bundesrepublik dort verbleiben.

(4) Die Bundesrepublik wird sich an der Europäischen Verteidigungsgemeinschaft beteiligen, um zur gemeinsamen Verteidigung der freien Welt beizutragen.

Artikel 5

(1) Die Drei Mächte werden bei der Ausübung ihres Rechtes, die Sicherheit der in dem Bundesgebiet stationierten Streitkräfte zu schützen, die Bestimmungen der folgenden Absätze dieses Artikels einhalten.

(2) Wenn die Bundesrepublik und die Europäische Verteidigungsgemeinschaft außer Stande sind, einer Lage Herr zu werden, die entstanden ist durch einen Angriff auf die Bundesrepublik oder Berlin,

durch eine umstürzlerische Störung der freiheitlich-demokratischen Grundordnung,

durch eine schwere Störung der öffentlichen Sicherheit und Ordnung oder durch den ernstlich drohenden Eintritt eines dieser Ereignisse und die nach der Auffassung der Drei Mächte die Sicherheit ihrer Streitkräfte gefährdet, können die Drei Mächte, nachdem sie die Bundesregierung im weitestmöglichen Ausmaß konsultiert haben, in der gesamten Bundesrepublik oder in einem Teil der Bundesrepublik einen Notstand erklären.

(3) Nach Erklärung des Notstandes können die Drei Mächte diejenigen Maßnahmen ergreifen, die erforderlich sind, um die Ordnung aufrechtzuerhalten oder wiederherzustellen und die Sicherheit der Streitkräfte zu gewährleisten.

(4) Die Erklärung wird ihr Anwendungsgebiet genau bezeichnen. Die Erklärung des Notstandes darf nicht länger aufrechterhalten werden, als zur Behebung der Notlage erforderlich ist.

(5) Während der Dauer eines Notstandes werden die Drei Mächte die Bundesregierung im weitestmöglichen Ausmaß konsultieren. Sie werden sich im gleichen Ausmaß der Unterstützung der Bundesregierung und der zuständigen deutschen Behörden bedienen.

(6) Heben die Drei Mächte die Erklärung des Notstandes nicht innerhalb von dreißig Tagen auf, nachdem die Bundesregierung darum ersucht hat, so kann die Bundesregierung den Rat der Nordatlantikpaktorganisation ersuchen, die Lage zu überprüfen und zu erwägen, ob der Notstand beendet werden soll. Gelangt der Rat zu dem Ergebnis, dass die Aufrechterhaltung des Notstandes nicht länger gerechtfertigt ist, so werden die Drei Mächte den Normalzustand so schnell wie möglich wiederherstellen.

(7) Abgesehen vom Falle eines Notstandes ist jeder Militärbefehlshaber berechtigt, im Falle einer unmittelbaren Bedrohung seiner Streitkräfte die angemessenen Schutzmaßnahmen (einschließlich des Gebrauchs von Waffengewalt) unmittelbar zu ergreifen, die erforderlich sind, um die Gefahr zu beseitigen.

(8) In jeder anderen Hinsicht bestimmt sich der Schutz der Sicherheit dieser Streitkräfte nach den Vorschriften des in Artikel 8 genannten Vertrages über die Rechte und Pflichten ausländischer Streitkräfte und ihrer Mitglieder in der Bundesrepublik Deutschland.

Artikel 6

(1) Die Drei Mächte werden die Bundesrepublik hinsichtlich der Ausübung ihrer Rechte in bezug auf Berlin konsultieren.

(2) Die Bundesrepublik ihrerseits wird mit den Drei Mächten zusammenwirken, um es ihnen zu erleichtern, ihren Verantwortlichkeiten in bezug auf Berlin zu genügen. Die Bundesrepublik wird ihre Hilfeleistung für den politischen, kulturellen, wirtschaftlichen und finanziellen Wiederaufbau von Berlin fortsetzen; sie wird Berlin insbesondere die Unterstützung gewähren, die in der anliegenden Erklärung der Bundesrepublik (Anhang A dieses Vertrages) umschrieben ist.

Artikel 7

(1) Die Bundesrepublik und die Drei Mächte sind darüber einig, dass ein wesentliches Ziel ihrer gemeinsamen Politik eine zwischen Deutschland und seinen ehemaligen Gegnern frei vereinbarte friedensvertragliche Regelung für ganz Deutschland ist, welche die Grundlage für einen dauerhaf-

ten Frieden bilden soll. Sie sind weiterhin darüber einig, dass die endgültige Festlegung der Grenzen Deutschlands bis zu dieser Regelung aufgeschoben werden muss.

(2) Bis zum Abschluss der friedensvertraglichen Regelung werden die Bundesrepublik und die Drei Mächte zusammenwirken, um mit friedlichen Mitteln ihr gemeinsames Ziel zu verwirklichen: ein wiedervereinigtes Deutschland, das eine freiheitlichdemokratische Verfassung ähnlich wie die Bundesrepublik besitzt und das in die europäische Gemeinschaft integriert ist.

(3) Im Falle der Wiedervereinigung Deutschlands – vorbehaltlich einer zu vereinbarenden Anpassung – werden die Drei Mächte die Rechte, welche der Bundesrepublik auf Grund dieses Vertrages und der Zusatzverträge zustehen, auf ein wiedervereinigtes Deutschland erstrecken und werden ihrerseits darin einwilligen, dass die Rechte auf Grund der Verträge über die Bildung einer integrierten europäischen Gemeinschaft in gleicher Weise erstreckt werden, wenn ein wiedervereinigtes Deutschland die Verpflichtungen der Bundesrepublik gegenüber den Drei Mächten oder einer von ihnen auf Grund der genannten Verträge übernimmt. Soweit nicht alle Unterzeichnerstaaten ihre gemeinsame Zustimmung erteilen, wird die Bundesrepublik kein Abkommen abschließen noch einer Abmachung beitreten, welche die Rechte der Drei Mächte auf Grund der genannten Verträge beeinträchtigen oder die Verpflichtungen der Bundesrepublik auf Grund dieser Verträge mindern würden.

(4) Die Drei Mächte werden die Bundesrepublik in allen anderen Angelegenheiten konsultieren, welche die Ausübung ihrer Rechte in bezug auf Deutschland als Ganzes berühren.

Quelle: Vertrag über die Beziehungen zwischen der Bundesrepublik Deutschland und den Drei Mächten, hrsg. vom Presse- und Informationsamt der Bundesregierung, Bonn 1952, S. 3–7

Ausgewählte Dokumente

4. Himmeroder Denkschrift,
Auszug

Vom 15. bis 9. Oktober 1950 tagten im Eifelkloster Himmerod fünfzehn vom damaligen Bundeskanzler Konrad Adenauer ausgesuchte Militärexperten. Sie sollten darüber beraten, welchen Beitrag die Bundesrepublik Deutschland zur Verteidigung Europas vor einem kommunistischen Angriff leisten könne. Ihre Denkschrift gliederte sich in fünf Teile:
1. Abschnitt: »Militärpolitische Grundlagen«,
2. Abschnitt: zur »Operativen Lage«
3. Abschnitt: Organisation,
4. Abschnitt: Ausbildung

5. Abschnitt: Das Inneres Gefüge:

A. Vorbemerkung.

(...) Die Maßnahmen und Planungen auf diesem Gebiet müssen und können sich auf dem gegenwärtigen Notstand Europas gründen. Damit sind die Voraussetzungen für den Neuaufbau von denen der Vergangenheit so verschieden, dass ohne Anlehnung an die Formen der alten Wehrmacht heute *grundlegend Neues* zu schaffen ist. Dabei muss auch berücksichtigt werden, dass in den letzten Jahren die Wehrbereitschaft des deutschen Volkes sehr stark gelitten hat. (...)

B. Politisches.

(...) Das Deutsche Kontingent darf nicht ein »Staat im Staate« werden. Das Ganze wie der Einzelne haben aus innerer Überzeugung die *demokratische Staats- und Lebensform* zu bejahen. Doch ist aus Gründen der inneren Festigkeit der Truppe ihre *überparteiliche Haltung* zu fordern. (...)

Die Rede- und Versammlungsfreiheit ist dahin einzuschränken, dass in den Unterkünften Parteiversammlungen und Agitation verboten werden. (...)

C. Ethisches.

Der Soldat hat bei seinem Eintritt einen Eid zu leisten bzw. eine *feierliche Verpflichtung* abzulegen, die das Bekenntnis zu Europa und dem deutschen demokratischen Staat enthält. (...)

Die militärische *Rechtspflege* ist unter Hinzuziehung ziviler Sachverständiger neu zu ordnen. Rein bürgerliche Straftaten des Soldaten sind durch bürgerliche Gerichte, militärische Vergehen und Verbrechen durch Militärgerichte abzuurteilen. Besonderer Wert ist auf die Frage des Gehorsams und der Gehorsamsverweigerung (bisheriger § 47) zu legen. Recht und Pflicht zu Ungehorsam darf nur für den Fall gelten, dass der Untergebene klar und eindeutig erkennt, dass der Befehl ein Verbrechen gegen die Menschlichkeit, das Völkerrecht oder sonstige militärische und bürgerliche Rechtssätze beabsichtigt. (...)

Die *Beschwerdeordnung* ist von allen unzeitgemäßen Bestimmungen zu befreien.

In diesem Zusammenhang wäre zu prüfen, ob innerhalb der Verbände *Vertrauensausschüsse* zu bilden sind, die bei Anwendung der Disziplinarstraf- und Beschwerdeordnung zu hören sind (ohne Entscheidungsrecht). (...)

Ein solcher Vertrauensausschuss wäre bei der ersten Einstellung der Offiziere einzusetzen zur etwa notwendigen Überprüfung des persönlichen Verhaltens in der Vergangenheit, wenn gegen Einzelne Anwürfe erhoben werden.

Solche *»Selbstreinigung«* erscheint aus psychologischen Gründen der Öffentlichkeit des In- und Auslandes gegenüber wie im Interesse des inneren Zusammenhalts der Truppe notwendig. (...)

Ausgewählte Dokumente

5. Erklärung des Nordatlantikrates (NATO-Rat) zu den Terroranschlägen in den USA am 11. September 2001

Am 12. September traf sich der Nordatlantikrat erneut in Reaktion auf die abscheulichen Anschläge, die gestern gegen die Vereinigten Staaten verübt wurden.

Der Rat stimmt überein, dass dieser Anschlag, falls festgestellt wird, dass er vom Ausland aus gegen die Vereinigten Staaten verübt wurde, als Handlung im Sinne des Artikels 5 des Washingtoner Vertrages angesehen wird, in dem es heißt, dass ein bewaffneter Angriff gegen einen oder mehrere Verbündete in Europa oder Nordamerika als Angriff gegen sie alle angesehen werden wird. Die Verpflichtung zu gemeinsamer Selbstverteidigung, die im Washingtoner Vertrag enthalten ist, wurde ursprünglich unter Umständen eingegangen, die sich stark von den heute herrschenden Gegebenheiten unterscheiden, doch bleibt sie heute nicht weniger gültig und nicht weniger entscheidend, da wir in einer Welt leben, die der Geißel des internationalen Terrorismus ausgeliefert ist. Als die Staats- und Regierungschefs der NATO sich 1999 in Washington trafen, würdigten sie den Erfolg der Allianz bei der Sicherung der Freiheit ihrer Mitglieder während des Kalten Krieges und die Tatsache, dass sie ein einiges und freies Europa möglich gemacht hatte. Aber sie erkannten auch die Existenz einer großen Vielfalt von Sicherheitsrisiken an, von denen einige sich sehr von denjenigen unterscheiden, die zur Gründung der NATO geführt hatten. Insbesondere verurteilten sie den Terrorismus als eine ernsthafte Bedrohung von Frieden und Stabilität und bekräftigten ihre Entschlossenheit, ihn in Übereinstimmung mit ihren gegenseitigen Verpflichtungen, ihren internationalen Verpflichtungen und ihrer nationalen Gesetzgebung zu bekämpfen.

Artikel 5 des Washingtoner Vertrags schreibt vor, dass im Falle von Angriffen im Sinne dieses Artikels jeder Verbündete der angegriffenen Vertragspartei Beistand leistet, indem er die Maßnahmen trifft, die er für erforderlich erachtet. Dementsprechend sind die NATO-Verbündeten der Vereinigten Staaten bereit, den Beistand zu leisten, der als Folge dieser barbarischen Akte erforderlich sein mag.

Quelle: Auswärtiges Amt (Stand: 27.09.01)

Ausgewählte Dokumente

6. »Resolution des Sicherheitsrats der Vereinten Nationen zur Verurteilung der terroristischen Anschläge in den USA«
New York, 12. September 2001

Der Sicherheitsrat – in Bekräftigung der Ziele und Grundsätze der Charta der Vereinten Nationen, entschlossen, die Bedrohung des Weltfriedens und der internationalen Sicherheit durch terroristische Gewalttaten mit allen Mitteln zu bekämpfen, in Anerkennung des naturgegebenen Rechtes zur individuellen oder kollektiven Selbstverteidigung in Übereinstimmung mit der Charta:

1. verurteilt unmissverständlich und auf das Schärfste die abscheulichen terroristischen Gewalttaten, die am 11. September 2001 in New York, Washington (DC) und Pennsylvania verübt wurden, und betrachtet diese Gewalttaten wie jede internationale terroristische Gewalttat als Bedrohung des Weltfriedens und der internationalen Sicherheit;

2. spricht den Opfern und ihren Familien sowie dem Volk und der Regierung der Vereinigten Staaten von Amerika sein tiefstes Mitgefühl und Beileid aus;

3. ruft alle Staaten auf, dringend zusammenzuarbeiten, um die Täter, Drahtzieher und Förderer dieser terroristischen Anschläge vor Gericht zu bringen, und betont, dass diejenigen, die den Tätern, Drahtziehern und Förderern helfen, sie unterstützen oder ihnen Zuflucht gewähren, zur Rechenschaft gezogen werden;

4. ruft ferner die internationale Gemeinschaft auf, ihre Anstrengungen erheblich zu verstärken, um terroristische Gewalttaten zu verhindern und zu unterdrücken, auch durch intensivierte Zusammenarbeit und vollständige Umsetzung der einschlägigen internationalen Übereinkommen zur Bekämpfung des Terrorismus und der Resolutionen des Sicherheitsrats, insbesondere der Resolution 1269 vom 19. Oktober 1999;

5. bekundet seine Bereitschaft, alle notwendigen Schritte zu unternehmen, um auf die terroristischen Anschläge vom 11. September 2001 zu antworten, und jede Form des Terrorismus in Übereinstimmung mit seinen Verantwortlichkeiten nach der Charta der Vereinten Nationen zu bekämpfen;

…

Auswärtiges Amt

Ausgewählte Dokumente

7. »Vertrag über die abschließende Regelung in Bezug auf Deutschland« (»Zwei-plus-Vier-Vertrag«),
vom 12. September 1990

Die Bundesrepublik Deutschland, die Deutsche Demokratische Republik, die Französische Republik, das Vereinigte Königreich Großbritannien und Nordirland, die Union der Sozialistischen Sowjetrepubliken und die Vereinigten Staaten von Amerika –

IN DEM BEWUSSTSEIN, dass ihre Völker seit 1945 miteinander in Frieden leben,

EINGEDENK der jüngsten historischen Veränderungen in Europa, die es ermöglichen, die Spaltung des Kontinents zu überwinden,

UNTER BERÜCKSICHTIGUNG der Rechte und Verantwortlichkeiten der Vier Mächte in Bezug auf Berlin und Deutschland als Ganzes und der entsprechenden Vereinbarungen und Beschlüsse der Vier Mächte aus der Kriegs- und Nachkriegszeit,

ENTSCHLOSSEN, in Übereinstimmung mit ihren Verpflichtungen aus der Charta der Vereinten Nationen freundschaftliche, auf der Achtung vor dem Grundsatz der Gleichberechtigung und Selbstbestimmung der Völker beruhende Beziehungen zwischen den Nationen zu entwickeln und andere geeignete Maßnahmen zur Festigung des Weltfriedens zu treffen,

EINGEDENK der Prinzipien der in Helsinki unterzeichneten Schlussakte der Konferenz über Sicherheit und Zusammenarbeit in Europa,

IN ANERKENNUNG, dass diese Prinzipien feste Grundlagen für den Aufbau einer gerechten und dauerhaften Friedensordnung in Europa geschaffen haben,

ENTSCHLOSSEN, die Sicherheitsinteressen eines jeden zu berücksichtigen,

ÜBERZEUGT von der Notwendigkeit, Gegensätze endgültig zu überwinden und die Zusammenarbeit in Europa fortzuentwickeln,

IN BEKRÄFTIGUNG ihrer Bereitschaft, die Sicherheit zu stärken, insbesondere durch wirksame Maßnahmen zur Rüstungskontrolle, Abrüstung und Vertrauensbildung; ihrer Bereitschaft, sich gegenseitig nicht als Gegner zu betrachten, sondern auf ein Verhältnis des Vertrauens und der Zusammenarbeit hinzuarbeiten sowie dementsprechend ihrer Bereitschaft, die Schaffung geeigneter institutioneller Vorkehrungen im Rahmen der

Konferenz über Sicherheit und Zusammenarbeit in Europa positiv in Betracht zu ziehen,

IN WÜRDIGUNG DESSEN, dass das deutsche Volk in freier Ausübung des Selbstbestimmungsrechts seinen Willen bekundet hat, die staatliche Einheit Deutschlands herzustellen, um als gleichberechtigtes und souveränes Glied in einem vereinten Europa dem Frieden der Welt zu dienen,

IN DER ÜBERZEUGUNG, dass die Vereinigung Deutschlands als Staat endgültigen Grenzen ein bedeutsamer Beitrag zu Frieden und Stabilität in Europa ist,

MIT DEM ZIEL, die abschließende Regelung in Bezug auf Deutschland zu vereinbaren,

IN ANERKENNUNG DESSEN, dass dadurch und mit der Vereinigung Deutschlands als einem demokratischen und friedlichen Staat die Rechte und Verantwortlichkeiten der Vier Mächte in Bezug auf Berlin und Deutschland als Ganzes ihre Bedeutung verlieren,

VERTRETEN durch ihre Außenminister, die entsprechend der Erklärung von Ottawa vom 13. Februar 1990 am 5. Mai 1990 in Bonn, am 22. Juni 1990 in Berlin, am 17. Juli 1990 in Paris unter Beteiligung des Außenministers der Republik Polen und am 12. September 1990 in Moskau zusammengetroffen sind -

SIND wie folgt ÜBEREINGEKOMMEN:

Artikel 1

(1) Das vereinte Deutschland wird die Gebiete der Bundesrepublik Deutschland, der Deutschen Demokratischen Republik und ganz Berlins umfassen. Seine Außengrenzen werden die Grenzen der Deutschen Demokratischen Republik und der Bundesrepublik Deutschland sein und werden am Tage des Inkrafttretens dieses Vertrags endgültig sein. Die Bestätigung des endgültigen Charakters der Grenzen des vereinten Deutschland ist ein wesentlicher Bestandteil der Friedensordnung in Europa.

(2) Das vereinte Deutschland und die Republik Polen bestätigen die zwischen ihnen bestehende Grenze in einem völkerrechtlich verbindlichen Vertrag.

(3) Das vereinte Deutschland hat keinerlei Gebietsansprüche gegen andere Staaten und wird solche auch nicht in Zukunft erheben.

(4) Die Regierungen der Bundesrepublik Deutschland und der Deutschen Demokratischen Republik werden sicherstellen, dass die Verfassung des vereinten Deutschland keinerlei Bestimmungen enthalten wird, die mit diesen Prinzipien unvereinbar sind. Dies gilt dementsprechend für die Bestimmungen, die in der Präambel und in den Artikeln 23 Satz 2 und 146 des Grundgesetzes für die Bundesrepublik Deutschland niedergelegt sind.

(5) Die Regierungen der Französischen Republik, des Vereinigten Königreichs Großbritannien und Nordirland, der Union der Sozialistischen Sowjetrepubliken und der Vereinigten Staaten von Amerika nehmen die

entsprechenden Verpflichtungen und Erklärungen der Regierungen der Bundesrepublik Deutschland und der Deutschen Demokratischen Republik förmlich entgegen und erklären, dass mit deren Verwirklichung der endgültige Charakter der Grenzen des vereinten Deutschland bestätigt wird.

Artikel 2

Die Regierungen der Bundesrepublik Deutschland und der Deutschen Demokratischen Republik bekräftigen ihre Erklärungen, dass von deutschem Boden nur Frieden ausgehen wird. Nach der Verfassung des vereinten Deutschland sind Handlungen, die geeignet sind und in der Absicht vorgenommen werden, das friedliche Zusammenleben der Völker zu stören, insbesondere die Führung eines Angriffskrieges vorzubereiten, verfassungswidrig und strafbar. Die Regierungen der Bundesrepublik Deutschland und der Deutschen Demokratischen Republik erklären, dass das vereinte Deutschland keine seiner Waffen jemals einsetzen wird, es sei denn in Übereinstimmung mit seiner Verfassung und der Charta der Vereinten Nationen.

Artikel 3

(1) Die Regierungen der Bundesrepublik Deutschland und der Deutschen Demokratischen Republik bekräftigen ihren Verzicht auf Herstellung und Besitz von und auf Verfügungsgewalt über atomare, biologische und chemische Waffen. Sie erklären, dass auch das vereinte Deutschland sich an diese Verpflichtungen halten wird. Insbesondere gelten die Rechte und Verpflichtungen aus dem Vertrag über die Nichtverbreitung von Kernwaffen vom 1. Juli 1968 für das vereinte Deutschland fort.
(2) Die Regierung der Bundesrepublik Deutschland hat in vollem Einvernehmen mit der Regierung der Deutschen Demokratischen Republik am 30. August 1990 in Wien bei den Verhandlungen über Konventionelle Streitkräfte in Europa folgende Erklärung abgegeben:
»Die Regierung der Bundesrepublik Deutschland verpflichtet sich, die Streitkräfte des vereinten Deutschland innerhalb von drei bis vier Jahren auf eine Personalstärke von 370000 Mann (Land-, Luft- und Seestreitkräfte) zu reduzieren. Diese Reduzierung soll mit dem Inkrafttreten des ersten KSE-Vertrags beginnen. Im Rahmen dieser Gesamtobergrenze werden nicht mehr als 345000 Mann den Land- und Luftstreitkräften angehören, die gemäß vereinbartem Mandat allein Gegenstand der Verhandlungen über konventionelle Streitkräfte in Europa sind. Die Bundesregierung sieht in ihrer Verpflichtung zur Reduzierung von Land- und Luftstreitkräften einen bedeutsamen deutschen Beitrag zur Reduzierung der konventionellen Streitkräfte in Europa. Sie geht davon aus, dass in Folgeverhandlungen auch die anderen Verhandlungsteilnehmer ihren Beitrag zur Festigung von Sicherheit und Stabilität in

Europa, einschließlich Maßnahmen zur Begrenzung der Personalstärken, leisten werden.«

Die Regierung der Deutschen Demokratischen Republik hat sich dieser Erklärung ausdrücklich angeschlossen.

(3) Die Regierungen der Französischen Republik, des Vereinigten Königreichs Großbritannien und Nordirland, der Union der Sozialistischen Sowjetrepubliken und der Vereinigten Staaten von Amerika nehmen diese Erklärungen der Regierungen der Bundesrepublik Deutschland und der Deutschen Demokratischen Republik zur Kenntnis.

Artikel 4

(1) Die Regierungen der Bundesrepublik Deutschland, der Deutschen Demokratischen Republik und der Union der Sozialistischen Sowjetrepubliken erklären, dass das vereinte Deutschland und die Union der Sozialistischen Sowjetrepubliken in vertraglicher Form die Bedingungen und die Dauer des Aufenthalts der sowjetischen Streitkräfte auf dem Gebiet der heutigen Deutschen Demokratischen Republik und Berlins sowie die Abwicklung des Abzugs dieser Streitkräfte regeln werden, der bis zum Ende des Jahres 1994 im Zusammenhang mit der Verwirklichung der Verpflichtungen der Regierungen der Bundesrepublik Deutschland und der Deutschen Demokratischen Republik, auf die sich Absatz 2 des Artikels 3 dieses Vertrags bezieht, vollzogen sein wird.

(2) Die Regierungen der Französischen Republik, des Vereinigten Königreichs Großbritannien und Nordirland und der Vereinigten Staaten von Amerika nehmen diese Erklärung zur Kenntnis.

Artikel 5

(1) Bis zum Abschluss des Abzugs der sowjetischen Streitkräfte vom Gebiet der heutigen Deutschen Demokratischen Republik und Berlins in Übereinstimmung mit Artikel 4 dieses Vertrags werden auf diesem Gebiet als Streitkräfte des vereinten Deutschland ausschließlich deutsche Verbände der Territorialverteidigung stationiert sein, die nicht in die Bündnisstrukturen integriert sind, denen deutsche Streitkräfte auf dem übrigen deutschen Territorium zugeordnet sind. Unbeschadet der Regelung in Absatz 2 dieses Artikels werden während dieses Zeitraums Streitkräfte anderer Staaten auf diesem Gebiet nicht stationiert oder irgendwelche andere militärische Tätigkeiten dort ausüben.

(2) Für die Dauer des Aufenthalts sowjetischer Streitkräfte auf dem Gebiet der heutigen Deutschen Demokratischen Republik und Berlins werden auf deutschen Wunsch Streitkräfte der Französischen Republik, des Vereinigten Königreichs Großbritannien und Nordirland und der Vereinigten Staaten von Amerika auf der Grundlage entsprechender vertraglicher Vereinbarung zwischen der Regierung des vereinten Deutschland und den Regierungen der betreffenden Staaten in Berlin stationiert bleiben. Die Zahl

aller nichtdeutschen in Berlin stationierten Streitkräfte und deren Ausrüstungsumfang werden nicht stärker sein als zum Zeitpunkt der Unterzeichnung dieses Vertrags. Neue Waffenkategorien werden von nichtdeutschen Streitkräften dort nicht eingeführt. Die Regierung des vereinten Deutschland wird mit den Regierungen der Staaten, die Streitkräfte in Berlin stationiert haben, Verträge zu gerechten Bedingungen unter Berücksichtigung der zu den betreffenden Staaten bestehenden Beziehungen abschließen.

(3) Nach dem Abschluss des Abzugs der sowjetischen Streitkräfte vom Gebiet der heutigen Deutschen Demokratischen Republik und Berlins können in diesem Teil Deutschlands auch deutsche Streitkräfteverbände stationiert werden, die in gleicher Weise militärischen Bündnisstrukturen zugeordnet sind wie diejenigen auf dem übrigen deutschen Hoheitsgebiet, allerdings ohne Kernwaffenträger. Darunter fallen nicht konventionelle Waffensysteme, die neben konventioneller andere Einsatzfähigkeiten haben können, die jedoch in diesem Teil Deutschlands für eine konventionelle Rolle ausgerüstet und nur dafür vorgesehen sind. Ausländische Streitkräfte und Atomwaffen oder deren Träger werden in diesem Teil Deutschlands weder stationiert noch dorthin verlegt.

Artikel 6

Das Recht des vereinten Deutschland, Bündnissen mit allen sich daraus ergebenden Rechten und Pflichten anzugehören, wird von diesem Vertrag nicht berührt.

Artikel 7

(1) Die Französische Republik, das Vereinigte Königreich Großbritannien und Nordirland, die Union der Sozialistischen Sowjetrepubliken und die Vereinigten Staaten von Amerika beenden hiermit ihre Rechte und Verantwortlichkeiten in Bezug auf Berlin und Deutschland als Ganzes. Als Ergebnis werden die entsprechenden, damit zusammenhängenden vierseitigen Vereinbarungen, Beschlüsse und Praktiken beendet und alle entsprechenden Einrichtungen der Vier Mächte aufgelöst.

(2) Das vereinte Deutschland hat demgemäß volle Souveränität über seine inneren und äußeren Angelegenheiten.

Artikel 8

(1) Dieser Vertrag bedarf der Ratifikation oder Annahme, die so bald wie möglich herbeigeführt werden soll. Die Ratifikation erfolgt auf deutscher Seite durch das vereinte Deutschland. Dieser Vertrag gilt daher für das vereinte Deutschland.

(2) Die Ratifikations- oder Annahmeurkunden werden bei der Regierung des vereinten Deutschland hinterlegt. Diese unterrichtet die Regierungen der anderen Vertragschließenden Seiten von der Hinterlegung jeder Ratifikations- oder Annahmeurkunde.

Artikel 9

Dieser Vertrag tritt für das vereinte Deutschland, die Französische Republik, das Vereinigte Königreich Großbritannien und Nordirland, die Union der Sozialistischen Sowjetrepubliken und die Vereinigten Staaten von Amerika am Tag der Hinterlegung der letzten Ratifikations- oder Annahmeurkunde durch diese Staaten in Kraft.

Artikel 10

Die Urschrift dieses Vertrages, dessen deutscher, englischer, französischer und russischer Wortlaut gleichermaßen verbindlich ist, wird bei der Regierung der Bundesrepublik Deutschland hinterlegt, die den Regierungen der anderen vertragschliessenden Seiten beglaubigte Ausfertigungen übermittelt.

ZU URKUND DESSEN haben die unterzeichneten, hierzu gehörig Bevollmächtigten diesen Vertrag unterschrieben.

GESCHEHEN zu Moskau am 12. September 1990

Für die Bundesrepublik Deutschland

Hans-Dietrich Genscher

Für die Deutsche Demokratische Republik

Lothar de Maizière

Für die Französische Republik

Roland Dumas

Für das Vereinigte Königreich Großbritannien und Nordirland

Douglas Hurd

Für die Union der Sozialistischen Sowjetrepubliken

Eduard Schewardnadse

Für die Vereinigten Staaten von Amerika

James A. Baker III

Ausgewählte Dokumente

8. »Auszug aus der Erklärung der Außen- und Verteidigungs- minister der Westeuropäischen Union (WEU),

(Petersberger Erklärung)
II. Stärkung der operationellen Rolle der WEU,
vom 19.6.1992

1. Im Einklang mit dem in der Maastrichter Erklärung der WEU-Mitglied-staaten vom 10. Dezember 1991 enthaltenen Beschluss, die WEU als Ver-teidigungskomponente der Europäischen Union und als Instrument zur Stärkung des europäischen Pfeilers der Atlantischen Allianz auszubauen, haben die WEU-Mitgliedstaaten zur Stärkung der operationellen Rolle der WEU geeignete Aufgaben, Strukturen wie auch Mittel geprüft und fest-gelegt, die insbesondere einen WEU-Planungsstab und der WEU zuge-ordnete militärische Einheiten umfassen.

2. Die WEU-Mitgliedstaaten erklären sich bereit, militärische Einheiten des gesamten Spektrums ihrer konventionellen Streitkräfte für unter der Befehlsgewalt der WEU durchgeführte militärische Aufgaben zur Verfü-gung zu stellen.

3. Beschlüsse zum Einsatz von der WEU zugeordneten militärischen Einheiten werden vom Rat der WEU im Einklang mit den Bestimmun-gen der Charta der Vereinten Nationen gefasst.

Über die Teilnahme an bestimmten Operationen entscheiden die Mitglie-der nach wie vor als souveräne Staaten entsprechend ihrer jeweiligen Ver-fassung.

4. Militärische Einheiten der WEU-Mitgliedstaaten, die unter der Befehls-gewalt der WEU eingesetzt werden, könnten neben ihrem Beitrag zur gemeinsamen Verteidigung in Übereinstimmung mit Artikel 5 des Was-hingtoner Vertrags bzw. Artikel V des geänderten Brüsseler Vertrags auch für folgende Zwecke eingesetzt werden:
- humanitäre Aufgaben und Rettungseinsätze;
- friedenserhaltende Aufgaben;

- Kampfeinsätze bei der Krisenbewältigung, einschließlich Maßnahmen zur Herbeiführung des Friedens.

5. Die Planung und Durchführung dieser Aufgaben muss in vollem Umfang mit den für die kollektive Verteidigung aller Bündnispartner erforderlichen militärischen Vorkehrungen vereinbar sein.

6. Die militärischen Einheiten werden sich aus Streitkräften der WEU-Mitgliedstaaten, einschließlich Streitkräften mit NATO-Aufgaben – in diesem Fall nach Konsultationen mit der NATO – zusammensetzen und multinational organisiert werden sowie aus Einheiten aller Teilstreitkräfte bestehen.

7. Alle WEU-Mitgliedstaaten werden bald angeben, welche ihrer militärischen Einheiten und Stäbe sie der WEU für deren verschiedene potentielle Aufgaben bereitstellen würden. Falls bereits aus Streitkräften der WEU-Staaten gebildete multinationale Truppenteile bestehen oder geplant sind, könnten diese Einheiten mit Zustimmung aller an ihnen beteiligten Staaten für Einsätze unter der Befehlsgewalt der WEU zur Verfügung gestellt werden.

8. Die WEU-Mitgliedstaaten beabsichtigen, geeignete Fähigkeiten zu entwickeln und zu üben, damit militärische Einheiten der WEU zur Erfüllung dieser Aufgaben zu Land, zur See oder aus der Luft eingesetzt werden können.

9. Vorbehaltlich praktischer Hindernisse wird am 1. Oktober 1992 ein Planungsstab eingerichtet, der dem Rat unterstehen wird. Er wird seinen Sitz gemeinsam mit dem Generalsekretariat in einem geeigneten Gebäude in Brüssel haben.
Der Rat hat heute Generalmajor Caltabiano (italienische Luftwaffe) zum ersten Direktor des Planungsstabs ernannt.

Der Planungsstab wird für folgendes verantwortlich sein:
- die Vorbereitung von Eventualfallplänen für den Einsatz von Streitkräften unter der Ägide der WEU,
- Erarbeitung von Empfehlungen für die erforderlichen Führungssysteme einschließlich ständiger Dienstanweisungen für eventuell auszuwählende Führungsstäbe;
- Fortschreibung einer Liste der Einheiten und Kombinationen von Einheiten, die der WEU für bestimmte Operationen zugewiesen werden könnten.

10. Der Ministerrat billigte das Mandat des Planungsstabs.

Ausgewählte Dokumente

9. »Ein sicheres Europa in einer besseren Welt Europäische Sicherheitsstrategie,
Brüssel, den 12. Dezember 2003

Nie zuvor ist Europa so wohlhabend, so sicher und so frei gewesen. Die Gewalt der ersten Hälfte des 20. Jahrhunderts ist einer in der europäischen Geschichte beispiellosen Periode des Friedens und der Stabilität gewichen. Die Schaffung der Europäischen Union steht im Mittelpunkt dieser Entwicklung. Sie hat die Beziehungen zwischen unseren Ländern und das Leben unserer Bürger verändert. Die europäischen Staaten haben sich verpflichtet, Streitigkeiten auf friedlichem Wege beizulegen und in gemeinsamen Institutionen zusammenzuarbeiten. Im Laufe der Zeit haben sich Rechtsstaatlichkeit und Demokratie mehr und mehr durchgesetzt und aus autoritären Regimen wurden sichere, gefestigte und dynamische Demokratien. Die aufeinander folgenden Erweiterungen lassen die Vision eines geeinten und friedlichen Kontinents Realität werden.

Die Vereinigten Staaten haben – insbesondere im Rahmen der NATO – einen entscheidenden Beitrag zum europäischen Einigungsprozess und zur Sicherheit Europas geleistet. Seit dem Ende des Kalten Krieges sind die Vereinigten Staaten der dominierende militärische Akteur. Gleichwohl ist kein Land in der Lage, die komplexen Probleme der heutigen Zeit im Alleingang zu lösen. Was die Sicherheit Europas anbelangt, so gibt es nach wie vor Bedrohungen und Herausforderungen. Der Ausbruch des Konflikts auf dem Balkan hat uns wieder vor Augen geführt, dass der Krieg nicht von unserem Kontinent verschwunden ist. Im letzten Jahrzehnt ist keine Region der Welt von bewaffneten Konflikten verschont geblieben. In den meisten Fällen waren diese Konflikte eher innerstaatlicher als zwischenstaatlicher Natur, und die meisten Opfer waren Zivilisten.

Als Zusammenschluss von 25 Staaten mit über 450 Millionen Einwohnern, die ein Viertel des Bruttosozialprodukts (BSP) weltweit erwirtschaften, ist die Europäische Union, der zudem ein umfangreiches Instrumentarium zur Verfügung steht, zwangsläufig ein globaler Akteur. Im vergangenen Jahrzehnt sind europäische Streitkräfte in so entfernten Ländern wie Afghanistan, Osttimor und der DRK eingesetzt worden. Die zunehmende Konvergenz europäischer Interessen und die Stärkung der gegenseitigen Solidarität haben die EU zu einem glaubwürdigeren und handlungsstarken Akteur werden lassen. Europa muss daher bereit sein, Verantwortung für die globale Sicherheit und für eine bessere Welt mit zu tragen.

I. Das Sicherheitsumfeld: Globale Herausforderungen und Hauptbedrohungen

Globale Herausforderungen

Durch die zunehmende Öffnung der Grenzen seit dem Ende des Kalten Krieges ist ein Umfeld entstanden, in dem interne und externe Sicherheitsaspekte nicht mehr voneinander zu trennen sind. Die Handels- und Investitionsströme, die technologische Entwicklung und die Verbreitung der Demokratie haben vielen Menschen Freiheit und Wohlstand gebracht. Aus der Sicht anderer jedoch steht die Globalisierung für Frustration und Ungerechtigkeit. Diese Entwicklungen haben auch für nichtstaatliche Gruppen mehr Spielraum für eine Mitwirkung am internationalen Geschehen entstehen lassen. Und sie haben die Abhängigkeit Europas – und somit auch seine Anfälligkeit – von vernetzten Infrastrukturen unter anderem in den Bereichen Verkehr, Energie und Information erhöht. Seit 1990 sind fast vier Millionen Menschen – zu 90 % Zivilisten – in Kriegen ums Leben gekommen. Weltweit haben über 18 Millionen Menschen wegen eines Konflikts ihr Heim verlassen.

In weiten Teilen der dritten Welt rufen Armut und Krankheiten unsägliches Leid wie auch dringende Sicherheitsprobleme hervor. Fast drei Milliarden Menschen und damit die Hälfte der Weltbevölkerung müssen mit weniger als zwei Euro pro Tag auskommen. Jedes Jahr sterben 45 Millionen Menschen an Hunger und Unterernährung. Aids hat sich zur verheerendsten Epidemie der Menschheitsgeschichte entwickelt und ist Ursache für den Zusammenbruch ganzer Gesellschaften. Neue Krankheiten können sich rasch ausbreiten und zu einer globalen Bedrohung werden. Die Armut im südlich der Sahara gelegenen Teil Afrikas ist heute größer als vor zehn Jahren. In vielen Fällen ist wirtschaftliches Versagen mit politischen Problemen und Gewaltkonflikten verknüpft.

Sicherheit ist eine Vorbedingung für Entwicklung. Konflikte zerstören nicht nur Infrastrukturen (einschließlich der sozialen), sondern fördern auch Kriminalität, schrecken Investoren ab und verhindern ein normales Wirtschaftsleben. Eine Reihe von Ländern und Regionen bewegen sich in einem Teufelskreis von Konflikten, Unsicherheit und Armut.

Der Wettstreit um Naturressourcen – insbesondere um Wasser –, der sich durch die globale Erwärmung in den nächsten Jahrzehnten noch steigern wird, dürfte in verschiedenen Regionen der Welt für weitere Turbulenzen und Migrationsbewegungen sorgen.

Die Energieabhängigkeit gibt Europa in besonderem Maße Anlass zur Besorgnis. Europa ist der größte Erdöl- und Erdgasimporteur der Welt. Unser derzeitiger Energieverbrauch wird zu 50 % durch Einfuhren gedeckt. Im Jahr 2030 wird dieser Anteil 70 % erreicht haben. Die Energieeinfuhren stammen zum größten Teil aus der Golfregion, aus Russland und aus Nordafrika.

Hauptbedrohungen

Größere Angriffe gegen Mitgliedstaaten sind nunmehr unwahrscheinlich geworden. Dafür ist Europa mit neuen Bedrohungen konfrontiert, die verschiedenartiger, weniger sichtbar und weniger vorhersehbar sind.

Terrorismus: Terrorismus gefährdet Menschenleben, verursacht hohe Kosten, sucht die Offenheit und Toleranz unserer Gesellschaften zu untergraben und stellt eine zunehmende strategische Bedrohung für Gesamteuropa dar. Terroristische Bewegungen sind in wachsendem Maße gut ausgestattet, elektronisch vernetzt und gewillt, unbegrenzt Gewalt anzuwenden, um in großem Maßstab Menschen zu töten.

Die jüngste Terrorismuswelle ist globalen Ausmaßes und mit gewalttätigem religiösem Extremismus verbunden. Die Ursachen für diese Entwicklung sind komplex. Dazu gehören der Modernisierungsdruck, kulturelle, soziale und politische Krisen sowie die Entfremdung der in fremden Gesellschaften lebenden jungen Menschen. Dieses Phänomen tritt auch in unserer eigenen Gesellschaft zutage.

Europa ist sowohl Ziel als auch Stützpunkt dieses Terrorismus: Europäische Länder waren und sind Anschlagziele. Logistische Stützpunkte von Al Qaida-Zellen wurden im Vereinigten Königreich sowie in Italien, Deutschland, Spanien und Belgien entdeckt. An einer konzertierten Aktion Europas führt kein Weg vorbei.

Die Verbreitung von Massenvernichtungswaffen (MVW) stellt die potenziell größte Bedrohung für unsere Sicherheit dar. Die internationalen Verträge und Ausfuhrkontrollregelungen haben die Verbreitung von MVW und ihrer Trägersysteme verlangsamt. Nun jedoch stehen wir am Anfang eines neuen und gefährlichen Zeitabschnitts, in dem es möglicherweise – insbesondere im Nahen Osten – zu einem MVW-Wettrüsten kommt. Fortschritte im Bereich der biologischen Wissenschaften können die Wirkung von biologischen Waffen in den kommenden Jahren verstärken; auch Anschläge mit chemischen Stoffen und radiologischem Material sind eine ernst zu nehmende Gefahr. Die Verbreitung von Raketentechnologie sorgt für zusätzliche Instabilität und könnte Europa zunehmender Gefahr aussetzen.

Am erschreckendsten ist der Gedanke, dass terroristische Gruppierungen in den Besitz von Massenvernichtungswaffen gelangen. Sollte dies eintreten, wäre eine kleine Gruppe in der Lage, einen Schaden anzurichten, der eine Größenordnung erreicht, die bislang nur für Staaten und Armeen vorstellbar war.

Regionale Konflikte: Probleme, wie sie sich in Kaschmir, in der Region der Großen Seen und auf der koreanischen Halbinsel stellen, haben ebenso direkte und indirekte Auswirkungen auf europäische Interessen wie näher gelegene Konfliktherde, vor allem im Nahen Osten. Gewaltsame oder festgefahrene Konflikte, wie sie auch an unseren Grenzen andauern, stellen eine Bedrohung für die regionale Stabilität dar. Sie zerstören Menschenleben wie auch soziale und physische Infrastrukturen, bedrohen Minderheiten und untergraben die Grundfreiheiten und Menschenrechte. Diese Konflikte können Extremismus, Terrorismus und den Zusammenbruch von Staaten hervorrufen und leisten der organisierten Kriminalität Vorschub. Regionale Unsicherheit kann die Nachfrage nach Massenvernichtungswaffen schüren. Um den häufig schwer zu definierenden neuen Bedrohungen zu begegnen, ist es bisweilen das nahe liegendste, den länger zurückliegenden regionalen Konflikten auf den Grund zu gehen.

Scheitern von Staaten: Schlechte Staatsführung, d.h. Korruption, Machtmissbrauch, schwache Institutionen und mangelnde Rechenschaftspflicht sowie zivile Konflikte zersetzen Staaten von innen heraus. In einigen Fällen hat dies zu einem Zusammenbruch der staatlichen Institutionen geführt. Somalia, Liberia und Afghanistan unter den Taliban sind die bekanntesten Beispiele aus der jüngsten Vergangenheit. Das Scheitern eines Staates kann auf offensichtliche Bedrohungen, wie organisierte Kriminalität oder Terrorismus, zurückzuführen sein und ist ein alarmierendes Phänomen, das die globale Politikgestaltung untergräbt und die regionale Instabilität vergrößert.

Organisierte Kriminalität: Europa ist ein primäres Ziel für organisierte Kriminalität. Diese interne Bedrohung für unsere Sicherheit hat auch eine wichtige externe Dimension: Der grenzüberschreitende Handel mit Drogen, Frauen, illegalen Einwanderern und Waffen machen einen wichtigen Teil der Machenschaften krimineller Banden aus, und bisweilen bestehen Verbindungen zu terroristischen Bewegungen.

Diese Formen der Kriminalität hängen oft mit der Schwäche oder dem Versagen des Staates zusammen. In einigen drogenproduzierenden Ländern hat sich die Schwächung der staatlichen Strukturen unter dem Einfluss der Drogengelder beschleunigt. Einkünfte aus dem Handel mit Edelsteinen, Holz und Kleinwaffen schüren Konflikte in anderen Teilen der Welt. All diese Tätigkeiten untergraben sowohl die Rechtsstaatlichkeit als auch die soziale Ordnung als solche. In Extremfällen kann das organisierte Verbrechen einen Staat beherrschen. 90 % des Heroins in Europa stammt von Mohn aus Afghanistan, wo vom Drogenhandel Privatarmeen unterhalten werden. Der Drogenvertrieb findet überwiegend über kriminelle Netze auf dem Balkan statt, auf deren Konto auch 200.000 der weltweit 700.000 Fälle von Frauenhandel gehen. Eine neue Dimension der organisierten Kriminalität, der in Zukunft mehr Aufmerksamkeit zu schenken sein wird, ist die um sich greifende Seeräuberei.

Bei einer Summierung dieser verschiedenen Elemente – extrem gewaltbereite Terroristen, Verfügbarkeit von Massenvernichtungswaffen, organisierte Kriminalität, Schwächung staatlicher Systeme und Privatisierung der Gewalt – ist es durchaus vorstellbar, dass Europa einer sehr ernsten Bedrohung ausgesetzt sein könnte.

II. Strategische Ziele

Wir leben in einer Welt, die bessere Zukunftschancen bietet, uns gleichzeitig aber auch größeren Bedrohungen aussetzt als dies in der Vergangenheit der Fall war. Die Zukunft hängt zum Teil auch von unserem Handeln ab. Wir müssen zugleich global denken und lokal handeln. Um ihre Sicherheit zu verteidigen und ihre Werte zur Geltung zu bringen, verfolgt die EU drei strategische Ziele:

Abwehr von Bedrohungen
Die Europäische Union ist bereits aktiv gegen die wichtigsten Bedrohungen vorgegangen.
Die EU hat auf die Anschläge vom 11. September 2001 mit einem Maßnahmenpaket reagiert, das die Einführung eines Europäischen Haftbefehls, Maßnahmen zur Bekämpfung der Finanzierung von terroristischen Gruppierungen und ein Rechtshilfeabkommen mit den Vereinigten Staaten umfasst. Sie ist weiterhin um eine stärkere Zusammenarbeit in diesem Bereich und verbesserten Schutz bemüht.
Die EU verfolgt schon seit vielen Jahren eine Nichtverbreitungspolitik. Sie hat unlängst ein weiteres Aktionsprogramm verabschiedet, das Maßnahmen zur Stärkung der Internationalen Atomenergie-Organisation, zur Verschärfung der Ausfuhrkontrollen und zur Bekämpfung illegaler Lieferungen und der illegalen Beschaffung vorsieht. Die EU tritt für die weltweite Befolgung der multilateralen Vertragsregelungen sowie für eine Verschärfung der Verträge und ihrer Kontrollbestimmungen ein.
Die Europäische Union und ihre Mitgliedstaaten haben Unterstützung zur Beilegung von regionalen Konflikten geleistet und zusammengebrochenen Staaten wieder auf die Beine geholfen, unter anderem auf dem Balkan, in Afghanistan und in der DRK. Indem die EU auf dem Balkan auf die Wiederherstellung der verantwortungsvollen Staatsführung und die Förderung der Demokratie hinwirkt und die dortigen Behörden in die Lage versetzt, gegen die organisierte Kriminalität vorzugehen, wird in wirksamster Weise zur Bekämpfung der organisierten Kriminalität in der EU selbst beigetragen.
Im Zeitalter der Globalisierung können ferne Bedrohungen ebenso ein Grund zur Besorgnis sein wie näher gelegene. Nukleare Tätigkeiten in Nordkorea, nukleare Risiken in Südasien und Proliferation im Nahen Osten sind allesamt ein Grund zur Besorgnis für Europa.

Terroristen und Kriminelle sind nunmehr in der Lage, weltweit zu operieren: Ihre Aktivitäten in Mittel- oder Südostasien können eine Bedrohung für die europäischen Länder oder ihre Bürger darstellen. Zugleich hat die globale Kommunikation regionale Konflikte und humanitäre Tragödien – wo auch immer sie sich ereignen – stärker in das Bewusstsein der europäischen Öffentlichkeit gerückt.

Unser herkömmliches Konzept der Selbstverteidigung, das bis zum Ende des Kalten Krieges galt, ging von der Gefahr einer Invasion aus. Bei den neuen Bedrohungen wird die erste Verteidigungslinie oftmals im Ausland liegen. Die neuen Bedrohungen sind dynamischer Art. Die Proliferationsrisiken nehmen immer mehr zu; ohne Gegenmaßnahmen werden terroristische Netze immer gefährlicher. Staatlicher Zusammenbruch und organisierte Kriminalität breiten sich aus, wenn ihnen nicht entgegengewirkt wird – wie in Westafrika zu sehen war. Daher müssen wir bereit sein, vor Ausbruch einer Krise zu handeln. Konflikten und Bedrohungen kann nicht früh genug vorgebeugt werden.

Im Gegensatz zu der massiv erkennbaren Bedrohung zur Zeit des Kalten Krieges ist keine der neuen Bedrohungen rein militärischer Natur und kann auch nicht mit rein militärischen Mitteln bewältigt werden. Jede dieser Bedrohungen erfordert eine Kombination von Instrumenten. Die Proliferation kann durch Ausfuhrkontrollen eingedämmt und mit politischen, wirtschaftlichen und sonstigen Druckmitteln bekämpft werden, während gleichzeitig auch die tieferen politischen Ursachen angegangen werden. Zur Bekämpfung des Terrorismus kann eine Kombination aus Aufklärungsarbeit sowie polizeilichen, justiziellen, militärischen und sonstigen Mitteln erforderlich sein. In gescheiterten Staaten können militärische Mittel zur Wiederherstellung der Ordnung und humanitäre Mittel zur Bewältigung der Notsituation erforderlich sein. Regionale Konflikte bedürfen politischer Lösungen, in der Zeit nach Beilegung des Konflikts können aber auch militärische Mittel und eine wirksame Polizeiarbeit vonnöten sein. Wirtschaftliche Instrumente dienen dem Wiederaufbau, und ziviles Krisenmanagement trägt zum Wiederaufbau einer zivilen Regierung bei. Die Europäische Union ist besonders gut gerüstet, um auf solche komplexen Situationen zu reagieren.

Stärkung der Sicherheit in unserer Nachbarschaft

Selbst im Zeitalter der Globalisierung spielen die geografischen Aspekte noch immer eine wichtige Rolle. Es liegt im Interesse Europas, dass die angrenzenden Länder verantwortungsvoll regiert werden. Nachbarländer, die in gewaltsame Konflikte verstrickt sind, schwache Staaten, in denen organisierte Kriminalität gedeiht, zerrüttete Gesellschaften oder explosionsartig wachsende Bevölkerungen in Grenzregionen sind für Europa allemal Probleme.

Die Integration der beitretenden Staaten erhöht zwar unsere Sicherheit, bringt die EU aber auch in größere Nähe zu Krisengebieten. Wir müssen darauf hinarbeiten, dass östlich der Europäischen Union und an den Mittelmeergrenzen ein Ring verantwortungsvoll regierter Staaten entsteht, mit denen wir enge, auf Zusammenarbeit gegründete Beziehungen pflegen können.

Wie wichtig dies ist, lässt sich am Besten anhand des Balkans verdeutlichen. Dank der gemeinsamen Anstrengungen der EU, der Vereinigten Staaten, Russlands, der NATO und anderer internationaler Partner ist die Stabilität der Region nun nicht mehr durch den Ausbruch eines größeren Konflikts bedroht. Die Glaubwürdigkeit unserer Außenpolitik hängt von der Konsolidierung der in dieser Region erzielten Erfolge ab. Die europäische Perspektive ist ein strategisches Ziel und zugleich ein Anreiz für Reformen.

Es liegt nicht in unserem Interesse, dass durch die Erweiterung neue Trennungslinien in Europa entstehen. Wir müssen die Vorteile wirtschaftlicher und politischer Zusammenarbeit auf unsere östlichen Nachbarn ausweiten und uns zugleich mit den politischen Problemen dieser Länder befassen. Wir müssen nun ein stärkeres und aktiveres Interesse für die Probleme im Südkaukasus aufbringen, der einmal ebenfalls eine Nachbarregion sein wird.

Die Lösung des israelisch-arabischen Konflikts ist für Europa eine strategische Priorität. Andernfalls bestehen geringe Aussichten, die anderen Probleme im Nahen Osten anzugehen. Die Europäische Union muss ihr Engagement aufrechterhalten und weiterhin bereit sein, bis zur Lösung des Problems Kräfte und Mittel zu investieren. Die Zweistaatenlösung, für die Europa seit langem eintritt, findet inzwischen breite Zustimmung. Die Durchsetzung dieser Lösung wird geeinte und kooperative Anstrengungen seitens der Europäischen Union, der Vereinigten Staaten, der Vereinten Nationen, Russlands und der Länder der Region, allen voran jedoch seitens der Israelis und der Palästinenser selbst erfordern.

Der Mittelmeerraum ist generell weiterhin mit ernsthaften Problemen wirtschaftlicher Stagnation, sozialer Unruhen und ungelöster Konflikte konfrontiert. Es liegt im Interesse der Europäischen Union, den Mittelmeerpartnern durch effizientere Gestaltung der wirtschafts-, sicherheits- und kulturpolitischen Zusammenarbeit im Rahmen des Barcelona-Prozesses weiter beizustehen. Ferner muss ein stärkeres Engagement gegenüber der arabischen Welt ins Auge gefasst werden.

Eine Weltordnung auf der Grundlage eines wirksamen Multilateralismus

In einer Welt globaler Bedrohungen, globaler Märkte und globaler Medien hängen unsere Sicherheit und unser Wohlstand immer mehr von einem wirksamen multilateralen System ab. Daher ist es unser Ziel, eine stärkere Weltgemeinschaft, gut funktionierende internationale Institutionen und eine geregelte Weltordnung zu schaffen.

Wir sind der Wahrung und Weiterentwicklung des Völkerrechts verpflichtet. Die Charta der Vereinten Nationen bildet den grundlegenden Rahmen für die internationalen Beziehungen. Dem Sicherheitsrat der Vereinten Nationen obliegt die Hauptverantwortung für die Wahrung des Weltfriedens und der internationalen Sicherheit. Die Stärkung der Vereinten Nationen und ihre Ausstattung mit den zur Erfüllung ihrer Aufgaben und für ein effizientes Handeln erforderlichen Mitteln ist für Europa ein vorrangiges Ziel.

Wir wollen, dass die internationalen Organisationen, Regelungen und Verträge Gefahren für den Frieden und die Sicherheit in der Welt wirksam abwenden, und müssen daher bereit sein, bei Verstößen gegen ihre Regeln zu handeln.

Schlüsselinstitutionen des internationalen Systems, wie beispielsweise die Welthandelsorganisation (WTO) und die internationalen Finanzinstitutionen, haben mehr Mitglieder aufgenommen. China ist der WTO beigetreten, und über den Beitritt Russlands wird verhandelt. Wir müssen uns darum bemühen, die Mitgliedschaft solcher Einrichtungen unter Aufrechterhaltung ihrer hohen Standards auszuweiten.

Die transatlantischen Beziehungen zählen zu den tragenden Elementen des internationalen Systems. Dies ist nicht nur im beiderseitigen Interesse, sondern stärkt auch die internationale Gemeinschaft in ihrer Gesamtheit. Die NATO ist ein besonderer Ausdruck dieser Beziehungen.

Regionale Organisationen stärken ebenfalls die verantwortungsvolle Staatsführung weltweit. Für die Europäische Union sind Stärke und Wirkungskraft der OSZE und des Europarates von besonderer Bedeutung. Andere regionale Organisationen wie ASEAN, MERCOSUR und die Afrikanische Union leisten einen wichtigen Beitrag zu einer besseren Weltordnung.

Es ist eine Bedingung für eine geregelte Weltordnung, dass das Recht mit Entwicklungen wie Proliferation, Terrorismus und globaler Erwärmung Schritt hält. Wir haben ein Interesse daran, bestehende Institutionen wie die Welthandelsorganisation weiter auszubauen und neue Einrichtungen wie den Internationalen Strafgerichtshof zu unterstützen. Unsere eigene Erfahrung in Europa hat gezeigt, dass Sicherheit durch Vertrauensbildung und Rüstungskontrollregelungen gesteigert werden kann. Diese Instrumente können auch einen wichtigen Beitrag zu Sicherheit und Stabilität in unserer Nachbarschaft und darüber hinaus leisten.

Die Qualität der Staatengemeinschaft hängt von der Qualität der sie tragenden Regierungen ab. Der beste Schutz für unsere Sicherheit ist eine Welt verantwortungsvoll geführter demokratischer Staaten. Die geeignetsten Mittel zur Stärkung der Weltordnung sind die Verbreitung einer verantwortungsvollen Staatsführung, die Unterstützung von sozialen und politischen Reformen, die Bekämpfung von Korruption und Machtmissbrauch, die Einführung von Rechtsstaatlichkeit und der Schutz der Menschenrechte.

Handelspolitik und Entwicklungspolitik können wirkungsvolle Instrumente zur Förderung von Reformen sein. Die Europäische Union und ihre Mitgliedstaaten sind als weltweit größter öffentlicher Hilfegeber und größte Handelsmacht bestens in der Lage, diese Ziele zu verfolgen.

Die Förderung einer besseren Staatsführung durch Hilfsprogramme, Konditionalität und gezielte handelspolitische Maßnahmen bleibt eine wichtige Komponente unserer Politik, die wir noch weiter verstärken müssen. Eine Welt, die als ein Ort der Gerechtigkeit und der Chancen für alle wahrgenommen wird, ist sicherer für die Europäische Union und ihre Bürger. Eine Reihe von Staaten hat sich von der internationalen Staatengemeinschaft abgekehrt. Einige haben sich isoliert, andere verstoßen beharrlich gegen die internationalen Normen. Es ist zu wünschen, dass diese Staaten zur internationalen Gemeinschaft zurückfinden, und die EU sollte bereit sein, sie dabei zu unterstützen. Denen, die zu dieser Umkehr nicht bereit sind, sollte klar sein, dass sie dafür einen Preis bezahlen müssen, auch was ihre Beziehungen zur Europäischen Union anbelangt.

III. Auswirkungen auf die Europäische Politik

Die Europäische Union hat Fortschritte auf dem Weg zu einer kohärenten Außenpolitik und einer wirksamen Krisenbewältigung erzielt. Wir verfügen inzwischen über Instrumente, die wirksam eingesetzt werden können, wie wir in der Balkanregion und anderswo bewiesen haben. Wenn wir aber einen unserem Potenzial entsprechenden Beitrag leisten wollen, dann müssen wir noch aktiver, kohärenter und handlungsfähiger sein. Und wir müssen mit anderen zusammenarbeiten.

Aktiver bei der Verfolgung unserer strategischen Ziele. Dies gilt für die gesamte Palette der uns zur Verfügung stehenden Instrumente der Krisenbewältigung und Konfliktverhütung, einschließlich unserer Maßnahmen im politischen, diplomatischen, militärischen und zivilen, handels- und entwicklungspolitischen Bereich. Es bedarf einer aktiveren Politik, um den neuen, ständig wechselnden Bedrohungen entgegenzuwirken. Wir müssen eine Strategie-Kultur entwickeln, die ein frühzeitiges, rasches und wenn nötig robustes Eingreifen fördert.

Als eine Union mit 25 Mitgliedstaaten, die mehr als 160 Mrd. Euro für Verteidigung aufwenden, sollten wir mehrere Operationen gleichzeitig durchführen können. Die Union könnte einen besonderen Mehrwert erzielen, indem sie Operationen durchführt, bei denen sowohl militärische als auch zivile Fähigkeiten zum Einsatz gelangen.

Die EU muss die Vereinten Nationen in ihrem Kampf gegen Bedrohungen des Friedens und der Sicherheit in der Welt unterstützen. Die EU fühlt sich verpflichtet zu einer intensiveren Zusammenarbeit mit den VN bei der Hilfe für Länder, die Konflikte hinter sich haben, und zu verstärkter Unterstützung der VN bei kurzfristigen Krisenbewältigungseinsätzen.

Wir müssen fähig sein zu handeln, bevor sich die Lage in Nachbarländern verschlechtert, wenn es Anzeichen für Proliferation gibt und bevor es zu humanitären Krisen kommt. Durch präventives Engagement können schwierigere Probleme in der Zukunft vermieden werden. Eine Europäische Union, die größere Verantwortung übernimmt und sich aktiver einbringt, wird größeres politisches Gewicht besitzen.

Mehr Handlungsfähigkeit. Ein handlungsfähigeres Europa liegt in greifbarer Nähe, obwohl es Zeit brauchen wird, um unser gesamtes Potenzial zu entfalten. Die laufenden Maßnahmen – vor allem die Einrichtung einer Rüstungsagentur – führen uns in die richtige Richtung.

Damit wir unsere Streitkräfte zu flexiblen, mobilen Einsatzkräften umgestalten und sie in die Lage versetzen können, sich den neuen Bedrohungen zu stellen, müssen die Mittel für die Verteidigung aufgestockt und effektiver genutzt werden.

Durch einen systematischen Rückgriff auf zusammengelegte und gemeinsam genutzte Mittel könnten Duplizierungen verringert, die Gemeinkosten gesenkt und mittelfristig die Fähigkeiten ausgebaut werden.

Bei nahezu allen größeren Einsätzen ist auf militärische Effizienz ziviles Chaos gefolgt. Wir brauchen eine verstärkte Fähigkeit, damit alle notwendigen zivilen Mittel in und nach Krisen zum Tragen kommen.

Verstärkte diplomatische Fähigkeiten: Wir brauchen ein System, das die Ressourcen der Mitgliedstaaten mit denen der EU-Organe verbindet. Der Umgang mit Problemen, die weiter entfernt und uns fremder sind, erfordert besseres Verständnis und bessere Kommunikation.

Gemeinsame Bedrohungsanalysen sind die beste Grundlage für gemeinsame Maßnahmen. Dies erfordert einen besseren Austausch von Erkenntnissen zwischen den Mitgliedstaaten und mit den Partnerländern.

Mit dem Ausbau der Fähigkeiten in den verschiedenen Bereichen sollten wir an ein breiteres Spektrum von Missionen denken. Hierzu könnten gemeinsame Operationen zur Entwaffnung von Konfliktparteien, die Unterstützung von Drittländern bei der Terrorismusbekämpfung und eine Reform des Sicherheitsbereichs zählen. Der letztgenannte Punkt wäre Teil eines umfassenderen Aufbaus von staatlichen Institutionen.

Die Dauervereinbarungen zwischen der EU und der NATO, insbesondere die Berlin-Plus-Vereinbarung, verbessern die Einsatzfähigkeit der EU und bilden den Rahmen für die strategische Partnerschaft zwischen beiden Organisationen bei der Krisenbewältigung. Dies spiegelt unsere gemeinsame Entschlossenheit wieder, die Herausforderungen des neuen Jahrhunderts anzugehen.

Mehr Kohärenz. Entscheidend bei der Gemeinsamen Außen- und Sicherheitspolitik und der Europäischen Sicherheits- und Verteidigungspolitik ist, dass wir stärker sind, wenn wir gemeinsam handeln. Über die letzten Jahre hinweg haben wir eine Reihe verschiedener Instrumente mit jeweils eigener Struktur und Logik geschaffen.

Die Herausforderung besteht nun darin, die verschiedenen Instrumente und Fähigkeiten, darunter die europäischen Hilfsprogramme und den Europäischen Entwicklungsfonds, die militärischen und zivilen Fähigkeiten der Mitgliedstaaten und andere Instrumente zu bündeln. All diese Instrumente und Fähigkeiten können von Wirkungen für unsere Sicherheit und die Sicherheit von Drittländern sein. Sicherheit ist die wichtigste Voraussetzung für Entwicklung.

Die diplomatischen Bemühungen sowie die Entwicklungs-, die Handels- und die Umweltpolitik müssen derselben Agenda folgen. In einer Krise ist eine einheitliche Führung durch nichts zu ersetzen.

Eine bessere Abstimmung zwischen dem außenpolitischen Handeln und der Justiz- und Innenpolitik ist von entscheidender Bedeutung bei der Bekämpfung des Terrorismus und der organisierten Kriminalität.

Einer stärkeren Kohärenz bedarf es nicht nur zwischen den EU-Instrumenten, sondern auch in Bezug auf das außenpolitische Handeln der einzelnen Mitgliedstaaten.

Eine kohärente Politik ist auch auf regionaler Ebene gefragt, besonders im Umgang mit Konflikten. Probleme lassen sich selten für ein Land allein und ohne regionale Unterstützung lösen, wie die Erfahrung sowohl auf dem Balkan als auch in Westafrika lehrt.

Zusammenarbeit mit den Partnern. Es gibt wohl kaum ein Problem, das wir allein bewältigen können. Bei den oben beschriebenen Bedrohungen handelt es sich um gemeinsame Bedrohungen, die auch alle unsere engsten Partner betreffen. Internationale Zusammenarbeit ist eine Notwendigkeit. Wir müssen unsere Ziele sowohl im Rahmen der multilateralen Zusammenarbeit in den internationalen Organisationen als auch durch Partnerschaften mit wichtigen Akteuren verfolgen.

Die transatlantischen Beziehungen sind unersetzlich. In gemeinsamem Handeln können die Europäische Union und die Vereinigten Staaten eine mächtige Kraft zum Wohl der Welt sein. Unser Ziel sollte eine wirkungsvolle, ausgewogene Partnerschaft mit den USA sein. Dies ist ein weiterer Grund, warum die EU ihre Fähigkeiten weiter ausbauen und ihre Kohärenz verstärken muss.

Wir müssen uns weiter um engere Beziehungen zu Russland bemühen, das einen wichtigen Faktor für unsere Sicherheit und unseren Wohlstand bildet. Die Verfolgung gemeinsamer Werte wird die Fortschritte auf dem Weg zu einer strategischen Partnerschaft bestärken.

Wir haben historische, geografische und kulturelle Bande mit jedem Teil dieser Welt, mit unseren Nachbarn im Nahen Osten, unseren Partnern in Afrika, in Lateinamerika und in Asien. Diese Beziehungen sind ein wichtiges Fundament. Insbesondere müssen wir danach streben, strategische Partnerschaften mit Japan, China, Kanada und Indien sowie mit all jenen zu entwickeln, die unsere Ziele und Werte teilen und bereit sind, sich dafür einzusetzen.

Fazit

Wir leben in einer Welt mit neuen Gefahren, aber auch mit neuen Chancen. Die Europäische Union besitzt das Potenzial, einen wichtigen Beitrag zur Bewältigung der Bedrohungen wie auch zur Nutzung der Chancen zu leisten. Eine aktive und handlungsfähige Europäische Union könnte Einfluss im Weltmaßstab ausüben. Damit würde sie zu einem wirksamen multilateralen System beitragen, das zu einer Welt führt, die gerechter, sicherer und stärker geeint ist.

Ausgewählte Dokumente

10. Verteidigungspolitische Richtlinien, 25. Mai 2003, von Bundesminister der Verteidigung, Peter Struck
Auszüge

VPR für ein verändertes sicherheitspolitisches Umfeld

1. Die Sicherheitslage hat sich grundlegend gewandelt. Neue sicherheitspolitische Risiken und Chancen verlangen veränderte Fähigkeiten.

2. Auftrag, Aufgaben und Fähigkeiten der Bundeswehr orientieren sich konsequent an der zu erwartenden Sicherheitslage und den sicherheitspolitischen Verpflichtungen Deutschlands als NATO- und EU-Partner. Gleichzeitig berücksichtigen sie die Ressourcenlage.

3. Die begonnene umfassende Reform der Bundeswehr wird weiter entwickelt. Gewichtung und Ausgestaltung der Aufgaben der Bundeswehr unter den neuen strategischen Bedingungen stehen hierbei im Vordergrund. Die allgemeine Wehrpflicht bleibt in angepasster Form für Einsatzbereitschaft, Leistungsfähigkeit und Wirtschaftlichkeit der Bundeswehr unabdingbar.

4. Die Neugewichtung der Aufgaben der Bundeswehr und die daraus resultierenden konzeptionellen und strukturellen Konsequenzen entsprechen dem weiten Verständnis von Verteidigung, das sich in den letzten Jahren herausgebildet hat.

5. Nach Artikel 87a des Grundgesetzes stellt der Bund Streitkräfte zur Verteidigung auf. Verteidigung heute umfasst allerdings mehr als die herkömmliche Verteidigung an den Landesgrenzen gegen einen konventionellen Angriff. Sie schließt die Verhütung von Konflikten und Krisen, die gemeinsame Bewältigung von Krisen und die Krisennachsorge ein. Dementsprechend lässt sich Verteidigung geografisch nicht mehr eingrenzen, sondern trägt zur Wahrung unserer Sicherheit bei, wo immer diese gefährdet ist. Die Vereinbarkeit internationaler Einsätze der Bundeswehr, die im Rahmen von Systemen kollektiver Sicherheit durchgeführt werden, mit der Verfassung wurde durch das Bundesverfassungsgericht und den Deutschen Bundestag bestätigt.

6. Deutsche Verteidigungspolitik ist das Handeln Deutschlands zur Sicherheitsvorsorge im Rahmen seiner Außen- und Sicherheitspolitik. Streitkräfte sind ein wesentlicher Teil einer auf Vorbeugung und Eindämmung von Krisen und Konflikten zielenden Außen- und Sicherheitspolitik.

(…)

II. Kernaussagen

9. Das sicherheitspolitische Umfeld Deutschlands ist durch veränderte Risiken und neue Chancen gekennzeichnet. Eine Gefährdung deutschen Territoriums durch konventionelle Streitkräfte gibt es derzeit und auf absehbare Zeit nicht. Das Einsatzspektrum der Bundeswehr hat sich grundlegend gewandelt.

10. Die sicherheitspolitische Lage erfordert eine auf Vorbeugung und Eindämmung von Krisen und Konflikten zielende Sicherheits- und Verteidigungspolitik, die das gesamte Spektrum sicherheitspolitisch relevanter Instrumente und Handlungsoptionen umfasst und auf gemeinsamem Handeln mit Verbündeten und Partnern aufbaut. Für die Bundeswehr stehen Einsätze der Konfliktverhütung und Krisenbewältigung sowie zur Unterstützung von Bündnispartnern, auch über das Bündnisgebiet hinaus, im Vordergrund.

11. Die multinationale Sicherheitsvorsorge ist ein grundlegender Bestimmungsfaktor deutscher Verteidigungspolitik. Bewaffnete Einsätze der Bundeswehr mit Ausnahme von Evakuierungs- und Rettungsoperationen werden nur gemeinsam mit Verbündeten und Partnern im Rahmen von VN, NATO und EU stattfinden.

12. Die herkömmliche Landesverteidigung gegen einen konventionellen Angriff als allein strukturbestimmende Aufgabe der Bundeswehr entspricht nicht mehr den aktuellen sicherheitspolitischen Erfordernissen. Die nur für diesen Zweck bereitgehaltenen Fähigkeiten werden nicht länger benötigt. Der Wiederaufbau der Befähigung zur Landesverteidigung gegen einen Angriff mit konventionellen Streitkräften innerhalb eines überschaubaren längeren Zeitrahmens - Rekonstitution - muss jedoch gewährleistet sein.

(…)

16. Die Wehrpflicht bleibt in angepasster Form für die Einsatzbereitschaft, Leistungsfähigkeit und Wirtschaftlichkeit der Bundeswehr unabdingbar. Der Schutz Deutschlands und seiner Bürgerinnen und Bürger einschließlich der Befähigung zur Rekonstitution sowie die eventuelle Unterstützung bei Naturkatastrophen und Unglücksfällen begründen auch künftig – neben anderen Gründen – die allgemeine Wehrpflicht.

(…)

35. Oberstes Ziel deutscher Sicherheitspolitik ist es, die Sicherheit und den Schutz seiner Bürgerinnen und Bürger zu gewährleisten. Sie nutzt dazu die bestehenden globalen und regionalen Sicherheitsinstitutionen wie die Vereinten Nationen (VN), die Organisation für Sicherheit und Zusammenarbeit in Europa (OSZE), die Nordatlantische Allianz (NATO) und die Europäische Union (EU). Die Vielfalt der Aufgaben erfordert eine gesamt-

staatliche Sicherheitspolitik mit flexiblen und aufeinander abgestimmten Instrumenten, die mittelfristig in einer nationalen Sicherheitskonzeption gebündelt werden müssen.

(…)

62. Ausschließlich für die herkömmliche Landesverteidigung gegen einen konventionellen Angreifer dienende Fähigkeiten werden angesichts des neuen internationalen Umfelds nicht mehr benötigt. Sie können zudem angesichts der knappen, zur Schwerpunktbildung zwingenden Ressourcenlage nicht mehr erbracht werden, ohne dass sich dies nachteilig auf die künftig erforderlichen Fähigkeiten auswirkt. Notwendig bleibt vielmehr eine Befähigung, die es erlaubt, die Landesverteidigung gegen einen Angriff mit konventionellen Streitkräften innerhalb eines überschaubaren längeren Zeitrahmens wieder aufzubauen. Dies erfordert die Beibehaltung der Wehrpflicht. Darüber hinaus müssen die Streitkräfte – eingebettet in gesamtstaatliches Handeln – zu einem angemessenen Beitrag zur Verhinderung, Abwehr und Bewältigung von terroristischen Anschlägen und zum Schutz Deutschlands vor asymmetrischen Angriffen von außen im Rahmen der geltenden Gesetze befähigt sein. Auch hierfür ist die Beibehaltung der Wehrpflicht unerlässlich.

(…)

VII. Aufgaben der Bundeswehr

77. Die Aufgaben der Bundeswehr leiten sich ab aus dem ihr gegebenen verfassungsrechtlichen Auftrag und den Zielen deutscher Sicherheits- und Verteidigungspolitik.

78. Internationale Konfliktverhütung und Krisenbewältigung – einschließlich des Kampfs gegen den internationalen Terrorismus – sind für deutsche Streitkräfte auf absehbare Zeit die wahrscheinlicheren Aufgaben und beanspruchen die Bundeswehr in besonderem Maße. Diese Aufgaben prägen maßgeblich die Fähigkeiten, das Führungssystem, die Verfügbarkeit und die Ausrüstung der Bundeswehr. Sie sind strukturbestimmend für die Bundeswehr. Einsätze zur Konfliktverhütung und Krisenbewältigung unterscheiden sich hinsichtlich Intensität und Komplexität nicht von Einsätzen zur Unterstützung von Bündnispartnern und können sogar in diese übergehen. Beiderlei Einsätze bedingen daher grundsätzlich identische militärische Fähigkeiten.

79. Unterstützung von Bündnispartnern umfasst die Wahrung der Integrität des Staatsgebiets einschließlich der Hoheitsgewässer und des Luftraumes sowie der politischen Entscheidungs- und Handlungsfreiheit der Verbündeten. Dazu gehört die Unterstützung im Kampf gegen den Terror sowie der Schutz der Bevölkerung und lebenswichtiger Infrastruktur. Bei Angriffen auf Bündnispartner und bei Krisen und Konflikten, die zu einer konkreten Bedrohung von Bündnispartnern eskalieren können, gilt

die Beistandsverpflichtung Deutschlands. Sie gilt auch für die Unterstützung von Bündnispartnern im Falle der Abwehr gegen asymmetrische, vor allem terroristische Angriffe. Ein existenzbedrohender Angriff auf das Bündnis als Ganzes würde die komplexesten Anforderungen an den Staat und seine Streitkräfte stellen und eine grundlegende Umkehr der politischen Entwicklungen der vergangenen Jahre oder die Entstehung völlig neuer politischer Konstellationen voraussetzen. Er ist unwahrscheinlich.

80. Zum Schutz Deutschlands und seiner Bürgerinnen und Bürger leistet die Bundeswehr künftig einen bedeutenden, zahlreiche neue Teilaufgaben umfassenden und damit deutlich veränderten Beitrag im Rahmen einer nationalen Sicherheitskonzeption. Die Landesverteidigung im Rahmen des Bündnisses bleibt Aufgabe der Bundeswehr als Ausdruck staatlicher Souveränität und gemeinsamer Sicherheitsvorsorge gegen derzeit zwar unwahrscheinliche, aber für die Zukunft nicht grundsätzlich auszuschließende bedrohliche Entwicklungen der sicherheitspolitischen Lage. Sie kann den Einsatz deutlich umfangreicherer eigener Streitkräfte erfordern. Angesichts der sicherheitspolitischen und strategischen Lage können die hierfür erforderlichen zusätzlichen Kräfte zeitgerecht wieder aufgestellt werden. Diese Rekonstitution wird vor allem durch die allgemeine Wehrpflicht sichergestellt. Zum Schutz der Bevölkerung und der lebenswichtigen Infrastruktur des Landes vor terroristischen und asymmetrischen Bedrohungen wird die Bundeswehr Kräfte und Mittel entsprechend dem Risiko bereithalten. Auch wenn dies vorrangig eine Aufgabe für Kräfte der inneren Sicherheit ist, werden die Streitkräfte im Rahmen der geltenden Gesetze immer dann zur Verfügung stehen, wenn nur sie über die erforderlichen Fähigkeiten verfügen oder wenn der Schutz der Bürgerinnen und Bürger sowie kritischer Infrastruktur nur durch die Bundeswehr gewährleistet werden kann. Grundwehrdienstleistende und Reservisten kommen dabei in ihrer klassischen Rolle, dem Schutz ihres Landes und ihrer Mitbürgerinnen und Mitbürger, zum Einsatz. Die Überwachung des deutschen Luft- und Seeraums sowie die Wahrnehmung luft- und seehoheitlicher Aufgaben in ressortübergreifender Zusammenarbeit sind ständige Aufgaben. Die Unterstützung für Streitkräfte von Verbündeten und Partnern in Deutschland verlangt keine zusätzlichen eigenen Fähigkeiten, sondern wird mit den vorgehaltenen Fähigkeiten der Bundeswehr und unter Rückgriff auf zivile Mittel erfüllt.

81. Rettung und Evakuierung werden grundsätzlich in nationaler Verantwortung durchgeführt, eine Beteiligung von Verbündeten und Partnern ist jedoch möglich. Diese Aufgabe unterliegt keinen geografischen Einschränkungen und setzt die besonders schnelle Verfügbarkeit von Spezialkräften voraus.

(...)

83. Hilfeleistungen der Bundeswehr werden bei Vorliegen der verfassungsrechtlichen Voraussetzungen subsidiär bei Naturkatastrophen und besonders schweren Unglücksfällen im Inland sowie zur Unterstützung humanitärer Hilfsaktionen und zur Katastrophenhilfe im Ausland erbracht. Solche Hilfeleistungen der Bundeswehr haben eine neue Qualität gewonnen. Sie werden im In- und Ausland unter Abstützung auf vorhandene Kräfte, Mittel und Einrichtungen gewährt. Als Beitrag zum Wiederaufbau der gesellschaftlichen Ordnung und der Infrastruktur in Krisengebieten können sie als eigenständige Operation durchgeführt werden. Die Verfahren zur Durchführung derartiger Operationen sind im engen Zusammenwirken mit anderen staatlichen Institutionen und zivilen Hilfsorganisationen weiterzuentwickeln.

VIII. Folgerungen für die Bundeswehr

84. Der Einsatz der Bundeswehr zur internationalen Konfliktverhütung und Krisenbewältigung und gegen den Terror hat den entscheidenden Einfluss auf den weiteren Wandel der Bundeswehr zu einer Armee im Einsatz. Dementsprechend sind geeignete und hinreichende Kräfte mit einer hohen Verfügbarkeit und schnellen Reaktionsfähigkeit vorzuhalten. Erste Kräfte müssen rasch verlegt werden können, um bereits im Anfangsstadium einer Operation im Krisengebiet verfügbar zu sein.

85. Die Befähigung zur Unterstützung von Bündnispartnern bleibt vor allem vor dem Hintergrund möglicher regionaler Konflikte oder terroristischer Angriffe notwendig. Die Streitkräfte sind deutlicher daran auszurichten, dass ihre Fähigkeiten, Mittel und Strukturen mit denen ihrer Partner harmonisiert sind und dadurch doppelte Kapazitäten vermieden werden. Auch der Verzicht auf einzelne Fähigkeiten ist möglich, wenn diese von anderen Streitkräften geleistet oder übernommen werden können. Der deutlich erweiterten, politisch und militärisch nutzbaren Vorwarnzeit im Fall eines Angriffs auf das Bündnis als Ganzes ist strukturell Rechnung zu tragen.

86. Die herkömmliche Landesverteidigung im Bündnisrahmen gegen konventionelle Angriffe als die bisher maßgeblich strukturbestimmende Aufgabe der Bundeswehr entspricht nicht mehr den sicherheitspolitischen Erfordernissen.

87. Der Schutz Deutschlands und seiner Bürgerinnen und Bürger einschließlich der Überwachung des deutschen Luft- und Seeraums sowie der Wahrnehmung luft- und seehoheitlicher Aufgaben hat demgegenüber an Bedeutung gewonnen. Dieser Schutz Deutschlands wird neu ausgerichtet, verlangt die konsequente Abstufung von Präsenz, Bereitschaft und Ausbildung der Streitkräfte sowie die Synergie aller staatlichen Instrumente der Sicherheitsvorsorge.

(…)

VIII.1 Umfang und Struktur der Bundeswehr

90. Die Aufgaben der Bundeswehr haben entscheidenden Einfluss auf ihre Konzeption. Konfliktverhütung und Krisenbewältigung erfordern in hohem Maße Professionalität und Flexibilität. Entscheidende Voraussetzung für multinationale Einsätze und gemeinsame Operationen ist ein hoher Grad an Interoperabilität. Die gestiegenen Anforderungen erfordern zudem uneingeschränktes streitkräftegemeinsames Denken und Handeln. Im Vordergrund stehen daher nicht die Fähigkeiten der einzelnen Teilstreitkräfte, sondern ausschließlich die Fähigkeit der Bundeswehr als Ganzes. Der Erhalt und die Verbesserung der militärischen Kernfähigkeiten hat Vorrang. Die diesem Ziel nicht unmittelbar dienenden Einrichtungen und Leistungen der Bundeswehr werden einer kritischen Überprüfung unterzogen.

91. Die Ausrichtung der Bundeswehr auf ihre wahrscheinlicheren Aufgaben erfordert nach Einsatzbereitschaft und Präsenz differenzierte Streitkräfte. Militärische Kapazitäten für internationale Konfliktverhütung und Krisenbewältigung sowie zur Unterstützung von Bündnispartnern müssen rasch verfügbar und durchhaltefähig sein. Ebenso wird ein angemessenes Dispositiv zum Schutz Deutschlands bereitgehalten, welches zudem als Kern für eine – im Falle einer sich abzeichnenden Verschlechterung der politischen Lage notwendige – Rekonstitution dienen kann.

VIII.2 Fähigkeiten der Bundeswehr

92. Damit die Bundeswehr ihren Aufgaben gerecht werden kann, wird sie über leistungsfähige Streitkräfte verfügen, die schnell und wirksam zusammen mit den Streitkräften anderer Nationen eingesetzt werden können. Dazu ist ein Fähigkeitsprofil erforderlich, welches sechs wesentliche, miteinander verzahnte Fähigkeitskategorien umfasst:
- Führungsfähigkeit;
- Nachrichtengewinnung und Aufklärung;
- Mobilität;
- Wirksamkeit im Einsatz;
- Unterstützung und Durchhaltefähigkeit;
- Überlebensfähigkeit und Schutz.

Quelle: Homepage des Bundesministeriums der Verteidigung

Die Bundesminister der Verteidigung

Theodor Blank (CDU)
07.06.1955–16.10.1956

Dr. Franz Josef Strauß (CSU)
16.10.1956–09.01.1963

Kai-Uwe von Hassel (CDU)
10.01.1963–30.11.1966

Dr. Gerhard Schröder (CDU)
01.12.1966–21.10.1969

Helmut Schmidt (SPD)
22.10.1969–06.07.1972

Georg Leber (SPD)
07.07.1972–16.02.1978

Dr. Hans Apel (SPD)
17.02.1978–03.10.1982

Dr. Manfred Wörner (CDU)
04.10.1982–17.05.1988

Prof. Dr. Rupert Scholz (CDU)
18.05.1988–19.04.1989

Dr. Gerhard Stoltenberg (CDU)
20.04.1989–02.04.1992

Volker Rühe (CDU)
02.04.1992–28.10.1998

Rudolf Scharping (SPD)
28.10.1998–18.07.2002

Dr. Peter Struck (SPD)
seit dem 19.07.2002

Die Wehrbeauftragten des Deutschen Bundestages

Helmuth Otto von Grolmann
03.04.1959–14.07.1961

Hellmuth Guido Heye
08.11.1961–11.11.1964

Mathias Hoogen
11.12.1964–10.03.1970

Fritz-Rudolf Schultz
11.03.1970–18.03.1975

Karl-Wilhelm Berkhan
19.03.1975–13.03.1985

Willi Weiskirch
14.03.1985–19.03.1990

Alfred Biehle
27.04.1990–28.04.1995

Claire Marienfeld-Czesla
28.04.1995–10.04.2000

Dr. Willfried Penner
11.05.2000–11.05.2005

Reinhold Robbe
seit dem 12.05.2005

Die Generalinspekteure der Bundeswehr

General Adolf Heusinger
07.1957–03.1961

General Friedrich Foertsch
04.1961–12.1963

General Heinrich Trettner
01.1964–08.1966

General Ulrich de Maiziere
08.1966–03.1972

Admiral Armin Zimmermann
04.1972–11.1976

General Harald Wust
12.1976–12.1978

General Jürgen Brandt
12.1978–03.1983

General Wolfgang Altenburg
04.1983–09.1986

Admiral Dieter Wellershoff
09.1986–09.1991

General Klaus Naumann
09.1991–02.1996

General Hartmut Bagger
02.1996–03.1999

General Hans-Peter von Kirchbach
04.1999–06.2000

General Harald Kujat
06.2000–06.2002

General Wolfgang Schneiderhan
seit 06.2002

Bildnachweis

Airbus Military
Seite 173

Anfänge Deutscher Sicherheitspolitik
Seite 62

Archiv Kunst und Geschichte, Berlin
Seite 113

Blohm + Voss
Seite 195

BMVg, Informationen zur Politischen Bildung
Seiten 28, 29

Bundesarchiv–Militärarchiv
Seiten 64, 92

Bundesbildstelle Bonn
Seiten 12, 15, 16, 18, 19, 34/35, 65, 66, 74, 76, 81, 82, 106

Bundesminsterium der Verteidigung/Informations- und Medienzentrale
Seiten 40, 49, 50 oben u. unten, 51 oben u. unten, 52, 69, 73, 85, 88 oben u. unten, 90, 93, 95, 108, 114, 117, 120, 121, 122, 123 oben u. unten, 124 oben u. unten, 125, 126 oben u. unten, 130, 135, 137, 138, 140, 142, 144, 146, 148, 149, 150 oben u. unten, 151 oben u. unten, 153, 154 oben u. unten, 155, 156, 159, 161, 163, 164, 165, 166, 168, 175, 176, 177, 180, 181, 184, 186, 189, 191, 199, 201, 203, 206 oben u. unten, 272–275, 279–282.

Deutscher Bundestag – Archiv
Seiten 276–278

Deutsches Strategisches Institut, Bonn
Seite 27

dpa Picture-Alliance
Seiten 10, 11, 13, 25, 30, 32, 33, 61, 67, 84, 98, 102, 105, 110

EADS
Seiten 174, 176

Eurocopter
Seite 170

Europäische Union
Seite 48

HDW
Seiten 177, 194

Hilgemann, Atlas zur deutschen Zeitgeschichte
Seite 20

KMW
Seiten 171–174

Militärgeschichtliches Forschungsamt der Bundeswehr
Seiten 79, 96

MAN
Seite 173

Mowag – Schweiz
Seite 171

NATO
Seiten 23, 38, 39, 43, 46, 56

OHB – Bremen
Seite 175

Pentagon
Seiten 59, 60

Puma Systems Management
Seite 171

Rheinmetall
Seite 173

Verlag E. S. Mittler & Sohn
Seiten 55, 58, 132, 175

Quellennachweis

Aust, Stefan / Schnibben, Cordt (Hrsg.)
Irak – Geschichte eines modernen Krieges
München, Hamburg (DVA) 2003

Baring, Arnulf
Im Anfang war Adenauer – Die Entstehung der Kanzlerdemokratie
2. Aufl. München (dtv) 1982

Biermann, Rafael (Hrsg.)
Deutsche Konfliktbewältigung auf dem Balkan – Erfahrungen und Lehren aus
dem Einsatz
Baden-Baden (Nomos) 2002

Borowski, Peter
Große Koalition und außerparlamentarische Opposition,
Bundeszentrale für politische Bildung

Bundesakademie für Sicherheitspolitik (Hrsg.)
Sicherheitspolitik in neuen Dimensionen – Kompendium zum
erweiterten Sicherheitsbegriff
Hamburg, Berlin, Bonn (Mittler) 2001

Bundesministerium für innerdeutsche Beziehungen (Hrsg.)
DDR-Handbuch, Bd. 1 und 2
Bonn 1985

Bundesministerium der Verteidigung (Hrsg.)
Auftrag: Frieden
CD-Rom (Berlin 2003)

Ehlert, Hans (Hrsg.)
Armee ohne Zukunft – Das Ende der NVA und die deutsche Einheit – Zeit-
zeugenberichte und Dokumente
2. Aufl. Berlin (Links) 2002

Eisele, Manfred
Die Vereinten Nationen und das internationale Krisenmanagement
Frankfurt (Knecht-Verlag) 2000

Goebel, Peter (Hrsg.)
Von Kambodscha bis Kosovo – Auslandseinsätze der Bundeswehr seit Ende
des Kalten Krieges
Frankfurt/M., Bonn (Report) 2000

Grosser, Alfred
Geschichte Deutschlands seit 1945 – Eine Bilanz
München (dtv) 1974

Grosser, Alfred
Das Bündnis – Die westeuropäischen Länder seit dem Krieg
Paris, München, Wien (Hanser) 1978

Hacker, Jens
Der Ostblock – Entstehung, Entwicklung und Struktur 1939–1980
Baden-Baden (Nomos) 1983

Heisenberg, Wolfgang/Lutz, Dieter S. (Hrsg.)
Sicherheitspolitik kontrovers –
Bd. 1 – Frieden und Sicherheit – Status quo in Westeuropa und
Wandel in Osteuropa
Bonn (Bundeszentrale für politische Bildung) 1990

Heisenberg, Wolfgang/Lutz, Dieter S. (Hrsg.)
Sicherheitspolitik kontrovers
Bd. 2 – Neue Waffentechnologien – Politische und militärische
Modelle der Sicherheit
Bonn (Bundeszentrale für politische Bildung) 1990

Heisenberg, Wolfgang/Lutz, Dieter S. (Hrsg.)
Sicherheitspolitik kontrovers
Bd. 3 – Konventionelle Militärpotentiale NATO/WP 1949–1986
aus offenen Quellen
Bonn (Bundeszentrale für politische Bildung) 1990

Hubatschek, Gerhard (Hrsg.)
Waffensysteme der Bundeswehr
Frankfurt/Main (Report-Verl.) 1999

Hubatschek, Gerhard (Hrsg.)
Das Heer im Einsatz – Mission Orientation of the German Army
Frankfurt/M., Bonn (Report) 2003

Inacker, Michael J.
Unter Ausschluß der Öffentlichkeit? – Die Deutschen in der Golfallianz
Bonn, Berlin (Bouvier) 1991

Kopenhagen, Wilfried
Die Luftstreitkräfte der NVA
Stuttgart (Motorbuch Verlag) 2002

Kopenhagen, Wilfried
Die Landstreitkräfte der NVA
Stuttgart (Motorbuch Verlag) 2003

Kümmel, Gerhard/Werkner, Ines-Jacqueline (Hrsg.)
Soldat, weiblich, Jahrgang 2001 – Sozialwissenschaftliche Begleituntersuchungen zur Integration von Frauen in die Bundeswehr – Erste Befunde
Strausberg (Sozialwissenschaftliches Institut der Bundeswehr) 2003

Kutz, Martin (Hrsg.)
Gesellschaft, Militär, Krieg und Frieden im Denken von Wolf Graf Baudissin
Baden-Baden (Nomos) 2004

Lehmann, Hans Georg
Chronik der Bundesrepublik Deutschland 1945/49–1983
2. akt. Aufl. München (Beck'sche Verlagsbuchhandlung) 1981

Meier, Ernst-Christoph/Roßmanith, Richard/Schäfer, Heinz-Uwe
Wörterbuch zur Sicherheitspolitik – Deutschland in einem
veränderten internationalen Umfeld
5. vollständig überarbeitete Aufl. Hamburg, Berlin, Bonn (Mittler) 2003

Mey, Holger H.
Deutsche Sicherheitspolitik 2030
Frankfurt/M. (Report) 2001

Naumann, Klaus
Frieden – der noch nicht erfüllte Auftrag
Hamburg (Mittler) 2002

Ottmer, Hans-Martin, und Karl Diefenbach
Die Geschichte der Bundeswehr 1945–1995 –
Die Entwicklung deutscher Sicherheitspolitik im Auftrag des
Bundesministeriums der Verteidigung
2. und erw. überarbeitete Auflage
Berlin, Bonn, Hamburg (Mittler-Verlag) 1995

Presse- und Informationsamt der Bundesregierung (Hrsg.)
Verantwortung für Frieden und Freiheit – Eine Textsammlung zur
Sicherheitspolitik von 1949–2000
CD-Rom, Berlin 2000

Reinfried, Hubert/Schulte, Ludwig
Das Ende aller Sicherheit? – Die nukleare Herausforderung an
Politik und Strategie
Regensburg (Walhalla) 1985

Schönbohm, Jörg
Zwei Armeen und ein Vaterland
Siedler Verlag, 1992

Schröm, Oliver
Al Quaida – Akteure, Strukturen, Attentat
Berlin (Links) 2003

Schmidt, Helmut
Beiträge
Stuttgart (Seewald) 1967

Schwarz, Jürgen H./Steinkamm, Armin (Hrsg.)
Rechtliche und politische Probleme des Einsatzes der Bundeswehr »out of
area«
Baden-Baden (Nomos) 1993

Talbott, Strobe
Raketenschach – Ein Bericht, der offen legt, wie persönliche Konflikte und
Machtkämpfe im Weißen Haus die amerikanische Politik beeinflussen und so

die gefährliche Krise in den amerikanisch-sowjetischen Beziehungen ausgelöst
haben
New York, München, Zürich (Piper) 1984

Weidenfeld, Werner / Zimmermann, Hartmut
Deutschland-Handbuch – Eine doppelte Bilanz 1949–1989
Schriftenreihe Studien zur Geschichte und Politik, Band 275
Bonn (Bundeszentrale für politische Bildung) 1989

Weidenfeld, Werner / Korte, Karl-Rudolf (Hrsg.)
Handwörterbuch zur deutschen Einheit
Frankfurt/M. (Campus) 1991

Wiesendahl, Elmar (Hrsg.)
Neue Bundeswehr – neue Innere Führung? – Perspektiven und Rahmenbedin-
gungen für die Weiterentwicklung eines Leitbildes
Baden-Baden (Nomos) 2005

Wilharm, Imgard (Hrsg.)
Deutsche Geschichte 1962–1963, Band 1
Frankfurt/Main, 1985

Woodward, Bob
Bush at War –Amerika im Krieg
3. Aufl., New York, München, Hamburg (DVA) 2003

Woodward, Bob
Der Angriff – Plan of Attack
New York, München, Hamburg (DVA) 2004

Zellner, Wolfgang
Die Verhandlungen über Konventionelle Streitkräfte in Europa – Konventio-
nelle Rüstungskontrolle, die neue politische Lage in Europa und die Rolle der
Bundesrepublik Deutschland
Baden-Baden (Nomos) 1994

Autoren

Rolf Clement

geboren 1953 in Stuttgart
Leiter der Abteilung Hintergrund im Deutschlandfunk

Nach dem Studium der Rechtswissenschaften an der Universität Bonn von 1980 bis 1989 Korrespondent für Regionalzeitungen, dann für den NDR in Bonn. Seit 1989 beim Deutschlandfunk

Zahlreiche Veröffentlichungen zur Sicherheits- und Verteidigungspolitik

Mitglied des Beirats für Fragen der Inneren Führung beim Bundesminister der Verteidigung

Mitglied in der Studiengruppe Strategien der Deutschen Gesellschaft für Auswärtige Politik

Träger des Karl-Carstens-Preises 1999 der Bundesakademie für Sicherheitspolitik

Paul Elmar Jöris

geboren 1950 in Aachen. Nach dem Studium der Politischen Wissenschaften und Soziologie, Volontariat beim Westdeutschen Rundfunk

Seit 1978 Redakteur und Reporter für verschiedene aktuelle politische Sendereihen. Langjähriger verteidigungspolitischer Korrespondent des Westdeutschen Rundfunks in Bonn, Brüssel und Berlin

Seit 2003 landespolitischer Korrespondent in Düsseldorf

Mitglied des Beirats für Fragen der Inneren Führung beim Bundesminister der Verteidigung